RUTH SCHAUMANN / DER KUGELSACK

Ruth Schaumann / Der Kugelsack

Mit einem Essay

von Tomas Vollhaber

signum

Cor für Clemens

»ohne Opfer lebt Liebe nicht …«

End' und Beginn eines Erdenjahres

Umgekehrt wie beim Ringwechsel im Schoß ihres Hochzeitsmorgens stehen sie unterm Evangelium der Sylvesternacht in der vordersten Bank dem Altar und der Rückseite des zelebrierenden Priesters gegenüber.

Clemens rechts von Cor.

Cor links von Clemens.

So hätten sie auch getraut werden sollen, doch Pater Edelbert fand es im Augenblick seiner Erkenntnis: dies Brautpaar macht es in Unschuld völlig verkehrt: Dr. Friedrich Fuchs verhält sich links, Cornelie Heynitz rechts ... für unangebracht, zum Platzwechsel aufzufordern. Es hätte die Atmosphäre der werdenden Eheleute zerstört ...

Erst nach der Trauung hat Pater Edelbert (sein Taufname ist Nikolaus gewesen, Sohn eines Gärtners in Landshut am Lech) dem Mann und seiner Frau, nun nicht mehr Braut und Bräutigam, ihren unschuldigen Irrtum, unter leisem Lächeln gesagt, und hinzugesetzt: »Aber am gedoppelten Jawort rüttelt es nicht, ja, tippt nicht daran. Amen!«

Drei Monate und sieben Tage ist das nun her. Holen Clemens und Cor das Versäumnis vom 24. IX. 1924 nun wissentlich oder unwissentlich nach? Wir machen sehr Vieles ohne Wissen oft recht.

Clemens hört das Evangelium in Latein andächtig mit an.

Cor hört ja nicht, seit achtzehn Jahren ist dem so, und das weißhaarige Haupt des alten Priesters dort hat ja keinen zweiten rückwärtigen Mund.

Cornelie hat ihren Schott völlig gedankenlos (kann denn auch Cor gedankenlos sein?) in der Kaulbachstraße vergessen. So blickt sie denn in sich hinein. Vielleicht steht darin ein Priester, ihren Augen nicht abgewandt, sondern zugewandt, oder findet sich ein ungreifbarer, doch zu lesender Schott?

Nichts davon! Cor findet sich, ohne auch nur einen Schritt zu tun oder tun zu müssen, genauest um ein Jahr zurück. Mantellos, schafmützenlos, leicht beschuht, nicht bestiefelt wie in der heutigen Wirklichkeit, bei der Familie Professor Alois Dempf in Altomünster. Sie findet sich unterm Tisch und vielen bepantoffelten, beschuhten, doch durchaus erwachsenen, also ausgewachsenen Fußpaaren, dazwischen sie die Tränen der Scham verbergen mußte. Gottes Augen mochten sie schauen, Menschenaugen nicht, nein.

Und wieder knüpft Cornelie ein Paar auseinandergefallener Schuhbänder in ihre Schleife zurück … unwissend, es sind die Bänder von Clemens' linkem Schuh, nein, es ist sein linker anbehaltener Stiefel gewesen.

Inzwischen hat sich ein ganz anderes Band geknüpft. Cor lebt als dem Clemens sein angetrautes Weib. Weib … warum wird dies Wort auch vom *WORT* gebildet, als dies Eva erschuf … in der heutigen Welt verachtet und aus der Sprache verpönt?

Sprach nicht auch IHS zu seiner Mutter, der Jungfrau, bei der Hochzeit zu Kana: »Weib, was habe ich mit dir zu schaffen?« … Oder aber hätte es hier Dr. Martin Luther, der gewesene Mönch, falsch übersetzt?

Das Evangelium der Sylvesternacht 1924, nicht in St. Georg, sondern in St. Sylvester in Schwabing, ist sichtlich zuende gebracht. Das gesamte Volk fällt wieder in beide Knie, Cornelie als eine der ersten (immer noch unterm Tisch bei Alois Dempf zu Altomünster … Professor Dempfs Kinder schlafen schon lang … mit zwei Schuhbandenden beschäftigt, ach ja!). Ihre Augen hält Cor halb geschlossen, die Hände zum Kapellchen zusammengelegt. Dann aber wendet sie sich von diesem genauest verjährten Begebnis ab, dem vom Opferaltare her herannahenden Herrn entgegen: Wir sind auf Erden, DICH zu lieben, DIR zu dienen, auf daß wir zu DIR gelangen in DEIN ewiges Reich.

Immer heißt es: »Wir zusammen«, niemals »ich allein …«

Cor blickt Clemens rechts neben sich an, nein links: er hält wie im vollbrachten Tode beide Lider geschlossen. Kerzenlicht vom Altar her macht sie zu zwei umgestürzten goldenen Schalen, die ein wenig, doch schön gebogene Nase zu einem Erkerlein, die schwach geöffneten Lippen zum vergoldeten Gehäus eines Amens, oder etwa gar aller neun Silben: Cor, du bist nun drei Monde mein Weib …

*

Durch nur von Gaslaternen blaugelblich erhellte Nacht gehn Cor und Clemens Hand in Hand zurück in die Kaulbachstraße hinein.

»Daß Du niemals Handschuh trägst, Cor! Ich würde mir ohne meine die Hände für immer erfrieren!«

»Wenn uns aber ein Bekannter begegnen würde, und du willst ihn handfest begrüßen, so mußt du deine Handschuh erst ausziehn!«

»Doch nicht, wenn er seine anbehält, gleich und gleich gesellt sich …«

»Wie du und ich«, Cor lächelt.

Und Clemens: »War die Sylvesternachtmesse in St. Sylvester nicht schön, meine Cor?«

»Mehr wie schön ...« (Man kann an der Silbe mehr nicht erkennen oder gar vernehmen, hat sie ein h in sich oder zwei e).

»Wollen wir morgen, nein, heute noch einmal, nein, erstmals im neuen Jahr wieder zum Gottesdienst, Cor?«

»Aber ja ...« (gern hat Cornelie verschluckt).

*

Und zum Neunuhramt morgens im neuen Jahr (doch vor Gott, in Gott, unter Gott – ein Übergott ist unmöglich – gibt es nicht Zeit noch Zahl) knien Clemens und Cor wiederum in St. Sylvester auf derselben Stelle, derselben Bank wie um Mitternacht letzten Jahres. Schier ist's unter beiden Kniepaaren noch warm von denselben Knien, oder bildet sichs Cor wie allzuviel andres nur ein?

Das Evangelium ist heute sehr lang. Cor ist dazu etwas taumelnd von ihrem Himmelbett aufgestanden, und jetzt beim Aufstehn von der Bank ist ihr noch schwankender zumut. Sie mußte sich an der äußersten Bankkante vor sich gar stützen, mit beiden unbehandschuhten Händen, ach ja.

Clemens merkt es nicht, es ist ja nicht vor ihm, sondern neben ihm. Er soll und darf auch nicht merken, daß ihr nicht gut ist, er darf doch nicht verstimmt sein durch Dallala, Nele, Cor, Cornelie, Krr Krr in einem...

Kerzen, und allesamt ohne zu flackern, bewegen sich samt dem Hochaltar von St. Sylvester auf Cornelie zu. Ohne der Füße Gebrauch kommt der Priester, im Kuß auf das heilige Buch begriffen, seitlich gegen Cornelies Brust ...

»Bitte, nein, Hochwürden, bitte nein ...« sagte sie leise, fast hauchend mit allerletztem Atemzug, dann ist sie zu Boden gesunken.

Clemens fühlt seine Schulter berührt. Eine Altfrauenstimme flüstert hinterrücks nach seinem Ohr: »Guter Herr, sehn Sie doch, Ihre junge Frau (nicht: junges Weib) fiel eben um!«

Vom erschrockenen Clemens, dem Küster und einer Greisin, sie drängte sich aus der fünften Bank hinter der ersten, als wäre sie fünfzehn Jahre alt und Clemens und Cor ihr Elternpaar, geführt, fast gezogen, doch nicht geschleppt, findet sich Nele vor St. Sylvesters uraltem Kirchenportal unterm Tageslicht auch ohne Sonne wieder zurecht ...

»Sie haben wohl zu lange Blei gegossen und Bowle getrunken ...«

Der Küster erinnert sich nicht, Cor schon einmal in St. Sylvester, wenn auch anders, beschuldigt zu haben. Die wieder zu sich gekommene Cor erinnert sich aber sehr wohl.

»Ich muß in die Kirche zurück!« erklärt der Küster mit klerikaler Würde.

»Sie auch ...« bittet Nele die alte Beiständerin.

»Und nun gehn auch wir zurück ...« spricht Clemens nach einem kurzen Abwarteweilchen ... und streicht von Cors Mantel den durch den Sturz erlangten Kirchenstaub ab und den Schnee von seinen Füßen.

»Ach nein, nein ... geh du, Clemens, aber *mich* laß nur hier auf dich warten ...«

»Was du nicht sagst! Du gehörst mit mir zu Gott hinein, hier draußen empfängt ER sich nicht!«

»Ist Gott denn nicht überall?«

»Dies schon, doch nicht immer derselbe ...«

Und Dr. Friedrich Fuchs zwingt, leise über seines Weibes Verhalten doch verstimmt, Cornelie zurück durch das Kirchentor, ohne daß Nele ihn beim Öffnen und Schließen der Pforte wie sonst unterstützt oder irgendwie behilflich ist.

So geht es durch den Gang hinauf oder hinunter, drei Beter erheben sich von der Bank aus den Knien und lassen die Beiden passieren.

»Wenn du nicht knien magst, so setz' dich«, sagt Dr. Fuchs ohne Stimme zu seiner Frau, was kein anderer Mann seinem Weib gegenüber vermag. Welche Frau auch kann, muß, darf ablesen (nun neunzehn Jahre lang) wie Cornelie Heynitz?

»Wenn ich dann aber wieder nicht bei mir bin ...«

»So bist du doch weiter vor Gott, was hier die Hauptsache ist! Darum allein gehn wir doch immer zur Kirche! Hast du mich jetzt verstanden?«

Cor nickt, immer noch schneebleich bis in die Mundwinkel hinein und Clemens verläßt sie wieder, sichtbar ist er zugegen, doch unsichtbar und unerreichbar erneut in ein Gebet versenkt, für Cornelie also verloren.

Nele fühlt sich zum ersten Mal seit dem 24. IX. im vergangenen Jahr als seine Frau bitter allein.

Kommt die Ohnmacht wieder? Woher kommt sie, die Ohnmacht?

Herr Reinhold Lutz hat doch nirgendwo hier in St. Sylvester Krr's Glaubensbekenntnis vor aller Welt verräterisch vorgelesen im Kreis der Konfirmationsteilnehmer und -nehmerinnen, Vaters Geburtstag am 14. X. 1905 ist durch zwanzig Jahre vergangen ...

Cor krampft die nackten Hände zusammen, verschränkt die Finger untereinander als bete sie wieder, ein protestantisches Kind: Ohnmacht, Ohnmacht, ich flehe dich an, laß mich, es lasse mich, der dich geschickt hat ...

Nein, o nein, meine Mutter, ich, der die Ohnmacht sandte, verlasse dich erst bei meiner Geburt …

Cor sinkt nicht abermals um, nein, vor sich selbst fällt sie in die Knie, und die verkrampften Hände, die handschuhlosen, baun sich um zum Kapellchen. Wie heißt das Kapellchen?

Nicht St. Georg, nicht St. Sylvester, nicht das Straßburger Münster, nicht St. Ludwig, nein: Kapellchen zum heilen, staunenden Dank: denn siehe, ich habe empfangen, auf daß ein neuer Mensch werde, DICH, o Gott, zu lieben, DIR zu dienen und zu DIR zu kommen, wenn DU ihn rufst …

Cornelies Lippen im weißen Gesicht sind mit einem Mal purpurrot, als habe ein flammender Engel sie zu solchem Erblühen geküßt …

Aber außer Gott allüberall hat's in diesem Augenblick, vor Gott nur ein Atemzug, wohl niemand auf Erden erschaut …

Treppe erhält …

Stadtauswärts, übern Kanal sein Brückchen kommen wir heut noch nach Gern.

Daß die innerliche Cor in Gern gern wäre, beschwören läßt es sich nicht, weder im Ja (vor dem Altar aber muß es beschworen werden …) oder im Nein. Neinsagen genügt meist unbeeidigt, es ist nicht heiß, es ist nicht kalt, es ist irgendwie lau. Bei Dauerlauigkeit gerät eine Frucht selten, eine reife.

Doch weiterhin geschehn bei Cornelie erfreuliche Wunder im laugeliebten Gerner Gebiet. So berichtet es Cor selber bis heute, mit trauernden Augen und lächelndem Mund. Wer hören will, höre!

Einmal reifte im Gerner Gebiet eine Frucht, eine Beere, eine Birne oder ist's eine Melone, ein Kürbis, pfundweise voll Samen, und in jedem Samen ein Kürbiskeim, oh!

Doch vom Kürbis ein ander Mal, er sei nur deutlich benannt mit den zwei Silben: Hausbau (übern Kanal zurück in der Renatastraße auf eigenem Boden also Grund).

In Gern gibt es die Kratzerstraße. In der Kratzerstraße das Haus Numero 10. Pittegrilli ist noch nicht zweimal fünf Jahre alt, also auch 10, sondern erst noch nicht ganz sechs.

Mit der weißblauen Tram, vom »Hochland« nach Gern, ist Clemens nicht so lang unterwegs wie zu der noch vorhandenen Viktoriastraße, nun seit vier Jahren vom Rolandseck überschattet, nein, beinahe verbeult.

Fast genau um sechse am Abend (noch heißt es nicht achtzehn Uhr) von Montag, Dienstag, Mittwoch, Donnerstag, Freitag (den nachmittagsfreien Clemens legt ja jeden Samstag das Herrenkränzchen in Ketten, und sonntags werden auf dem »Hochland« trotz Christi Erlaubnis keine Ähren gerauft …) steigt Dr. Friedrich Fuchs an zwei Ecken der Nymphenburgerstraße, einer der Lachner- und einer der Ruffinistraße … o du Kreuz aus Straßen gebildet … mit seiner Mappe unterm Arm aus der Elektrischen hervor und herab.

Und fast jedesmal, also schier immer, steht dann Cor, seine Frau, von der Kratzerstraße übern Kanal heruntergekommen, auf der kleinen Insel. Über den Stufen hinab zu den »Männern« und »Frauen« steht ein kleines kapellenartiges Tabakgeschäftchen, auch, diesmal gesamt (und nicht mit rechts oder links bezeichnet für Männer und Frauen). Und vor diesem Kapellchen tritt Cor Dr. Friedrich Fuchs und seiner Mappe entgegen:

»Gib sie mir wieder zu tragen (einer trage des Andern Last).«

Der Lachnerapotheker Richard Müller in schlohweißem Haar äugt dann, fünfmal die Woche, durch das Rundfenster seiner auch alten Eingangstür und verkündet, sich nur wenig dabei umwendend, dem Apothekenpersonal: »Er ist pünktlich gelandet, sie hat ihn noch pünktlicher erwartet, und nun gehn sie Beide nach Gern gen Osten, als gehe vor ihnen die Sonne am Abend schon auf, und nicht stadtwärts erst unter ...«

Manchmal gehn Clemens und Cor nicht als ein Paar, sondern zu dritt. Pittegrilli sah die Mutter das Haus verlassen:

»Vater zu treffen, Vater zu holen ... darf ich da mit?«

»Aber gewiß ...«

So ist es auch heute wieder.

Seltsamerweise, wie es kam, weiß nur Gott, ist's erst viertel nach fünfe, nicht etwa doch zehn oder nur sieben Minuten vor heut achtzehn Uhr.

Peter erkennt es zuerst an der Uhr vom Tabakkapellchen. Sie hängt dort wie einst beim Barbier das güldene Becken heraus. »Da müssen wir aber lang hier warten! Gehn wir so lang dort zur Winthirkirche, du liest mir all die *Namen* der vom Tod Auferstandenen wieder mal vor. Zahlen kann ich längst lesen ...« Cornelie zögert.

»Oder nein, Mutter, das wird noch schöner sein: wir setzen uns auf die Mauer nebeneinander, und du erzählst mir eine Geschichte. Es fällt dir ja immer was Neues ein! ... «

(Durch Jahrzehnte bleiben von diesem kindlich gesprochenen Satz vier Worte am ehernen Leben: es fällt was ein ...)

Kirche und Gottesäckerlein St. Winthir's liegen hoch, also erhaben mitsammen. Man kann über zweierlei Steintreppen durch die auch nachts unverschlossenen zwei Friedhofstüren hinan gehn. Ein Flügel steht bei jeder der Pforten nach innen angelehnt, der andre Flügel dagegen ist an eiserner Stange festgelegt, fast wie ein Kettenhund, ei der Daus!

Rechts von der Winthirkirche da oben durch den offenen Flügel, geht es vierzehn Stufen hinauf, links der Winthirkirche nur deren elf. So liegen die Gräber linkerhand tiefer und höher zur rechten Hand ... (o Mensch, je höher du zum Himmel steigst, umso mehr Stufen hast du vonnöten!).

Vom Fußweg der Straße steigt auch die Mauer ohne Treppen nach oben, den Rand mit Mönchen und Nonnen belegt, nein, bedacht. Mönche und Nonnen werden diese Dachziegel benamst, die unteren Nonnen werden von oben durch die Mönche gedeckt (Jesus, Maria und Joseph!, solche Benennung ist eine verbotene Blasphemie, hat sie einer im Munde gehabt, muß er vor's Beichtgitter knien ...).

In der obersten Mauermitte sind keine Mönche und Nonnen, denn wie aus der Mauer selbst erhebt sich der die Kirche beginnende oder beschließende Kirchturm: spitz, spitzer, am spitzesten, was ein kupfernes, grünspanbekleidetes Kreuz unterm Himmelsgewölbe andächtig beschließt. Dicht neben der Mauer ist der Kircheneingang als Ziel der vierzehn Stufen hinan, und durch den untersten Turm gelangt man ins Kirchenschiff. Der Turm als Mast ist ohne Segel.

Pittegrilli und Cor kommen just jenseits vom Kircheneingang die zehn Stufen hinauf. Die elfte ist schon so in den Boden getreten, daß sie nicht mehr mitgezählt wird.

Cornelie lenkt Blicke und Schritte den Grabhügeln und Hügelchen vor sich zu. Aber Pittegrilli zieht die Mutter am Kleiderrock: »Setz dich hier neben mich, mir was zu erzählen, oder fällt die heute nichts ein?«

Drei Mönche und zwei Nonnen sind hier vom Mauerrand abgefallen (zum Glück nicht in die Straße auf einen Fußgänger hinab: nur einen Ziegel auf deinen Kopf und du bist tot und wanderst nach drüben, die Füße voran ...). Die Scherben der fünf Dachziegel liegen ganz hinten vom alten Friedhof im Gebirge alter Kränze, zerschlissener Schleifen und golden gewesener Fransen und Quästchen.

Wie auf einem für sie gerüsteten Banksitz verweilen nun Mutter und Sohn auf der Friedhofsmauer nebeneinander. Gingen darum drei Mönche und zwei Nonnen entzwei?

Peter und Cor nun dicht beieinander blicken nicht hinter sich auf die Straße hinab, sondern vor sich auf Hügel, Grabsteine, Steinkreuze, Baumstämme mit Wipfeln oben hinaus, Vögeln und Vogelnestern darin.

Und Cornelie, auch als standesamtliche Frau Fuchs noch immer Heynitz gerufen, genannt und gedruckt, erzählt, erzählt, erzählt ...

Pittegrilli Fuchs aber lauscht mit geschlossenen Bubenaugen unterm Wald wahrhaft goldener Locken hervor ... (Blinde hören ja mehr, Taube sehn dafür tiefer ...) als plötzlich mitten im entzückenden Bericht von »Es war einmal« Cornelie abbricht und sich dabei auf den Gottesacker selbst heruntergleiten läßt. Peter ist außer sich ... Bleibt sitzen wie angeleimt oder gar angenagelt und ruft voller Zorn:

»Setze dich wieder, setze dich wieder hin! Ich muß wissen, wie es zuende geht, oder weißt du's selber nicht mehr?«

»Morgen oder noch heute abend sage ich's dir, Pittegrilli! Schau auf die Turmuhr da über uns! In sechs Minuten steigt der Vater aus seiner Tram und wir wären nicht da … Komm, ich streif' dir den Mauerstaub von deiner Hose, ja, und heute gar von deinen Händen! Sonst reichst du Vater ja einen Gruß von den Toten, den Toten.«

Und Cornelie zieht Pittegrilli, nachdem sie ihn schön sauber geklopft hat, er hat sich zornwütig dagegen gebäumt … die zehn Stufen hinunter … »Komm doch, stemme dich nicht so sehr! Wir wollen und dürfen und können nicht ungetreu sein!«

»Vater kann auch mal allein nach Hause finden, was braucht er dich immer dazu. Seine Mappe ist ja nicht schwer, er kann sie alleine tragen. Im Herbst trag ich ja meinen Ranzen auch alleine, auf dem Rücken, nicht unter dem Arm, und keiner nimmt ihn mir ab …« Pittegrilli wirft mit zornigen Augen umher.

Wenn aber Mutters Augen so bitten tun, kann man nicht länger dagegen streiten.

Sich nicht mehr sichtbar sträubend geht Peter nun mit, doch nicht zu schnell, nicht zu langsam, an Cornelies Hand der Haltestelle am Eck der Lachnerstraße entgegen, dem Tabakkapellchen mit beiden Schwellen zu »Männer« und »Frauen« hinab. Und schon rollt die Elektrische, mit Dr. Friedrich Fuchs sicherlich drinnen, auf übliche Weise heran.

Auch Apotheker Richard Müller steht parat und blickt durch das runde Türfenster wie durch ein Bullauge aufs Meer hinaus:

»Gleich wird sie wieder gebeten haben: Gib mir die Mappe her, ich will sie dir tragen, ja, tragen! Sieh einer an, heut hat sie auch ihren schönen Erstgeborenen bei sich zur Hand …«

Apotheker Müllers Gesicht mit vom Alter geschwollener Nase wird plötzlich totenbleich. Welch Gedonner, Getöse, welche unbekannte Erschütterung, als gehe die Welt eben unter. Hinter, nicht vor ihm!

Was wird die Mappenverlangende sagen? Aber die Tram, die nun haltende dort, verbirgt ihm das Tabakkapellchen, die junge Frau, und ihren Sohn und dessen Vater und sein gleich dem Apotheker totenbleich gewordenes Angesicht.

»Clemens, was ist? Wird dir schlecht? Wovon mit einemmal? Wie du ausstiegst, sahst du wie immer aus! Ach, mir selbst zuckte es mächtig unter den Füßen. Pittegrilli, was starrst du so bang?«

Der Trambahnschaffner stürzt aus dem Wagen, fast alle Fahrgäste mit ihm und nun um die zwei Straßenwagen herum und siebzehn Leute von der Winthirstraße her, diesem bestürzten Trupp entgegen. Und alle Gesichter sind weiß, als komme ein jeder von einem jähen Totenbett zur Zeit der Pest, der Pocken oder der Cholera.

»Furchtbar, entsetzlich! Wer hätte das jemals ahnen können. Die Polizei selbst hätt' es niemals gedämmt! Eben, eben, vor tausend Jahren, oder sind's sechs Minuten, stürzte der Turm unsrer Winthirkirche kerzengerade um und längelang über die Mauer, das Trottoir, die Winthirstraße, und das Kreuz oben dran hat sich dem Blindenheim auf die unterste Küchenschwelle gelegt und ging dabei doch nicht entzwei ...«

Pittegrilli, nein, Peter Fuchs, zwischen sich an Vaters linker Hand und Mutters rechter (immer geht ja Mutter beim Vater links) stehn die Drei vor dem um-, nicht eingestürzten Turm, dem Mast vom Kirchenschiff ohne Segel ...«

Mutter, o Mutter, *meine* Mutter: wären wir droben sitzen geblieben ... so müßte Vater für immer alleine nach Hause gehn, die Mappe unter dem eigenen Arm ... o Mutter, hast du das wieder einmal vorher gewußt?«

Haare lassen

Immer noch, genau wie zu Beginn der Fortsetzung ihres Daseindürfens, Daseinmüssens in München, grüßt Cor alle erkennbaren Geistlichen, die hochwürdigen Herrn von niederer oder höchster Würde, alle Mönche und Nonnen, das heißt Ordensmänner und Ordensfrauen, die nicht von Orden verherrlicht sind.

»Sie tun das doch nur aus Gewohnheit, Cornelie Heynitz, nicht wahr?«

»Sie haben recht, es ist nicht wahr! Ehrfurcht kann niemals Gewohnheit werden …« (Ja, und wahre Liebe, wahrer Glaube, wahre Hoffnung erst recht nicht, steckt doch in jedem dieser Drei als schlagendes Herz die Ehrfurcht selber drin.)

Pittegrilli hat es Cor, seiner Mutter, schon im eigenen, aber dritten Daseinsjahr abgeguckt, und wie Wewe einsichtig zu werden versteht (ohn' es selber zu wissen), macht sie es dem Bruder ernsthaft, nur in anderer Form nach. Peter dienert, Wewe aber knickst …

Beide Kinder, von Clemens gezeugt, von Cor empfangen, getragen, geboren, haben ein Paar große, so tiefbraune Augen, daß man in ihnen nur schwer die Pupille erkennt. Und auch ohne Begleitung der Mutter, oder selber Begleitung von Cor, unterscheiden sie die hoch- und ehrenwürdigen Frauen und Männer von den durch die letzteren Getauften, Getrauten, ja auch begrabenen Leute auf dem sich achsenlos, doch um sich selbst drehenden Erdenrund.

Das Höchste aber vom Hochwürdigen ist für Pittegrilli der Priester vor dem Altar…

Hinter demselben knieend grüßen wir alle ja Gott, den der Priester anfleht: »Komm zu uns allen und erbarme Dich unser …!« Und siehe an: Gott erfüllt dieses Flehn. Kommt ein erfüllter Wunsch aus dem göttlichen Gehorsam wie ein Schmetterling aus der Puppe hervor?

»O Mutter, Mutter, wenn wir tun, was du willst, so gehorchen wir dir. Gehorcht nun Gott uns, wenn Er während der Messe kommt?«

»Ja, Peter, als Sein Sohn, der zu Krippe und Kreuz gehört …«

»Ach Mutter, gewiß darum, weil beides mit K beginnt … Und so gehorcht der Sohn dem Vater, nicht uns, niemals uns.«

»Der aber, dem unser aller Herr gehorsam war bis zum Tode, erfüllt im Vater den eigenen Willen, neben dem es keinen anderen gibt. Wie betest du doch, Pittegrilli? Dein Wille geschehe im Himmel, also auch auf Erden, Dein Reich komme, ...«

»Ja, Mutter! Ach, Mutter, schau, da kommt eben ein Ordensfräulein vorbei, laß uns dies grüßen!«

Peter Fuchs versteht partout nicht, warum man diese geflügelten Nonnen »bemuttert« und »befraut« (wie er sich ausdrückt). Haben sie doch keinen Mann, und die Schulkinder in ihren Klassen sind nicht von ihnen bekommen oder gekommen, kommen nur zu ihnen, um was zu lernen und hernach wieder nach Hause zu gehn.

Die ehrwürdige Schwester Annunziata, dreifach zu begrüßen durch Lächeln von Cor mit geneigtem Haupt, Dienern von Pittegrilli und Knicksen von Wewe, hat das Gespräch im Gehn durch die Renatastraße zwischen Romanstraße und Lachnerstraße zur Kanalbrücke hin unterbrochen, nein, abgebrochen.

Dafür kniet eben, gehorsam dem göttlichen Willen, der Geistliche Rat Irschel in der Kirche Maria Verkündigung (später heißt sie Herz Jesu) vor dem Altar, zwei kindliche Ministranten hinter sich, die Weihrauchfässer schwenkend, die wie angezündete Zigarren zu rauchen belieben, doch von sehr anderem Geruch als die Gebilde aus Tabak (Goethe konnte Tabak nicht leiden, steht denn nicht in seinen gesammelten Werken der Vierzeiler in göttlicher Form und Ordnung:

> Vieles kann ich ertragen, die meisten beschwerlichen Dinge
> Duld ich mit ruhigem Mut, wie es ein Gott mir gebeut.
> Wenige sind mir jedoch wie Gift und Schlange zuwider,
> Viere: Rauch des Tabaks, Wanzen, Knoblauch und +.

Als Cornelie Heynitz dies von Johann Wolfgang von Goethe im elften Band von deren vierzig Bänden hat finden müssen, erbleichte sie, sowohl seelisch wie körperlich, und wandte sich von dem großen Klassiker ab. Sie war siebzehn Jahre alt, und wird bis zu ihrem Tode abgewandt bleiben.)

Und im Weihrauch und dem Licht von sechs großen Kerzen schimmmert die Kasel des Dieners vor und für Gott. Sie ist heute purpurn mit goldenen Blumen, und ein goldgewirktes Kreuz läßt sich mitsamt der Kasel tragen, wundervoll anzusehn, was geht auch über Brokat? Doch Christi Kreuz selbst ist schwerer, viel schwerer gewesen, als das, was der »Engelmann« dort auf dem Rock längelang hinterrücks trägt.

Engelmann?

Ja, so hat Pittegrilli, also Peter Fuchs, die zelebrierenden Priester benannt und will auch einst, das heißt in der Zukunft, ein Engelmann werden. (Warum bedeutet »einst« gestern und morgen zugleich? Hat der dreifaltige Gott in seiner Ewigkeit dieses seltsame Gleichnis der Zeiten etwa gewollt, und auch unsere Sprache gehorcht in all ihren Worten dem WORT?)

Clemens mit Wewe an der Linken ist nach der heutigen Sonntagsmesse vorausgegangen. Nach Gern, Kratzerstraße 10. Großmutter Fuchs, geborene Seyler aus Deidesheim, wird schon dort sein, um zu Tisch des Sohnes zu bleiben. »Von meiner Ismaningerstraße her ist es mit der Tram ewig lang. Ihr müßt mir eine euch nähere Wohnung suchen und finden …«

Peter an Neles rechter Hand ging langsam, nun geht er noch langsamer, zieht es ihn nicht zur Großmutter hin? Seine Hand löst sich aus der von Cornelie und streicht eine Art Fragezeichen über sein rundes Kindergesicht ...

»Wem denkst du nach, Pittegrilli, daß es nicht mehr weitergehn will mit dir?«

»Ja, Mutter …« Peter bleibt nun am Eck der Mauer um den Garten der Wittelsbacher Klinik stehn: »Warum (fast alles, was uns beschwert und zum Stehnbleiben zwingt, ist ein Warum) hat der Engelmann heute ein Loch im Kopf gehabt?«

»Wer, was … ein Loch?«

»Im hochwürdigen Haupt (kann Peter schon Kopf und Haupt tiefsinnig unterscheiden, und trägt doch den eigenen Kopf noch nicht fünf Jahre über dem Schulterpaar?) …«

»Ein Loch im Haupt? Kind, ich sah kein Pflaster und keinen Verband in oder um das geistliche Haar …«

»Ein offenes Loch, ein weißes, ein rundes, wie mit meinem Zirkel gemacht, wenn ich den Weltball zeichnen will. Natürlich weiß, nicht rot. Im Kopf ist gewiß kein Blut drin. Gedanken bluten nicht, oder doch?«

»Kind, Pittegrilli, mein Sohn und der von Clemens, hör zu: der Engelmann von heute hat sich nur die kleine Tonsur frisch scheren lassen, daß man erkennt: ich bin Gottes Knecht, darf als solcher noch mehr, viel mehr IHM dienen als ihr …«

»Aber nein …«

»Aber doch! Und nun denke mir an Pater Edelbert, an Pater Paulinus: da ist die Tonsur nicht nur so groß wie ein Taler, sondern läßt nur einen Kranz der Haare stehn«.

»Wenn viel weg ist, beinahe alles, fällt's nicht so auf, Mutter, wie bei solchem kleinen Loch. Müssen denn alle Engelmänner so gehn?«

»Aber ja, Pittegrilli, mein Sohn!«
»Doch nur die kleinen?«
»Die kleinen? Der am Altar war doch fast so groß wie dein Großvater Peer Heynitz …«
»Ich meine ›klein an Würde‹, so einen Pfarrer, höchstens einen Geistlichen Rat. Trägt auch ein Prälat so ein Loch, ein weißes?«
»Ja, gewiß …«
»Auch ein Bischof?«
»Natürlich …«
»Ein Ka-Ka-Kardinal?«
»Warum nicht? Gottes Knecht bleibt Sein Knecht.«
»Auch der Pa-Pa-Papst?« Pittegrilli stottert sich fast zu Tränen.
»Bei Gott, ja, Peter!«
»Dann, Mutter, will ich niemals ein Engelmann werden. Immerfort Haare lassen, bis in den Tod, das ertrage ich nicht!«
Und Pittegrilli hat der Mutter Hand losgelassen, fallen gelassen, und rennt wie vor sich selber davon.
»Peter, Peter, Vorsicht, nicht so blind, nicht so schnell, laß dich nicht überfahren!«
Doch durch die sonntägliche Prinzenstraße fährt just weder Wagen noch Automobil und auch nichts längs dem Kanal in der Südlichen Auffahrtsallee, und nun ist auch die Brücke dahinter oder davor vor den Augen Cor's wieder leer von Pittegrillis in Verzweiflung davon gestürzter Gestalt.

*

Das war doch schon oder noch im Mai. Nun wären wir im August. Cornelie geht mit Pittegrilli. Ihr geht er, doch nicht mehr an ihrer Hand, schön links, wie sie es immer beim Vater tut. Ist er nicht unterdessen älter, größer und klüger geworden in neun ganzen Wochen, also viel zu alt und selbständig, an Mutters Hand zu gehn wie geführt?
Leise, wohl nur für Cor bemerkbar, gilbt schon manches Blatt im Laub der alten Kastanienbäume längelang der Lachnerstraße in zwei Reihen und die längst verblühten Kerzen setzen unzählige kleine grüne Igelchen an.
Ein älterer Herr, beleibter wie es seinem Alter erlaubt sein mag, geht gerade an Sohn und Mutter vorbei.
Cor hat ihn gegrüßt. Er hatte den Hut gezogen, denselben dann wieder aufgesetzt. Vorbei bleibt vorbei.
»Mutter …«, Vorwurf ist auf Peters Stirn, Vorwurf im Zwillingspaar seiner Augen, am meisten Vorwurf für Cornelie, die Taube, sichtbar statt hör-

bar, in seiner davon gedämpften Stimme ... »Warum hast du den Engelmann nicht höher und tiefer gegrüßt?«

»Aber Peter, das war Herr Kommerzienrat Joachim August Hugendubel, ist kein Engelmann!«

»Mutter, du machst mir nichts vor! Er nahm den Hut ab, und ich konnte erkennen, was du niemals verleugnen darfst: er ist ein Engelmann, größer als alle Bischöfe, alle Kardinäle, ja selbst als der Papst. Er hat ja kein einziges Haar mehr auf seinem Haupte, dazu sagt man auch niemals Kopf ...«

Aus dem Kastanienwipfel fällt ein erstes, grünes Fruchtigelchen an Cornelies Gesicht vorbei. Lächelt sie darum oder warum sonst? Sie bückt sich, hebt das Stacheltierlein auf und reicht es Peter, dem Sohn: »Das gehört dir ...«

Peter ergreift es voll Dank. Dank zu wem? Zu Gott, Cor oder dem riesigen Igelbaum.

Grossma m a i e n – Grossmam e i e r

Hat dies mit dem Maien zu tun oder mit Ostereiern? Mit dem einen? Mit dem andern? Vielleicht …

Es war nicht im Mai, als Eugenie Fuchs, geborene Seyler aus Deidesheim (selbst zum dritten und letzten Mal vor 35 Jahren in Wörth bei Aschaffenburg Mutter geworden), solches erfuhr: ihr letztes Kind, Fritz, ihr Sohn, Friedrich August Caesar getauft, sollte nun Vater werden. Wann? Im September des Jahres 1925. Von einem Sohn? Von einer Tochter? (»Möchte sie ganz (Gans) wie mein' Tochter die Morena sein!«) Das würde allerdings erst am neuen Kind bei seinem ersten Schrei sichtbar erscheinen.

Es ist Februar 1925 gewesen. Ab dem ersten Jahrestag, also dem ersten Jänner, weiß Clemens: seine einzige Cor besteht fortan aus zwei.

»Ach Cor, Cor, laß mich's meiner Mutter sagen! Dann hat sie etwas zum sich drauf- und drüberfreun!«

»Ach nein, Clemens, nein! Es muß bleibende Geheimnisse unter den Gatten geben. Ohne solche gibt's keine Himmelfahrt zu Zweien. Ohne Hochzeitsreise geht es sehr wohl, ohne die Himmelfahrtsreise nicht, nie …«

»Wolltest du da Engel vor die Kutsche gespannt haben, oder ein Sperlingsheer, einzelne deiner langen Haare als Zügel in deiner und meiner Hand?«

»Aber nein, Clemens, Engel spannt man nicht ein oder vor, und die Spatzen müssen drüben in vollkommener Freiheit fliegen. Geheimnisse sollen unsere Pferde sein! Laß uns zehnspännig fahren!«

»Aber Constanze weiß es doch schon …«

»Weil ich gebrochen habe und in Ohnmacht fiel, Dr. Hengge hat's ihr sagen müssen, nicht ich. Und seitdem schaut sie nie anders als mißvergnügt drein, nein, wie die Verstimmung in eigner Person.«

»In Sorge um dich …«

»Um sich selbst. Wie ich letzte Woche noch einmal elend war, da hielt sie mir vor, ich ließe merken, daß es von ihrem Nudelauflauf käme. Und wie ich antwortete, nein, von dem andern …, sagte sie … du hast es ja gehört, und ich habe es abgelesen: Konntet ihr *damit* nicht warten? Wie schön war die Ehe zu dritt!«

»Cor, Cor: Meine Mutter ist nun schon einunddreißig Jahre lang Witwe, und es würde sie unsagbar freuen … wenn sie es wüßte …«

»O Clemens, daß Constanze es weiß, sollte genügen. Jedenfalls verrät die gewesene Ida Elisabeth es keinem andern«.

»Meine Mutter wird es auch keinem verraten …«

Cornelie schüttelt den Kopf. »Emma, eurer Afra, nein, Afra, eurer Emma, kannst du es gern sagen, sie schweigt uns getreulich!«

»Meine Mutter aber geht vor …«

»Sie bleibt die Mutter von Fritz, und ich bin dem Clemens seinWeib …«

»Ich bitte dich sehr …«

»Ach Clemens, Clemens, verrate mich nicht, bis man's ohne Worte erkennt …«

»Und wann wird das ungefähr sein, daß Mutter so lange warten muß?« (Man erkannte es erst, nachdem Pittegrilli persönlich zur Welt gekommen.)

»Das weiß doch ich noch nicht … Dr. Hengge sagte, es ist immer verschieden und ungewiß.«

»Wenn du mich aber liebst, so vergiß nicht: ohne meine Mutter wären wir nicht ein Paar und könnten nicht Eltern werden. Noch einmal: wenn du mich wahrhaft liebst, solltest du es erlauben, *mußt* es erlauben … Welcher Baum freut sich nicht, wenn einer sagt, ein Gärtner, ein Bauer oder ein Wandersmann: siehe an, er trägt Frucht?«

Cor bezweifelt dieses in sich, verrät es aber dem werdenden Vater nicht.

»Du hast genickt! Also ich sage es meiner Mutter noch heute. Ich gehe extra deswegen in die Ismaningerstraße und bei ihr vorbei, hinauf, hinein.«

»Wenn deine Mutter dann aber morgen im Kaffee Erbshäuser mit ihren Teeschwestern zusammensitzt … so wird sie es … ihnen …«

»Ich werde mir die Hand darauf geben lassen: Mutter, aber nicht weitersagen, höchstens an meines Vaters Bild.«

*

»Ja, Cor, liebste Cor! Meine Mutter hat mir heiß gratuliert, daß ich dich zur Mutter gemacht habe …«

»Und dir die Hand darauf gegeben: werd' es nicht weitersagen?«

»Aber natürlich, du meine Cor, aber natürlich!«

»Und Afra, eure Emna, stand dabei?«

»Aber nein, aber nein, die soll's allein aus deinem Mund erfahren, und nur wenn du willst!«

*

Das war am Mittwoch, dem 3. Februar 1925. Am Donnerstag, dem 4. Februar tagte oder nachmittagte das Teekränzchen der alten Damen im Kaffee Erbshäuser, in der Fürstenstraße gegenüber dem Rücken vom Leuchtenberg'schen Palais.

(Alle damals teetrinkenden und kuchenknuspernden, tortengabelnden Damen sind nun alle, alle gestorben, begraben und DORT).

Frau Staatsanwalt Aschenbrenner erschien als erste im Kaffee Erbshäuser, sowieso samt ihrer Standeswürde die erste, man nennt's »total an der Spitze« …

Und Freitag, den 5. Februar 1925 hat ganz München, wenn es nur wollte, gewußt, und zu einander gesagt: »Cornelie Heynitz, diese Frau Fuchs, erwartet ein Baby! Wann? So im September herum.«

Emma Elbert, in Wahrheit Afra getauft, erfuhr es von der Bäckersfrau neben der Metzgerei im Haus Ismaningerstraße 96:

»Aber nicht weitersagen, Frau Fuchs will es nicht, so hat mir's Frau Staatsanwältin Aschenbrenner befohlen«.

Cornelie, einst Dallala, hat über all das Arge vor und unter den Menschen geschwiegen, doch vor Gott darüber geklagt und es vielemale verborgen beweint, was auch anderes tun oder lassen?

*

Mit dem Maien hat's also nichts zu schaffen gehabt, nun aber sind wir im Jahre 1927. In der Kaulbachstraße 62 a wird nicht mehr gewohnt.

Constanze spricht nicht mehr von der Ehe zu dritt, denn eine Ehe zu viert: Clemens, Cor, Pittegrilli und Ida Elisabeth Constanze kommt nicht einmal in einem Sagenbuch vor. Wir haben nicht mehr den »Blick auf Bäume«, sondern aus den vorderen Fenstern der Viktoriastraße 34 im dritten Stock auf eine Schafherde, Gänse, Hühner, drei Kisten, je eine offene Seite verdrahtet, voll Kanninchen und den sprechenden Raben, dem Cornelie die Vogelsprache vom Schnabel abzulesen versteht, nicht aber die nachgeahmte Menschensprache, ach nein.

Ab Juli 1926 hat Clemens gewußt: Cornelie erwartet, von mir empfangen, für Pittegrilli ein Brüderlein oder Schwesterlein, das Gott, IHN zu suchen, zu finden, aus uns Beiden gewollt und erschaffen hat. Diesmal wurde es allen verschwiegen, an der Spitze Constanze, bis es sich schier plötzlich an Neles ohne Schere, Faden und Nadel vorn kürzer werdendem Rock beschwor.

Die neun Monde bis zum 9. April 1927 vergehn, vergingen. Dann geschah dies: Cor ist mit Constanze (beide Namen beginnen mit den gleichen zwei Buchstaben nacheinander: Co-r, Co-nstanze, ist das nicht sehr kurios?) auf dem Boden, nein Speicher der Viktoriastraße 34 und »hängen« nicht sich, sondern nur zusammen gewaschene Kleinwäsche vom Erstgeborenen, Pittegrilli, auf.

»Warum machst du nicht weiter?« tadelt Constanze die plötzlich wie in Erbleichen unbeweglich stehende Cor. »Hast du wieder mal einen von deinen Gespenstern gesehen?«

Cornelie nickt nicht und schüttelt nicht, also bleibts für die Öffentlichkeit fraglich. Doch sie erblickte durch den giebelförmigen Rahmen von aufgehangenen doppeltangeklammerten Unterhöschen des Erstgeborenen jählings ein Kind, ein kleines Mädchen, so zwei Jahre alt, übern ungestrichenen, nackten Speicherboden laufen, dunkelhaarig, in weißem wie tausendfach blau gepunktetem Schürzchen mit gebundener Schleife hinten vor. Nun war's an Cornelie vorbeigerannt, behende, geschickt, und unverstört durch die Bodenwand mitten durch, um wahrlich restlos verschwunden zu sein, als habe es Cor niemals gesehen, nicht einmal erdacht.

»Warum machst du nicht endlich weiter?« wiederholt Constanze verdüstert, und Cor antwortet jetzt dunkel, doch klar:

»Sei lieb, Constanze, geh hinunter zu Wölfles und telefoniere Frau Bikkel recht gleich. Ich glaube, nein, nein, ich weiß, daß es kommt!«

»Das wird dauern, das geht nicht so schnell! Geh du herunter und setz dich wohin, ich hänge hier oben zuende ...«

Aber Cor verlangt: »Geh *du* voran und *wir* kommen nach.«

In der offenen Wohnungstür, der obersten unter dem Speicher, empfängt Ida Elisabeth die seltsam langsam herabsteigende Cornelie: Ich habe wunschgemäß bei Wölfles telefoniert. Frau Bickel ist nicht zu Hause, ist zur Wochenpflege... wie hieß es doch? ... Clemensstraße 17, im dritten Stock. Telefon gibt es da nicht ...«

»Schicke Marie (über diese getreue Magd an anderer Stelle ...) *sofort* in die Clemensstraße. Du aber geh wieder hinab in unsere fromme Wolfsschlucht und telefoniere, nein, rufe den Dr. Hengge an ...«

»Wozu auch den, wenn Frau Bickel schließlich doch kommt?«

»... und dann grüße Clemens von mir, auf dem ›Hochland‹, aber schnell ... rasch, *sofort* ...«

»Was soll denn das wieder, bei dir nichts wie komisch: Clemens und Clemensstraße! Die Bickel genügt vollkommen!

»Geh ...«

»So rasch wie du meinst und tust, geht es bestimmt nicht! Ich kann Peter nicht so lange allein lassen, ohne mich und Marie ...«

»Er schläft ja ... Tu, was ich sage! Ich richte inzwischen mein Bett ...«

*

Das ist zehn Minuten vor zwölf Uhr mittags am 9. April 1927 gewesen.

Zehn Minuten nach zwölf Uhr, nein, acht Minuten, an diesem Samstag vor dem Palmentag im Kalender und auf der Welt, schlugen zur selben Sekunde die Einzelflügel beider zwei Türen ins Schlafzimmer der Eheleute Clemens und Cor in eben dies Zimmer hinein. Durch die linke Tür aus der Bibliothek, mit den drei Kaktusfenstern im Erker, stürzen Frau Bickel aus der Clemensstraße, gefolgt von Marie, die Marie schön langsam gefolgt von Constanze. Durch die Tür in den Flur, Dr. Hengge voran, jagt Clemens, seine Hinde zu sehen ...

Da hing sie denn längelang, die Hände im Dach, im Himmel ihres Brautbettes verkrallt, mit zurückgeworfenem Angesicht, die sich von selbst geöffneten Haare wie Wolle des Schafs zur letzten Schur, die des Todes, bereit. Alles bewegungslos, tonlos, verblaßt, doch auf dem abgedeckten Kissen des Himmelbettes unter der hangenden Frau schreit, mit Cor durch die Nabelschnur noch verbunden, das Neugeborene, ein nacktes Mägdlein, fast freudiglich.

*

»Es war eine Sturzgeburt ...« sagt viel später Dr. Anton Hengge zu Dr. Friedrich Fuchs.

»Ihre Frau hat alles so bewunderungswürdig geschickt wie tierhaft ... verzeihen sie mir diesen Ausdruck ... ich meine der wahren Natur gemäß, vollbracht. Hat ihr Töchterlein, ich gratuliere, ich gratuliere ... nicht geboren, nein, hat es geworfen. Aber die Qualen müssen fast tödlich gewesen sein, das neunpfündige Kind zerriß im einsamen Sturz allzu viel ...«

*

Cor kommt, liegend in Clemens seinem Empirebett (für den Zwilling, den geplanten ihres Himmelbetts, ist auch das Schlafzimmer in der Viktoriastraße noch zu klein) langsam wieder auf diese Welt, nicht in jene, der sie, wie oft bisher, seltsam nahe gewesen ist.

Clemens hält ihre zwei Hände in der einen der seinen. Wie schwer waren doch alle zehn Finger vom Dach des Himmelbetts droben zu lösen gewesen. Die acht Nagelspuren, (die der Daumennägel waren nicht dabei), sind für immer im oberen Himmel zu sehen, aber nur, wenn man einen Stuhl besteigt.

»Cor, Cor, einzige, einmalige Cor! Gott Dank, daß du lebst! Esther liegt schon in der Bauernwiege aus Hundham. Marie kocht starken Kaffee für Frau Bickel, Constanze ...«

»Und sich …« antwortet Nele und lächelt tief. »Sei mir bitte nicht bös, daß ich dich rufen ließ und dann, wie du kamst, nicht mehr bei mir war! Was sagt Pittegrilli dazu?«

»Er schläft noch, er hat nichts gehört, nichts gesehn … Ach Cor: Wenn meine Mutter heute nachmittag kommt, wird sie sich freun.«

(Am Samstag vor dem Palmentag und auch Sonnabend vor Ostern floriert das berühmte Herrenkränzchen im Kaffee Heck nämlich nicht, Gott sei vielmals bedankt!)

*

Aber sie freute sich nicht …

Cor liegt wieder im Himmelbett, die Bauernwiege aus Hundham längelang am, nach vorn mit der Schmalseite vom Himmelbett, aufgestellten mittelalterlichen Lager.

Eugenie Fuchs, geborene Seyler aus Deidesheim, hält das goldumrandete Lorgnon an dessen magerem Stiel über die lange, dem etwas eingekniffenen Mund entgegen verdickte Nase, und beschaut sich das nun vier Stunden alte Kind.

(… Da Cornelie das Kindlein »geworfen« hat, war das Bett für sie selbst von ihr selbst abgedeckt, ein weicher Empfang für den allerneuesten Menschen auf dieser Erde. Das innere Bett aber war handlos, nichts lenkte und leitete das hervorstürzende Köpfchen der kleinen Esther. Ein wenig, wahrlich gering, wurden die Schläfen des Mägdleins eingedrückt, leise verschoben.)

Cor blickt auf die Lippen der Schwiegermutter, was wird sie nun sagen?

»Garstig Kind, garstig Kind, ganz Heynitz!«

*

Eugenie Fuchs, geborene Seyler aus Deidesheim, kommt, das wieder in sich geschlossene Lorgnon an seiner Kette um den Altersbauch baumeln lassend, in die Bibliothek mit den drei Kaktusfenstern (die ist leider hellblau gestrichen von Clemens und Cor beim Einzug hier vorgefunden worden, sie in gelb umstreichen zu lassen, hat das Geld bislang nicht gereicht) herein, auf ihren einzigen Sohn zu. Fritz kommt vom Lauf und Treppensteigen im Gesicht stark gerötet, just aus der Apotheke.

»Sorg' dich doch nicht so um die, sie schläft so fest (o unheilbare Sprech-, Schreib- und Druckform in deutscher Sprache: sie, sie, die, die, er, er, der, der!), daß sie jetzt gar keine Medizin braucht, hat also gar keine Schmerzen mehr.«

(»Garstig, ganz Heynitz« hat Cor nicht verwundet, aber dafür das garstig über ihr Kind ... O Gebärerin meines Mannes, wie konntest du das zu Esther und von Esther laut sagen, schier schreien? Fortan sollst du unsere Tochter nicht wieder sehn, daß du nicht abermals »garstig Kind« sagst ...)

*

»Ich kam, Marie, um meine jüngste Enkelin zu sehn! Wo liegt sie? Wo steht die Wiege?«

»Hier, Frau Fuchs, aber leer ...« antwortete Marie Heidewang.

»Tot, tot, gestorben? woran denn, so schnell?«

»Aber nein, bewahre, Frau Heynitz stillt sie gerade und will dabei mit unserer Wewe alleine sein ... Sie verstehn doch, Frau Fuchs?«

Daß Fritz immer noch zuläßt, Cornelie statt mit Fuchs mit Heynitz anzureden, wo sie doch schon zwei Kinder von ihm, dem Fuchs selber hat ...

*

»Kam nur vorbei mit sehr wenig Zeit, meines Sohnes Tochter kurz zu besuchen. Lassen Sie mich zu ihr, machen Sie Platz, Marie!«

»Frau Heynitz badet gerade unsere Kleine, danach ...«

»Will sie es wieder stillen, für sich allein, natürlich! Ich gehe! Herrn Dr. Fritz Fuchs einen schönen Gruß von Frau Eugenie Fuchs, geborene Seyler ...«

*

»Ich finde schon selbst und allein zur Wiege, zum Wickeltisch. Wo ist meine Enkelin wieder mal hingekommen?«

»Frau Heynitz fuhr unsre Wewe ins Grüne hinter dem Schwabinger Krankenhaus«.

(Wie aber erklärt sich der Name »Wewe«?

Da Frau Eugenie Fuchs am Samstag vor dem Festtag Palmarum von Schwabing nach Bogenhausen zurücktramt, nicht getrampt, war, bat Cor Heynitz im Himmelbett ihre Marie (warum nicht Constanze?), Pittegrilli herbeizuführen, daß er die Wiege sieht und »da was drin«.

Marie Heidewang fand nun bei sich, daß dies Herr Doktor tun solle, müsse, dürfe, nicht sie, eine angestellte Hausmagd, zufrieden, ja dankbar mit 27.- Mark Lohn im Mond. So kam Clemens, Pittegrilli auf beiden Armen tragend ... er ist schwer, ist ja nun auch ein Jahr sieben Monate alt ... und stellt seinen Sohn an der Wiege auf und hin.

Und von Kissen gestützt, auch die zwei Kopfkissen von Clemens wurden zu ihrem einen gesellt (aber heut Abend muß sie mein Mann wieder frischgeschüttelt in seinem Bette finden), sagt die Mutter zu ihrem ersten Sohn (nach vierzehn Jahren hat sie den zweiten empfangen, getragen, geboren, diesmal nicht geworfen): »Da sieh, da schau, Pittegrilli, dein Schwesterchen Esther!«

Peter Fuchs starrt auf das kleine Gesicht für ihn tief unter sich.

Ob lang, ob kurz? Gedankendauer ist nie zu ermessen, Cornelie streichelt dabei die wirklich goldenen Haare des Sohnes (sie sind dann dunkel, noch dunkler, dann grau geworden) geduldig und liebreich zugleich. Was wird er wohl sagen?

Und Clemens, der Dr. Friedrich Fuchs und sein Vater, hört es, Cornelie Heynitz, seine Mutter aber sieht's: »Wehweh« stammelt der Kleine und wiederholt es zweimal: »Wehweh, Wehweh ...«

Ist das die Frucht aus dem erstmals von ihm vernommenen »Schwesterchen Esther«, oder aber ist's eine Klage: das da in der Wiege unter mir hat mich verdrängt aus Vaters Armen, aus Mutters Augen, ja, dem Kuß von ihrem Mund ...?

Weh, wehe ... es muß das Letztere sein! Denn nun hebt Peter den runden rechten Zeigefinger zum linken der großen braunen Augen, rührt an dessen Winkel der Nase zu, und hält nun die Fingerspitze erst zu Cor, dann zum Vater empor. Es blinkt darauf gläsern oder gar diamanten. Und Pittegrilli sagt langsam deutend, bedeutend, die zwei klagenden Silben »Tränlein« ... und wendet sich ab mit gesenktem Kopf.

Seitdem wurde Esther jahrelang, ach, noch heute »Wewe« gerufen. Ob mit je zwei h oder ohne zwei h, läßt sich nicht hören, geschrieben aber hieß und heißt es immer Wewe).

*

Vier Wochen bekam Großmutter Fuchs Wewe, das »garstig Kind, ganz Heynitz«, kein einziges Mal zu sehn, wir sind im Mai.

Da aber hielten vorübergehende Fremde, bisher Cor völlig Unbekannte, die den Kinderwagen mit Esther darin (Peter hielt sie dabei an der Hand, die rechte Hand genügte Cornelie zum Fahren des Wägleins: tiefer Korb mit großem strohgeflocht'nem Verdeck ... für Peter war nur ein zusammenklappbarer Sportwagen erlaubt, größere, tiefere Wagen gingen niemals die Kaulbachstraßentreppe tragbar hinauf und hinab) fest auf den Straßen und Wegen von Schwabing: »O bitte, bitte, gnädige Frau, halten Sie uns zuliebe ein Weilchen an!«

»Ich bin nicht gnädig ...«

»O dann: sehr liebe, junge Frau, junge Mutter: Ihr kleiner Sohn ist sehr schön, aber nichts gegen den Kleinen da drin auf dem gestickten Kissen ...«

»Den Kissenbezug hat ihm meine Mutter gestickt ...«

»Es geht hier nicht ums Kissen! Es geht um dieses Kind! Es ist noch schöner als die auf Gold gemalten Jesuskinder in unserer Pinakothek: Giotto, Mategna, Fillipo, Fra Angelico, vor den Hirten, den drei Königen, ja von Engeln umgeben, umflogen, umkniet ...«

»Das ist kein Sohn da im Wagen, das ist eine Tochter, ein Mädchen ... Und mit Jesus Christus ein Menschenkind zu vergleichen, ist und bleibt Blasphemie. Wir alle sind nur Geschöpfe, ER aber ist Sein, des Schöpfers Sohn ...«

»Vergebung! Vergebung! Wir können ja nichts dazu, daß dies Mägdlein im Wagen uns über die Maßen entzückt ...«

*

Nun denn, so mag es Großmutter Fuchs, geborene Seyler, denn zum zweiten Mal sehn!

»Nun, Fritzens Frau, er ist nicht da, und du bist einmal wieder zu Haus, ohne mir sagen zu lassen, daß du meine Enkelin Esther Fuchs wieder mal stillst! Stillst sie wohl nicht mehr?«

»Doch, Mutter, doch, aber erst in einer Stunde ...«

»Bis dahin schläft sie natürlich, und ich darf sie nicht stören, weil ich nach deiner Meinung zu laut sprechen würde, was aber nie stimmt ...«

»Nein, Mutter (von Fritz) ..., Wewe schläft nicht. Komm mit, du kannst sie gern sehn!«

»Wo denn und heute mit einem Mal?«

»Im Wohnzimmer, Mutter, Maisonne scheint eben hinein, Wewe soll Sonne haben ...«

Das hat sie denn auch, das hat sie ... Eugenie Fuchs hält das offene Lorgnon wie damals am Samstag vor dem Palmentag vor die aufgerissenen Augen. Die werden größer und größer und funkeln, als leuchte die Sonne aus ihnen, nicht durchs Wohnstubenfenster, das in zwei Flügeln offen steht. Und Eugenie Fuchs, geborene Seyler aus Deidesheim, stammelt entzückt:

»Schön Kind, schön Kind, ganz Fuchs!«

*

Hier wäre noch ein Großmam – ei:

Vor Gott gelten Daten nichts. Ich wiederhole es, weil es mir fürwahr so klar geworden ist (aber gewiß nicht Allen, die vor mir, neben mir, etwa gar hinter mir zu gehen belieben).

Darum sei das Datum des Tages, darinnen dies Ei gelegt ward (möge

Lachen als Hahnenküchlein daraus schlüpfen, wenn die Schale zerbricht), wahrheitsgetreu genannt: 9. VII. 1941 – und der genauesten Genauigkeit wegen: zehn Minuten vor nachmittags vier.

Bald führt sich der Beginn des unseligsten Kriegs aller Kriege zum zweiten Mal.

Andreas Prosper ward aus dem Bettchen genommen und wieder ins Ställchen gesetzt.

Das Ställchen steht genau auf der Stelle, wo Cornelie Heynitz vor partout dreiundzwanzig Jahren sich ganz ohne Flügel schwingend verhielt: sie schaukelte die zwei Kinder Karl und Beatrix, Mädie genannt, Kiefer ... die Schaukel verschwand, Karl und Mädie haben sich schon lange selbst aus dem Erdenleben fortgeträumt, er durch eine Stricknadel, mit eigener Hand in sein einundzwanzigjähriges Herz gestochen, Mädie durch einen Schuß aus des Vaters Pistole, die sie aus dem Nachtkästchen der Eltern entwendet hat, in die eine Schläfe hinein, aus der andern wieder hervor ... oh!

Andreas Prosper entdeckte eben zwischen den stark besonnten Stäben vom Ställchen, das ja nun auf dem grünen, noch nicht gemähten Rasen steht, den Schwanzschatten von Holunder. Das ist kein Busch, nein, ist der kohlschwarze Kater, den Cor aufgehoben und mit sich getragen hat, als sie das Tierchen, fast an Hunger und Verlassenheit sterbend, am Rand der Waisenhausstraße vor gut einem ganzen Jahr fand.

Am Schwanzschatten ziehen, tut dem Schwanzbesitzer selber nicht weh. Andreas Prosper lacht im Ställchen, und Kater Holunder, außerhalb vom Ställchen, schnurrt und macht mit dem Buckel einen hohen Brückenbogen.

Eugenie Fuchs, geborene Seyler aus Deidesheim, sitzt bei offener Flügeltür vor dem einstigen Schaukelgartenfleck und im jetzigen Eßzimmerlein in der »Arche Noah«, dem Empiresessel aus dem Wohnzimmer, heute für sie herüber gestellt. Ihr und der Arche Rücken sind gegen die rechte Eckvitrine gewandt, ihre gesamte vordere Erscheinung könnte Andreas Prosper aus seinem Ställchen betrachten, doch der Schattenschwanz vom Kater Holunder bedeutet ihm weit mehr als die gesamte restliche Erdenwelt.

Eugenie Fuchs, geborene Seyler (im März wurde sie 80 Jahre alt) stickt an *der*, dadurch immer kostbarer werdenden Leinendecke, die sie vor zwanzig Jahren zur standesamtlichen Hochzeit von »mein' Tochter, die Morena« mit Wilhelm Herzog, tausendfach Fäden zählend und ausziehend und die daraus entstandenen Lücken und Löcher neu überspinnend, begann.

*

Andreas im Ställchen sitzt und weint. Der geliebte und bewunderte Schattenschwanz ist nicht mehr zu greifen. Holunder springt just, dessen Original, sich selbst umkreisend, zu haschen, immer rund um, immer rund um. Stellt man so etwa die Eigensucht und Eitelkeit dar und vor?

Eugenie Fuchs ist eben die schon halb abgespulte Garnrolle mit leisem, für Eugenie aus Deidesheim ungehörtem Geräusch, entrutscht, und rollt die zwei Steinstufen hinab in den einstigen Schaukelgarten, am Ställchen vorbei. Holunder samt seinem Schatten stürzt darauf zu, dank der Rolle eine nun gleich große »Rolle« zu spielen.

Cor bei der offenen Tür auch in die Küche hinein, dort beim Schälen von Sommerkartoffeln stehend, läuft eilends herbei, an Großmutter Fuchs vorüber, die zwei Steinstufen hinab, hebt die Garnrolle auf (hat sie deren Flucht etwa gehört?) und legt sie nach leichtem Abpusten, was aber gar nicht notwendig war, Eugenie Fuchs in den schwarzbekleideten Schoß zurück.

Wieder zum Schälen, zum Schälen (ist unser ganzes Leben nicht eine einzige Schälerei …?), will Cornelie in die Küche zurück.

Aber Eugenie Fuchs, geborene Seyler hält Cornelie Heynitz, geborene Heynitz am Sommerkleid hinterrücks fest.

»Was möchtest du, Mutter (von Clemens, nicht Fritz …)?«

»Sag mir doch einmal, wie du deine Katze da nennst!«

»Hol … und … der, Holunder!« Cornelie lacht … »Ich habe ihn doch gefunden, nun gehört Holunder allen im Haus, schade, daß Constanze Katzen nicht leiden mag …«

»Holunder ist doch ein Männername …«

»Natürlich, Mutter, natürlich! In der Botanik allüberall, gesprochen oder gedruckt heißt es *der Holunder*. Nur in der Mehrzahl, Plural gibt es *die* Holunder, und somit …«

»Habt ihr sie falsch genannt, denn diese Katze da ist eine *Sie*, niemals ein Er …«

»Aber Mutter, woran willst du dieses erkennen?«

Die Achtzigjährige wendet sich um, nach rechts, nach links, mit spähenden Augen über der langen nach vorne immer mehr sich verdickenden Nase. Doch nur die Archenlehne und die Eckvitrine hören hinter ihr zu, keine Kinderohren müssen die unkeusche Offenbarung vernehmen.

Und, immer noch laut genug, dazu im Pfälzer Gekriesche, daß es Andreas draußen im Ställchen und gewesenen Schaukelgarten verstünde, hätte er schon Verstand genug, antwortet Eugenie von ihrer Weisheit versteift: »Ich habe es eben genau gesehen, ja sicher gesehn, daß die da unterm Bauch Brustwarzen hat!«

»Brustwarzen …« die stehende Cornelie blickt, ja starrt die sitzende Eugenie an. »Brust … warzen …? Aber Mutter (von Clemens, nicht Fritz …), hat dein Mann und dein Sohn, mein Mann, keine Brustwarzen gehabt?«

»Nun, das weiß ich wirklich nicht mehr …«

*

Ja: knapp ein halbes Jahr später ist Holunder gestorben und ihm gehört, für immer auf Erden, das XXV. Gedicht im »Kind unterm Himmel«: XXIX Verse, »sie folgen antiken Maßen oder formen sie um« … setzte der Herder Verlag 1942 auf die letzte Seite hinzu.

Kleines schwarzes Geschöpf, dunkeler als dein Grab!
Eh die Sonne erschien, hoben wir's aus dem Wall.
Vögel schliefen im Flieder,
Nicht beschleicht sie der Tod wie du.

Langsam nahm er dich fort, löste dir Kraft und Lust,
Durst und Hunger hernach; Atem und Blick versank,
Nur erinnernde Treue
Ließ dich taumeln zum Fuß des Herrn.

Warum brennt mir der Blick? Tiere beweint man nicht.
Gestern noch mir vom Arm langte der Jüngste laut
Nach dir hin dich zu kosen,
Unverschreckt von des Sterbens Ruch.

Welch Geheimnis entsteigt, sprießend im Morgengraun,
Dieser Höhlung, darin Erde und du vermengt?
Unser eigenes Scheiden
Haucht den Spiegel der Herzen an.

Wird es zögernd geschehn, gleichend dem deinen, oh?
Oder rasch, wie du selbst Vogel und Maus ereilt?
Sei's! Erinnernde Treue
Lenk auch uns an den Fuß des Herrn!

In des Flieders Gebüsch werden die Finken wach.
Vom geschulterten Scheit träufelt der Tau im Licht.
Aus dem Fenster im Giebel
Ruft das Knäblein dich morgendlich.

*

Noch ein *Ei*, bei näherer Betrachtung könnte es ein Kiebitzei sein.

Noch eben hatte Eugenie Fuchs gesagt: »Mit der Küche habe ich nichts mehr zu tun ...«

Da die Zubereitung der Boviste auch nicht in die Wohnstube gehört, war Cor's Schwiegermutter unanwesend, als Nele die Riesenportion der Boviste geputzt und gebraten hat, bis dann im Wohnzimmer der Sonnhalde zu St. Märgen Großmutter Fuchs die Herrlichkeit unter großem Wohlgefallen reichlich verspeist hat, bis der kleine, dreijährige Andreas Prosper ihr strahlend verkündigt hat: »Dies ...«

Doch bevor er dies tut, noch ein und alles, wenn auch so kurz wie nur möglich ... und dann wäre das letzte Großmam – ei wohl gekocht, auf dem harten Tisch gewälzt, die Schale zerbrochen, geschält, aufgeschnitten, mit Salz bestreut und verzehrt, und dies alles im Jahre 1944, im Juni, auf der Sonnhalde zu St. Märgen und im andauernden Krieg zugleich.

Am 7. VI. wurde Dr. Friedrich Fuchs, Fritz und Clemens in einem (wer von diesen beiden schwerer wiegt, weiß Gott alleine) vierundfünfzig Jahre alt.

Cor hat ihm dazu den Gobelinteppich gewebt »Die Vorhölle«. Nicht aus farbigem Garn, nein, aus Worten im Rhythmus, bis sich Verse ergeben haben, unhörbar ertönende Stimmen, die alleine das WORT hörbar und lesbar macht.

Christus steigt in der Spanne zwischen seinem Ende am Kreuz und dem ewiglichen Beginn seiner Auferstehung in die Vorhölle hinab und nimmt alle von dort einzeln mit sich zum Vater hinan, Himmel aber ist ohne Grenzen und Ende.

Cor hat auch in ihrem Gobelin Judas Ischariot's Verzweiflung und Christi Barmherzigkeit eingewebt. Aber Clemens sagte, wehrte: »Von diesem darf kein Mensch hörbare Aussage tun. Dieses: Gottes Sohn zum Töten verkauft haben, verurteilt oder begnadigt allein das WORT.« Also ist in der später gedruckten »Vorhölle«, in dieser Armee der Seliggesprochenen wahrlich Judas Ischariot nicht dabei. Als handschriftlicher Verszettel liegt er irgendwo in Cornelies aufgestapelten und bis heute unnütz gebliebenen Handschriftbündeln fest.

Nach der nächtlichen Darbringung der geburtstäglichen »Vorhölle« ... Cor las sie gesamt, selbst auf gekreuzten Beinen und dem Zimmerfußboden sitzend, dem Geburtstagskind vor, das ernsthaft und doch beglückt zuhörend und dreinsehend auf seinem Bettrand sitzend verharrte ... ging der eigentliche Geburtstagsmorgen an.

Großmutter Fuchs, also Eugenie, geborene Seyler aus Deidesheim, kam just nach Cors letzter Silbe als Schlußpunkt aus der Gaststube hervor, küßte ihren einzigen Sohn vielmals auf Mund und Wangen (Nele küßte ihre zwei Söhne am freudigsten auf die Stirn) und schenkte ihm … doch das hat nichts mit unserer Bovistenlegende zu tun …

Im einsamen Schwarzwalddörfchen St. Märgen ist eine alte Kirche mit zwei Türmen, die Hauben tragen, und von fern, aus Tälern herauf oder von Berghöhen herab angeschaut, gleicht diese Kirche einem Diminutiv der Frauenkirche zu »Minka«. Seitlich der winzigen Frauenkirche im Schwarzwald dehnt sich der Friedhof gemächlich aus. Cor hat jeden Tag mehrmals, hin wie her, über den Gottesacker zu gehn, auf ihren Füßen, nicht nur in Gedanken, und dies nach der Art ihrer Schritte ganz (Gans) schnell. Doch plötzlich verhält sie sich jeden Tag, außer dem Sonntag, viele Stunden alldort. Die versunkenen, versinkenden, denn längst vergessenen Gräber haben die taube (nicht taubstumme) Cor angerufen: mach unsre Garstigkeit wieder schön (wie das »garstig Kind« Wewe zu einem »schönen, ganz Fuchs« geworden ist), jäte das Unkraut über uns, entmoose unsre Kreuze und Steine, wasch den Schmutz aus den Rillen der Namen, Daten und gar der Gedenkworte, auf daß sich all dies wieder lesen läßt und wir nicht für immer vergessen sind.

So begann denn Cor's stumme, doch zwingende Berufung zur Friedhofsgärtnerin von St. Märgen, und der greise Pfarrherr Siebold, wohnhaft im Klosterhof, wehrte ihr nicht.

Cornelie zählt die erretteten Gräber und Hügelchen nicht. Weder unter den Lebenden noch unter den Toten gilt ja die irdische Rechenkunst, auch Mathematik genannt, und vom Alphabet wiegt wohl alleine das A und das O.

Doch beim »schön Eins nach dem Andern« gerät Cornelie nun an ein mannslanges Rechteck aus dichtwucherndem Unkraut, weggeschmissenen Blumentopfscherben (auch drei Gesamtnachttöpfchenscherben und der Abbruch von einem Henkelchen für sich waren darunter, wie kamen die nur hierher?), abgeschnittene Dornenzweige, verlassene Schneckenhäuser und -häuschen, große weggeworfene Wegsteine, als sei's ein Erinnern an St. Stephanus' Tod.

Sollte hier ein Selbstmörder begraben liegen? Doch nein, einem solchen wird kein Stein gesetzt, nie.

Cornelie kratzt nun das verdorrte Moos von diesem uralten Stein zu Häupten von dieser Sammlung aus Geröll, Schutt, Scherben und Vergessenheit, und liest, langsam und mühevoll buchstabierend:

Hier ruht der ehr- und tugendsame Jüngling
Gerson Hieronymus Faller
geboren 14. Oktober 1777
gest. 22. August 1860

Warum Vaters Geburts- und Todestag hier »im Voraus« wiedergegeben sind? Cornelie blickt fragend umher, doch es kommt keine Antwort. Peer Heynitz ist zudem mit vierundvierzig Jahren gefallen (soweit hat es Cornlie selbst gerade gebracht, ohne gefallen zu sein, vierundvierzig Jahre ist sie nun alt), dreiundachtzig Jahre alt wurde der ehr- und tugendsame Jüngling, der unschuldige Junggeselle und Hagestolz. Dreiundachtzig Jahre aber liegt er hier, nun zu nichts als Asche geworden.

Aber der Stein seines Grabes ist schön, Vorwegnahme vom Empire, beinah antik …

Und Cornelie Heynitz, dabei mehr noch als sonst ihres Vaters gedenkend, rauft, reißt, hackt, harkt über dem, was von Gerson Faller unsichtbar überblieb unterm Hügel, reinigt der Denkstein, und bald sieht die Grabstätte aus, als sei erst vor einer Stunde der tugendsame Hagestolz hier beigesetzt worden. Nur der schöne alte Stein straft durch seinen eingegrabenen Text solchen Gedanken Lügen.

»Morgen, Herr Gerson selig, bring' ich dir Efeuranken mit Wurzeln dran aus dem Wald. Die werden, wenn ich selbst schon lang nicht mehr bin, deinen Stein da und vorher deinen Hügel in grüner Treue fest umranken, o, ja!«

Doch es ist vorerst anders gekommen.

An die acht Tage krank gelegen, nicht ernsthaft, immerhin zum Efeuholen im Wald ist Cor nicht gekommen, geht aber eben, Andreas Prosper umhüpft sie (Neles Vater würde gesagt haben »höchst fidel«), den mittleren Weg vom Eingang zum Ausgang (es kann auch umgekehrt sein) des Friedhofs an manchen von Cor wieder hergerichteten Gräbern und Gräbchen vorbei … Dann bleibt Cor stehn: »Da wäre ich wieder, mein guter Hagestolz und Tausendjüngling! Ich verspreche dir, morgen bring' ich den Efeu … Doch was gibt es hier?«

Der noch des Efeus mangelnde mannslange Hügel ist strahlend weiß, warmer Schnee glänzt, ja duftet köstlich, doch anders als Blumen es tun.

Wunder über Wunder: Kopf an Kopf drängen sich wie zum Katzenkopfpflaster für flugmüde Falter und Bienen erdacht, junge feste Boviste den ganzen Hügel hinauf und hinab von links nach rechts und von rechts nach links, von oben nach unten, unten nach oben, die allerschönsten aber hier in der Fuge zwischen Hügel, Grabstein und seiner Schrift.

Cor kann nicht anders: sie klatscht kindisch in beide Hände:

Gerson Hieronymus Faller bedankt sich bei Cornelie für ihre Beihilfe, sein Gedächtnis noch über der Erd' zu bewahren, durch ein reiches, nahrhaftes, wohlschmeckendes, also vielfach ergötzliches Gnadengeschenk, ein unbezahlbares Mittagsmahl.

*

»Woher dieser himmlische Duft?« Clemens (Eugenies Fritz) betritt schnuppernd die Sonnhaldevorküche. Hier wird auch gefrühstückt, mittags gegessen, geabendbrotet, nur sonntags nicht, doch heute hätten wir einen Dienstag für sich.

Und Cor erzählt dem Clemens lächelnd die Bovistenlegende.

Andreas Prosper baut sich gerade eben ein Kartenhaus über den Fliesen unterm Küchentisch auf.

Cor hat für den Dank des seligen Junggesellen in reiner Freude gar verschwenderisch die ganze Scherenschnittbutter zum Braten seiner Boviste verbraucht.

Scherenschnittbutter? Aber ja: Cor hat um ein halbes Pfund echter Butter dem Felshof (er ist nicht auf Felsen gebaut und liegt auch nicht im Schatten von einem solchen, wenn die Sonn' den bescheint) aus schwarzem Papier mit übergeschwindem Scherchen fünfunddreißig mal fünfundvierzig Centimeter groß »Die Jünger von Emmaus« ausgeschnitten und danach auf uraltes Büttenpapier, das ihr Pfarrer Siebold aus aufgelassenem, nicht zuend geführtem Kirchenbuch überließ, auf das Sauberste geklebt … (so geh' ich Euch auf den Leim …)

*

»Wo habt ihr die herrlichen Champignons her? Aus Freiburg gewiß, nicht wahr, Fritz, wo du gestern wegen einer Aufenthaltsverlängerung für mich hier oben gewesen bist … Ja Cornlie, gib mir noch eine Portion davon!«

Großmutters geleerter (nicht gelehrter) Teller kommt auf Cor hinter der großen duftenden Pfanne zu und schwankt beladen retour.

»Das sind keine Champignons, Mutter, das sind Boviste …«

»Po-po-wißte … was heißt das? Kannst du eigentlich Whist spielen, Fritzens Frau? Wie ich so alt war wie du …«

»Vierundvierzig …«

»Viel früher, viel früher … doch ja, gewiß, ich möchte noch einmal, das ist keinmal, von diesen, wie heißen sie doch?«

Leerer Teller hin, gefüllter zurück.

»Doch störe mich nicht so beim Essen! Es wird drüber kalt ...!«

Aber Fritz muß seiner Mutter dies überaus wohlschmeckende Gericht schier juristisch genau im Sinne der Botanik erklären.

»Ja, nun weiß ichs ja! Gebt mir noch einen Löffel davon ... Und nicht aus Freiburg ist's, sagst du ... woher aber dann ... ja, noch einen kleinen Schuß, es muß aber nun der letzte sein ...Wo fandest du sie oder ihn, deinen Popist?«

»Nicht ich fand ... Cornelie brachte sie mit ... noch ein Bißchen davon, Mutter (diesmal von Clemens, nicht Fritz)?«

»Nun denn, so gib mir, daß ich dich nicht beleidigen muß! Aber woher?«

Clemens und Cor wechseln schweigend beredte Blicke.

Andreas Prosper Fuchs aber schreit, strahlend am Wissen und dem nun darüber Aussage tun zu dürfen, zu können, in sein Gegenüber, der Großmutter hörenwollendes Angesicht hinein:

»Vom Friedhof, vom Friedhof drüben, dem dort, du gehst nicht gerne darüber. Vom Grab eines uralten Mannes, der ein ehr- und tugendsamer Jüngling gewesen ist ...«

Großmutter Fuchs, Eugenie, geborene Seyler aus Deidesheim, erhebt sich ... Aus Ehrfucht vor einem Toten? O Gott bewahre mich!

Sie preßt die auf ihren Knien entfaltet gewesene Serviette (im zweiten Weltkrieg wurde kein Mundtuch daraus wie im ersten) zusammengeknüllt, ja geballt, vor den Mund und stürzt, trotz ihrem hohen Alter (auch dreiundachtzig Jahre macht es bei ihr aus, wie bei Gerson Faller vor achtzig Jahren, nein, vierundachtzig) zur Vorküchentüre hin.

»Schnell, schnell, Andi, lauf, lauf, mach der Großmutter die Türe auf! Sie hat keine Hand mehr frei ... schnell ...«

Andreas Prosper aber kommt viel zu spät, wirft sich an der Kante der schon offenen Küchentür schier das Nasenbein um ...

Aus der Sonnenhalde geheimster Kemenate erschallt ein Rauschen wie bei einem mächtigen Wasserfall ...

»Andreas Prosper, wie konntest du nur dies vom Grab auf dem Friedhof und dem toten Hagestolzen und Junggesellen an Großmutter weitersagen ... wenn es ihr schmeckt?«

»Aber Vater, warum nicht, wenn es doch wahr ist ... und lügen soll einer nie, wenn er Christ ist (zweimaliger Reim auf Bovist) ... das drohte noch gestern unser Pfarrer Siebold zu mir, wie ich von den Stachelbeeren in seiner Hecke genommen hatte und ihm sagte, ich hätte es gar nicht getan.«

Justus lieb' ich …

Dr. Friedrich Fuchs, Fritz, ja selbst Clemens, also auch hier drei Personen in einer Person, haben mehrmals gesagt bekommen oder es auch gelesen: wenn Frauen Kinder erwarten dürfen (nicht müssen) … werden sie meistens, immerhin oft, also häufig, etwas wunderlich, grob gesagt: komisch sein. (Es gibt auch ernsthafte Komik, doch diese verlangt Nachsicht und Vergebung im voraus.)

Und man dürfe sich besagten Gelüsten der Ehefrau nicht verschließen, sich nicht dagegen sperren, ist es doch im ehelichen Leben das einzige Mal, daß die getreuen Frauen sich unterstehn, gelüstig zu sein.

Cornelie verrät keine Gelüste, es wäre denn in St. Sylvester am ersten Morgen des Jahres 1925 das Gelüste, in tiefe Ohnmacht zu fallen, ja, es zu tun.

*

Wir sind in der sechsten Woche nach Clemens' Geburtstag, mittags so gegen drei Uhr.

Wir befinden uns in München und dies in der Kaulbachstraße, so an die zweihundert Schritte vom Eingang zur Steintreppe aus acht unregelmäßigen Stufen, die zur alten Haustür zur Kaulbachstraße 62a (Blick auf Bäume …) ohne Geländer zu klettern verlangt.

Siehe: vollkommen »außer der Reihe« ist Cornelie Heynitz eben stehengeblieben und starrt durch das kleine, schon lang nicht mehr, weder außen noch innen, gereinigte Ladenfenster einer Kolonialwarenhandlung winzigsten Formats.

Doch auf was? Dr. Friedrich Fuchsens Augen begleiten Neles fast todernsten Blick wie ein Räuplein, das sich verpuppen will.

Und landet unversehens durchs schmutzige Glas in der allervordersten Reihe der aufgestellten Dinge der Krämerin Elise Hostenmeier auf einem von Stanniol verschlossenen irdenen Töpfchen ohne Henkel. Auf diesem verschlossenen Töpfchen sitzt Cornelie's Blick beinah bombenfest.

Clemens' Blicke berühren Neles Blick mit aller dafür vorhandenen Gewalt. Aber der merkt nichts davon, ist mit sich selbst wie versunken in die Lettern und Zahlen, ja, kleine Wappen, die in des henkellosen Töpfchens Stanniolhütchen eingestanzt sind. Und Dr. Friedrich Fuchs, der Altphilologe, entziffert im Stanniol da vorn unter sich vier winzige eingedruckte Ehrenpreismedaillen, dazu noch das, was Cornelie wie bis ins Herz hinein gefesselt zu haben scheint, nein, gefesselt hat und hält:

Justus Liebig
Fleischextrakt

Cornelie Heynitz fährt zusammen. Hat sie des Gatten Blick auf dem ihren dort drinnen hinter dem Glas verspürt? Cor wird jählings so rot, wie ein beim verbotenen Naschen entdecktes noch kleines Kind.

»Was wurdest du rot, Cor, und bist nun wieder so blaß? Möchtest du das da drin etwa gern haben?«

Und wirklich: Cor nickt. Reißt sich dann aber zusammen, um dem Anblick des Liebig-Töpfchens zu entfliehn.

»Lauf doch nicht fort, Cor, wenn du was haben möchtest! Komm, wir gehen zusammen hinein, und ich kaufe und schenke dir das ...«

»Nicht, nicht ... es kam mich nur so an, ich weiß nicht, woher und wozu ...«

»Hast du's schon einmal gehabt, dieses Justus Liebig Fleischextrakt, Cor?«

»Nein, nie, ich kenne nicht einmal die zwei Namen: Tauf- und Familiennamen ...«

»Warum möchtest du's denn gerne haben? Willst du es erst genau kennenlernen? Sieht sich's so verführerisch an, willst du's als Abenteuer bestehen?«

»Ich weiß nicht, ich weiß nicht ...«

»Ich aber weiß: Wir gehn jetzt sofort hinein und ich kauf' es für dich. Also folge mir nach!«

Und Cornelie gehorcht dem Clemens wie ein Schlafwandler der Unterweisung vom Mond.

»Das Töpfchen da vorn, bitte, wenn Sie nicht noch ein anderes haben auf einem Ihrer vielen Regale!«

»Nein, ich hab' nur dies eine, 's ist rar, rar, 's ist gewißlich wahr ...« Die Augenblicksdichterin, Frau Hostenmeier, Elise befindet sich im sogenannten »besten Alter«, doch mit den fünf Fingern der rechten Hand als Schnupftuch, behandelt sie die Nase, nachdem es mehrmals nochmals gelangt hat. Wie ein vierjähriges Gassenkind beugt sich Elise vom abgenützten Ladentischlinoleum ins Chaos ihrer Auslage hinab. Wilhelm Busch hat gewiß aus ähnlichem Anblick den Vers gedichtet und zugleich illustriert:

Madam, es blitzt, sagt Knopp und lacht
Hui, wird die Klappe zugemacht …

Vor Clemens und Cor aber steht nun der kleine irdene hereingehobene Topf auf der Theke.

Elise Hostenmeier schneuzt sich erneut ohne Tuch und bringt verführerisch aus dem etwas bärtigen Mund hervor: »Justus lieb' ich, Justus lieb' ich, sehr bekannt, sehr berühmt, sehr gefragt …«

Cor blickt Clemens an, und ihre Augen sagen: sollte ihr Mann etwa Justus heißen? Witwe ist sie noch nicht, sie trägt nur einen einzigen Ehering und dies wohl schon lange, denn er schneidet ihr ja ins rosige Fleisch.

»Ja, Justus lieb' ich!« Frau Hostenmeier ergreift das kostbare Töpfchen mit der noch feuchten Hand und wischt den Staub überm Stanniol an ihrem linken und prallen Busen unterm Kattun behutsam ab, hin, her …

»So hätten Sie's hier, guter Herr!«

»Und was soll es kosten?«

»Eine … Mark … fünfzich!«

»Nicht, Clemens, nicht! Das ist zu teuer, ich möchte es nicht mehr haben, nie mehr!«

Doch schon hat es ihr Clemens uneingewickelt in die abwehrende Hand gepreßt: »Nimm und genieß' … (Nicht: nimm und lies.)

Was tun? Was lassen? Elise Hostenmeier streicht eine Mark und fünf Zehnerl zusammen, während Clemens, Cor und »Justus lieb' ich« das Kramerlädchen verlassen haben.

»Danke, Clemens, sehr großen Dank!«

Cornelie trägt das irdene Töpfchen nun wie einen echten Goldring, mit drei Diamanten und zwei Rubinen versehn, auf der offenen Handfläche mit sich selbst und dem Kind im Schoßgrund dahin, vor Freude daran oder vor Scham, ein unbegreifliches Gelüste verraten zu haben, neu errötet und nun auf längere Dauer wieder erblaßt.

»Aber Cor, meine Cor, was machst du denn jetzt damit? Eine Bouillon, ich glaube, davon steht was drauf, eine Soße?«

»Ich weiß es noch nicht …«

»Du wolltest es aber doch haben, wozu dann? Zeigst du mir's noch heute abend, ob wir's zum Nachtessen gebrauchen können?«

»Nein, morgen früh …«

*

Aus gestern abend ist heute morgen geworden. Constanze, Clemens und Cor, drei hohe C (das eine davon klingt oft verstimmt …), sitzen am Frühstückstisch. Constanze streicht das Innere von einem Marmeladenglas (selbstgekochte Marmelade vom vergangenen Jahr, eben um diese Zeit, als wir noch nicht die Ehe zu Dritt begonnen haben) auf ihre halbierte Semmel. Erst Butter, dann Marmelade, die Verhältnisse erlauben es ja. Clemens nimmt auch auf seine halbierte Semmel Butter, dann aber Honig aus dem antiken Deckelglas mit der goldenen Aufschrift «Sei erinnert an Karlsbad«.

Doch Cor streift schier selbstvergessen just das Stanniolhütchen mit den vier Ehrenmedaillen vom »Justus lieb' ich« herunter, so behutsam, daß es nicht reißt. Da ist ein Ziehring im flachen Korkverschluß, den hat Cornelie ergriffen, das Töpfchen geöffnet, den Kork mit dem Ring nach unten auf ihren Teller gelegt, und fährt, als habe sie das schon jahrelang täglich getan, mit der Frühstücksmesserspitze in den beinah festen, goldlackbraunen Extrakt hinein und schmiert sich das, was sie erlangt hat, schier beglückt auf, nein, in die Butterschicht ihrer Semmel … auch die ist halbiert.

Constanze, Ida Elisabeth Goretzki, gewesenen Gretzki, läßt ihre schon anmutig angebissene Halbsemmel mit selbstproduzierter Marmelade in die Tasse mit dem gemischten Kaffeerest fallen, Gott, es spritzt!

Clemens aber blickt so entsetzt auf das Tun seiner Frau, als gehe ein mit mehreren hundert Passagieren und ihrem Gepäck vollbeladener Ozeanriese vor seinen, mit Feldstecher bewaffneten Augen, zu Grund.

Kein Rettungsring, kein SOS-Ruf, kein die Wellen zerschlagender Arm! Untergang, nichts wie Untergang, Weltuntergang, denn Cor beißt nun ebenso fest wie friedlich und darum weltvergessen in das »Lieb' ich« über der Butter und die Semmel unter der Butter … O Gott!

Und Cornelie, Cor, Nele, Dallala sitzt und kaut, kaut, kaut, so strahlend als sei in jedem Bissen ein Stück ewiger Sonne, mindestens aber ein Mondenstrahl.

»Cor, Cor, wie kannst du nur sowas essen … nicht mitanzusehen!« Clemens wendet sich grausend ab.

»Krr Krr, das sieht sich ja an wie ein Schlachtfeld im letzten Krieg, ich habe es im Kino auf der Leinwand vorgeführt bekommen, ganz so!«

»Clemens! Constanze! …« Cor blickt groß, aber unverstört, und fast heiter. Wenn ihr es nicht mitansehen könnt, mache ich mich im Treppenhaus auf die obere Stufe und nehme den Teller mit, das Messer, die Semmel, mein Töpfchen erst recht …«

»Und dann soll *ich* dies, dein Geschirr spülen, was stellst du dir denn darunter vor?«

»Ach, Constanze, das tu ich fortan für dich und spüle deine und Clemens' Messer und Tassen und Teller und Löffelchen mit« (nie sagt Cornelie: eure Tassen, eure Löffel, eure Teller, wie auch? Constanze ist nicht mit Clemens vermählt, wäre dem so, ich bliebe niemals bei ihnen, niemals, ginge bald weit fort und sei es zu Fuß bis auf den Himalaja oder nur auf die Jungfrau, den Brocken, um einsam sterben zu dürfen, ohne vorher stören zu müssen).

*

Also spült Cornelie seit jenem Beginn der Justus Liebig-Affäre ... o du einziges Gelüst der werdenden Mutter Cor ... allmorgendlich in Constanzes Schrankzimmer das gesamte Frühstücksgeschirr, damit Constanze nicht an ihren, sogenannten »anderen Umständen« zu leiden hat.

»Justus lieb' ich« sein Fleischextrakttöpfchen wird langsam leer, viel zu langsam für die Duldsamkeit von Ida Elisabeth Goretzki und Dr. Friedrich Fuchsens unbegreiflichen Blick! Schon sieht das irdene Gefäßchen selbst durch die letzten Strähnen des braunen Extraktes, der dem einstigen Kind Dallala seltsamerweise so prachtvoll schmeckt (wundervoll darf man bei solchem beileibe nicht sagen). So wird denn der innere Boden vom Töpfchen schon offenbar.

*

Ja, und Gott selbst sah solange zu, als es ihm recht war: am Morgen vom 15. IX. 1925 ist das »Lieb' ich« vollständig leergekratzt ... Clemens sagt zu Cornelie: »Sieh einmal an: alles vorbei! Soll ich dir heute abend ein Zweites mitbringen, Zwilling von dem?«

»Nein, nein, niemals wieder! Ich konnte nur nichts dazu, daß ich danach verlangte, dich darum ohne Worte gebeten habe, daß, ja, daß es dich und Constanze so angeekelt hat. Es wird bestimmt fürderhin auch ohne Liebig mit mir noch weitergehn ...«

*

Es ward ohne Liebig in der Nacht darauf ins »Rote Kreuz« gegangen, um vier Uhr früh vom 16. IX. 1925 gebar Cor dem Clemens (nicht der Constanze) den ersten Sohn. Nichts in ihr verlangte fürder nach diesem Fleischextrakt, das gar nicht von Justus Liebig komponiert worden ist, sondern einzig seinen berühmten Namen, durch Anbettelung seiner berühmten Größe, erhielt (wie es ja heute noch Bismarckheringe gibt).

*

Fürder ... fürderhin ... Das ist eine Lüge, eine mächtige Lüge, wenn es ausdrücken soll: Justus lieb' ich fortan nicht mehr.

Wahrheit und Tod dieser Lüge ist dieses:

Neun Monate war Pittegrilli schon außerhalb der neun Monate in Cornelies Schoß, sein Herz unter ihrem Herzen. Da, es sei hier schamlos verraten, ging Cornelie selber und kaufte sich so ein Töpfchen Fleischextrakt, für den teuren Mammon von einer Mark fünfzig. Wo hat sie das Töpfchen gekauft? Nicht bei Frau Hostenmeier in der Kaulbachstraße zu Minka. Nein, zu Uelzen, wohin Stephanie Tochter und Schwiegersohn eingeladen hatte … bei Hövermann neben der uralten, aber verödeten Kapelle.

O bei Gott ist kein Ding unmöglich …

Und Cornelie stellt am ersten Morgen nach ihrer Ankunft, als wäre es ein Eierbecher mit frischem, weichgekochtem Ei drin (was Cornelie nach wie vor nicht ausstehen kann), tapfer das Liebigtöpfchen vor ihr Frühstücksgedeck rechts von dem der Stephanie, ihrer Mutter, nicht: Mami …

Clemens sitzt zur Linken von Stephanie, gegenüber seinem Weibe, und wird mit einem Mal rot, röter, am rötesten …

Um dies zu vertuschen, zu fälschen, tut er, als habe er sich furchtbar verschluckt.

»Krr Krr, klopf deinem Mann da den Rücken! Ein Krumen? Ein Mohnkorn? An meinem Wabenhonig verschluckt man sich nicht!«

Cor steht nicht auf, geht nicht um Stephanie herum oder um, ihrem leeren Platz gegenüber, Clemens zu klopfen. Nele bleibt sitzen und berichtet nur leise, aber bestimmt:

»Clemens ist für *mich*, durch mich rot geworden! Weil das Liebigtöpfchen da … Herr Hövermann läßt sich dir bestens empfehlen, Mutter, er saß schon vor seinem Geschäft auf der Feierabendbank, den Bernhardiner zu Füßen … verrät nämlich weiter, was Clemens bis zu diesem Augenblick alleine gewußt hat: wir erwarten das zweite Kind. Es ist schrecklich, ja gräßlich …« setzt Cornelie hinzu, »wenn's mich verlangt, das Fleischextrakt aufzustreichen, so ist das der wortlose Beweis: Ich empfing … Woher mir dies einzige Gelüst auf eins, was mir mein Leben lang bis zu Pittegrillis Kommen fremder als fremd war, nur kam, wiedergekommen ist … wie soll ich's wissen?«

»Pah, Krr, *ich* habe *dann* immer mächtig viele Gelüste gehabt, bei jedem Kind anders. Bei dir habe ich Trauben gewollt, Trauben, die es noch lange nicht gab, wir leben ja in Deutschland und nicht in Italien. Das hat an dir gelegen, immer wolltest du ja, was es gerade nicht gibt. Peer, dein Vater, brachte mir darum Korinthen mit und Rosinen. Getrocknete Trauben, die oder du haben mich brechen gemacht. Und nach deiner Geburt schließlich, habe ich lieber Melonen statt Trauben gemocht … Was aber das Liebigextrakt da betrifft, so hast du die Begierde danach von Peer, deinem Vater, geerbt«.

Cor und Clemens blicken, jeder auf andere Weise erstaunt, nein erstarrt, Stephanie Heynitz an, die davon unverstört, ja geruhig lachend erzählt:

»Peer, ich wollte wieder dein Vater sagen, Peer geht dich nichts an, nahm immer, wenns ins Manöver ging, einen Topf Liebig mit. Der Bursche, oder beide Burschen, die er dann hatte, packten dann den Pfundtopf mit den Stiefelleisten zusammen ein, und dann wieder aus. Noch einmal: es war ja kein Töpfchen wie deins. Es faßte wohl zehnmal mehr als dein Puppengefäß. Und jeden Morgen im Manöver strich sich Peer … seine Burschen berichteten es mir mit Zähneknirschen und Gänsehaut, wenn die Manöver zuende waren … ich meine, dein Vater … dick Butter, doch noch lieber Schweineschmalz auf die Semmelhälften und dick darüber vom Liebig! Und Peer biß hinein, biß, ich meine deinen Vater, in diese wie in ein Stück Sandkuchen nach meiner Mutter Rezept. Wenn ihr Zwei davon wollt, oder ihr Drei: ich habe dort auf dem Buffet in der Tortendose aus Silber und Kopenhagener Porzellan noch einen halben … Nun, dann eben nicht … aber ohne Liebig ins Manöver? Unmöglich!

Peer, ich meine deinen Vater, liebte das starke Extrakt, ich glaube in deiner Portion da sind so zwei Rinder eingedickt, in Peer seinem Topf ungefähr hundert … Aber was wolltest du sagen, Krr?«

»Ach Mutter, hat Vater, ich meine, dein Peer, denn immer im Manöver Kinder erwartet gleich mir?«

»Krr Krr, deine Witze sind immer verboten: Mann bleibt Mann und nur Frauen kriegen ein Kind … Doch noch einmal: geerbt hast du deine Extraktgelüste von Peer, ich meine deinen Schwiegervater, mein bester Friederich. Aber klingle hier … du brauchst nicht aufzustehn und an der Türe zu läuten, die Glocke liegt auf dem Tisch. Das Rotkehlchen, ja, das man auf den Kopf drückt, ist aus Bronze. Peer, dein Schwiegervater, schenkte es mir, als ich Felix trug: »Abbild von meinem Vögelchen in dir, meine Stephanie …« Ja, Rosa bringen Sie mir endlich mein Ei im Wasserbad und ein anderes Messer für meine Tochter, ohne Elfenbeingriff! Liebigs Fleischextrakt verschmiert sich so leicht und Sie kriegen es in der Küche beim Spülen nicht mehr aus dem Elfenbein meiner Urgroßmutter fort … So, Krr, und nun streich dir auf, wonach dir's natürlicherweise gelüstet! Aber sag mir noch vorher, wann kommt denn das Zweite? Im Grunde genommen beeilt ihr euch hier etwas zu sehr! Gegen Unvernunft ist kein Kraut gewachsen … Ja, bitte, Friederich, reich mir die Zeitung herüber, ihr unterhaltet euch so lange besser allein …«

*

Mit Gänsefüßchen soll Liebigs Extrakt nun doch nicht enden, obschon dieser Beschluß fürwahr nicht in den »Kugelsack« gehört, denn seine letzte Kugel ward im Jahre 1948 gegossen, verschossen mitten durch Cors Herz (darum mag sie wohl purpurrot sein wie alles noch lebende Blut).

Die einsame Cor (o Paradox: in Anwesenheit Einiger oder gar Vieler kann eins verlassen sein, verlassener als in der Abwesenheit aller) pflügt just den Acker ihres Lebens, die Körner des Geschehens hineinzusäen, zu säen: »ihr Körner, geht auf, vielleicht reicht die Ernte von Euch zu einem Bettlerbrot, einem schwarzen ...«

Cor's Herz ist die Pflugschar. Es hat noch kein Landmann, kein Bauer oder sein Knecht gefragt, ob das Pflügen dem Pflugeisen wehe tut. Immerhin wird die Pflugschneide nach längerer Arbeit für Andere stumpf. Wie schleift Cornelie ihr fleißiges Eisen wiederum scharf?

Cor geht just in der Dienerstraße an den sechs übergroßen Läden, den verglasten Auslagen von Dallmeir vorbei. Cornelie sieht alle Herrlichkeit gedankenlos im Vorübergehen an, ohne sich deren Wert bewußt zu sein. Für sich selbst ist Nele eine sehr schlechte Esserin geworden ... Es sind für sie die Dallmeir'schen Auslagen schier wie große Bernsteinbrocken mit ganzen oder geviertelten Fliegen, Fischgräten oder gar Bienen in sich für einen darüberweglaufenden räudigen Strandhund.

Doch da bleibt Cor mit einemmal stehn: o Erinnerung, was willst du mit mir?

Zwischen zwei Artischocken, verfrühten Pfirschen und etlichen Flaschen kostbarem Likör steht ein irdenes Töpfchen: Justus Liebig, ja »lieb' ich«. Kleiner, viel kleiner wie einst, sonst aber genauest wie auch einst in der Kaulbachstraße, der Elise Hostenmeier (ob sie noch hier noch auf Erden lebt? Cor glaubt nicht daran).

Kleines Töpfchen (bin ich vielleicht innerlich größer geworden, weil mir so Vieles der äußeren Welt, auch du, geringer, kleiner geworden erscheint ... wagt Cor sich niemals zu fragen).

Und Cor geht aus der Dienerstraße zu Dallmeir hinein und kommt wieder in die Dienerstraße heraus, und führt so zärtlich verpackt, als wenn es die Kostbarkeit eines echten Brillantringes wäre, das, für die heutige Welt allerkleinste Töpfchen von Liebig seinem, ihm fälschlich angedichteten Fleischextrakt, mit sich davon.

Statt von Clemens mit 1,50 anno dazumal bezahlt, hat sein Preis, von Cornelie Heynitz beglichen, 8,50 gemacht.

O gewiß, im Laufe der Welt werden die Dinge kleiner, ihr Preis aber wächst, wächst, wächst ...

Dies ist an einem Dienstag Nachmittag gewesen. Am Mittwoch Morgen aber, (noch an vier der fünf Kinder teilt Cornelie am runden Tisch das meist selbst bereitete Frühstück aus), sehen die erwachsenen Kinder mit aufgerissenen Augen, Nasenlöchern und Mündern: sie streicht sich Liebigs Fleischextrakt zur Butter auf ihre halbe Semmel, beißt hinein, und es scheint ihr so gut zu schmecken, wie einem kleinem Bübchen, das die ersten Hosen trägt, eine beim geizigen Nachbar gestohlene Walnuß, die es sich heimlich aufgeknackt hat: o wie frisch, o wie süß, o wie zart ...

»O wie kannst du vor uns Liebigs Fleischextrakt zu dir nehmen, schämst du dich nicht?«

Cor errötete, wie sich's beim Schämen schickt: alle Kinder, dank Vaters lächelndem Bericht, kennen die Legende von Großvater Peer Heynitz' ererbten Leidenschaft für den braunen Extrakt: »Justus lieb' ich ...«

Und Peter, dicht vor der Hochzeit, noch dichter vor dem Rest seines Staatsexamens, fragt, in die Kugel vom Todesernst kostümiert, während die drei Geschwister vor Gelächter sich biegen: »Liebe Mutter, erwartest du wieder ein Kind, doch nun, eine Witwe, von wem?«

Und Cor antwortet ernst: »Ich will anfangen, mein Leben niederzuschreiben, jede Dichtung ist wie das Austragen von einem, Dank dem Himmel empfangenen Kind ...«

Keines muß unnütz sein

Es geht in den Abend. Doch nein, nichts geht hier in den Abend hinein, sondern er selber kommt als noch schwaches Dämmern, das sich erst, zur hohen Nacht geworden, mit Sternen bekrönen wird, den Mond als schmale Silberschale in Händen hält oder als vollrunden Reichsapfel durch den gewölbten Himmel trägt, ihn erhebt oder ermüdet von seiner Last senkt.

Clemens sitzt auf seinem Schreibestuhl (von Cor bei Raufer in der Gabelsbergerstraße erschaut, dann lautlos von ihm angerufen: siehe mich an und nimm mich mit dir ... ich bin schon über zweihundertjährig, ein schmächtiger, großer Gelehrter, groß in jeder Hinsicht, oder ein bleicher, vom Alter verkürzter Mann nahm mich zum Sitz oder gar ein Kardinal, kurz bevor er verschied.

»O liebe Frau Raufer, wieviel macht Ihr Stuhl da?«

»Für Sie, getreue Frau Cor, drei Mark fünfzig, nein: rund drei Mal eine.«).

Clemens sitzt auf dem alten Stuhl über seinen wahrlich die Wissenschaft bereichernden Anmerkungen zum »Unsterblichen Leben«, unbekannte Briefe Clemens Brentanos. Den Namen, also den Titel dazu und dafür, hatte Cor erdacht, erfunden und dem Clemens geschenkt: »Geschenktem Gaul schaut man nicht ins Maul, verrate mich aber an Keinen, denn wozu?«

Die abendliche Dämmerung, die aus dem Garten durchs geschlossene Bibliotheksfenster hineinblickt (»aber Cor, ich kanns nicht offenlassen, das Flattern der Nachtschmetterlinge macht mich ganz konfus ...«

»Aber Clemens, mein Fuchs, die Gans bin doch ich, deine Nachtfalter kommen doch erst, wenn du Licht gemacht hast ...«

»Dafür brauche ich aber dann das Fenster nicht mehr zu schließen ...«).

Cornelie sieht die Bleifeder in der Rechten von Dr. Friedrich Fuchs zukken, wie ein angeschossenes Reh am Waldrand vor dem nahenden Herbst.

»Was hat denn dein Setzer wieder verschuldet, an unserm ›Unsterblichen Leben‹ fälschlich verübt?«

»Bück dich Cor, siehe selbst: Landshut, 4. Februar, es müßte nun 1804 heißen ... welch Verwechslung der zwei letzten Zahlen, da steht nun 1840, zwei Jahre vor Clemens' Brentanos Tod.«

Durch zwei zwillinghafte Wellenlinien bringt Dr. Friedrich Fuchs den stummen Befehl zum Vertauschen auf das schlechte Korrekturpapier, dessen Druckschwärze unschuldig die innern Handflächen des Korrektors verfärbt.

Würde Cornelie dies alles als Setzer gesetzt haben, würde solches niemals geschehn, nein, keinmal passiert sein.

Doch Cor ist eben nicht da. Was sie eben wohl macht? Die Kinder werden oben in ihren drei Zimmern spielen. Constanze in ihrer Kemenate, einziges Zimmer, das hier im Haus tapeziert worden ist, auf Gretzkis eigensinnigen Wunsch hin, mit Apfelblüten und Blättchen, alles andre im Haus ist nur gestrichen, wird sich unnötige Arbeit gemacht haben, nur solche befriedigt sie ... Aus der Küche klingt leises Klirren und Schubladenziehn und -schieben, wie durcheinandergebrachte Stückchen von einem verlorenen Volkslied: Käthe Mairock wird den verlassenen Abendbrottisch abgeräumt, das Geschirr gespült, abgetrocknet und wieder zusammengestellt haben. Nun ordnet sie es in die Schubladen und den Küchenschrank mit seinen sieben Regalen zurück.

Aber meine Cor?

Clemens hebt die braunen großen Augen hinter den Brillengläsern der Kurzsichtigkeit seit seinem achtzehnten Jahr von seinem Korrekturbogen auf und fort.

Blicke zerbrechen kein Glas, die Tür ins Wohnzimmer nebenan steht offen, ist in eben das Wohnzimmer zur rechten Hand hineingelegt und deckt Cors Bücherschrank, der dort steht, vollkommen zu. Dem nun verborgenen Bücherschrank folgt in der Wand und somit jetzt der Bibliothekstür, der geöffneten, die eine der beiden Terrassentüren. Wenn man vom Flur aus das Wohnzimmer betritt, den größten Raum hier im Haus, ist es die linke. Der eine der beiden Flügel steht als aufgetan auf der Terrassenebene draußen und ihren unregelmäßigen, aber flachen Steinen, die durch Zement alle mitsammen vermählt sind, aber vier schnurgerade Ränder besitzen, oder von denen besessen werden.

Am ungeöffneten Flügel aber steht Cor. Wie lautlos kann sie doch sein und sich bewegen!

Ob sie schon lange dort steht, lehnt und zugleich ragt und doch kindlicher als der nun zwölfjährige Peter für dessen Vater, Cornelies Clemens, erscheint ...

Die abendliche Dämmerung vor dem offenen und dem tief verankerten Flügel geruht, wie Cornelie dort unbeweglich zu verharren, sie nimmt nicht zu, und abzunehmen vermag sie in dieser Stunde nicht.

Was nur tut Cor danebenan, so allein, als wäre sie längst gestorben und wie bei alten und wilden Völkern im Gesicht unverhüllt, im übrigen aber stehend beigesetzt?

Cornelie anzusehn, ihre Lautlosigkeit also belauschend, ist für Clemens wie ein geliebter, ein köstlicher Trank von Quellwasser in der Wüste aus nichts als dem Sand der Korrektur, Korrektur!

Bei Cor gibt es nichts zu korrigieren, oder doch und warum? In Gedanken und Schaun seiner Augen fragt Clemens sein Weib über die Entfernung von kaum drei Metern weg voller Ernst: Du bist traurig, warum nur? So traurig, unsagbar betrübt starrt dein linkes Profil an all meinen Fragen vorbei durch das mittlere Flügelglas der geschlossenen Terrassentür ihrer linken Hälfte. Kommt es vielleicht nur daher, daß du die Nasenspitze an diese Glasscheibe drückst, wie ein kleines Mädchen an das Glas von einem Spielzeuggeschäft oder die noch größere Ladenscheibe von einem dörflichen Warenhaus?

Nichts macht dich fröhlich, Cor, alles Angeschaute bedrückt dich so. Ach, warum vergißt die heutige Welt auf die von Gott geschaffene Natur, löst sich von ihr allenthalben und züchtet unter Hohngelächter und Spott hellblaue Nelken? Fünfundzwanzig Stück, nein, siebenundzwanzig, dort in der enghalsigen Vase …

Clemens ist aufgestanden, und seine Hand legt sich von hinten auf Cors rechte Schulter, Recht auf Recht, die Linke aber greift, auch von rückwärts nach vorn Cors linke wie beschwert hangende Hand. Kann Leere auch schwer sein?

Cors Finger sind alle fünf kühl, beinah kalt, als wenn eins in Cor mitten im Sterben sei.

Cornelie spürt beide Hände der sie liebenden Liebe. Eine auf der Schulter, eine um ihre Hand und das Handgelenk. Das ist Clemens, keiner sonst auf Erden tritt so hinter Cor.

Doch ihr gesenkter Kopf wendet sich nicht nach diesem Clemens um.

In diesem Augenblick, diesen Atemzügen, will wohl der ewige Himmel selbst, daß Cornelie, ohne den Kopf zu wenden, dem Clemens doch ablesen kann: drüben im Nachbarhaus hat jemand erkennen müssen: es dunkelt schon! … und hat eine seiner Lampen mit Birnen drin am dazu vorhandenen Knöpfchen, Riegel oder Schieberlein (wie bequem wird's uns doch gemacht – keine Feuersteine mehr, kein Zunder oder Fidibus, keine Kerze im irdenen, messingnen, zinnernen, silbernen Leuchter, die Lichtputzschere liegt immer zum Greifen dabei – doch ach, je bequemer wir es für uns selber haben, umso unbequemer wird einer dem andern, o weh …). Der Lichtschein vom irdischen Drüben steht gleichzeitig im Nachbargarten auf, geht durch den Garten von Clemens und Cor über die Terrasse, geht an Cors linker Schläfe entlang durch das Türflügelglas (auch Licht bringt kein Glas in Scherben) und nun, ohne jede Brücke unter sich, durch die Wohnzimmerluft, also auch durch die Atemzüge der Ehegatten und nimmt im kirschbaumgerahmten Spiegel, neben der Tür in den Flur hinaus, Platz. Von dort wirft er sich in Clemens sein Gesicht, ohne selbst den Spiegel verlassen zu haben, dazu aber auch dicht unter Cors halbgesenkes Liderpaar.

Und vor sich liest Cornelie so ungewollt, wie sie bis heute Verse und Launen schuf und schafft im Flügelglas das ab, was Clemens hinter ihr spricht (niemals ohne Stimme, immer vergißt Clemens, daß seine Cor äußerlich nun schon einunddreißig Jahre nicht hört):

»Cor, Cor, warum stehst du hier so still, so traurig? Fühlst du dich krank und woran?«

»Nein, Clemens, nicht krank, viel schlimmer: unnütz, unnütz wie nie.«

»Wie das, kannst du mir's sagen?«

»Als ... wie ... ja wie ein Kieselstein auf dem Asphalt verlorengegangen! Weh mir, daß ich heut keine Biene war, einen Blütenstempel bestäubend, daß im Herbst eine einzige Frucht mehr reifen darf ...

Weh mir, daß ich nicht ein Tropfen Tau sein durfte, für ein Moosbäumchen dort in den Terrassensteinfugen zur Erquickung, damit es nicht welkt und nicht stirbt ...

Weh mir ...«

»Aber Cor, du hast doch Peter durch den Tag heute vielmals gedient, hast ihm helfen können beim Lernen ...«

»Er hat, als ich zu ihm kam, sein Pensum für morgen, ja sogar übermorgen, in Latein schon niedergeschrieben, saß und las in Dr. Doolittle und sagte: Mutter, so geh doch wieder und störe mich nicht!«

»Doch unser Wewe, du liebst es, wirst geliebt, hat gewiß ...«

»Constanze brachte Wewe eben das Stricken bei: einstechen, umschlagen, durchziehen, ablassen: »Geh wieder! Störe uns beide nicht, mit dem Stricken gibst du dich selber nicht ab und bringst es keinem je bei ...«

»Doch unser Ditha ...«

»Spielte mit Üle Reise über das Meer, nein, den Ozean: ›Mutter, du darfst nicht in unser Schiffchen treten, bist zu groß, bist zu schwer, es versinkt, und wir ertrinken mit dir und durch dich ...‹ ›Aber als Ruder doch, daß ihr mit mir eine Strecke weiterkommt!‹ ›Ruder haben wir ja schon sieben ...‹ ›Als Steuer ...‹ ›Haben wir schon drei ...‹ ›Als Segel ...‹ ›Es hat ja gar keinen Wind! Was soll denn ein Segel? Geh wieder, steig aus ...‹«

»Käthe Mairock blieb über. Du weißt, sie dient dir gern und freudig, sie freut sich daran, daß du ihre Zwillingsmagd hier im Hause bist.«

»... saß in der Küche und schrieb ...«

»Ins Haushaltungsbuch? Du kannst ihr da beim Zusammenzählen helfen …«

»Nein, an ihren Verlobten, ich sah's an der Überschrift: Lieber, mit h statt erstem e geschrieben, Alois…«

»Aber ich, ich …«

»Saßest und korrigiertest dein ›Unsterbliches Leben‹ …«

»Aber gewiß hast du heute ein Gedicht gemacht …«

»Nein, keine Zeile geschrieben, keine zwei Zeilen in Gedanken gereimt, vielleicht verstehe ich mich auf das Dichten nicht mehr …«

»Doch vielleicht heute morgen eine Laune begonnen …«

»Launen beginnt man nicht und läßt sie halbfertig stehn, man beendet sie noch zu derselbigen Stunde …«

»Nun also, meine launische Cor …«

»Keine Laune, Clemens …«

»Aber Unkraut hast du im Garten gejätet …«

»Das zu tun hast du mir doch untersagt, das willst du alleine besorgen …«

»Halt, da fällt mir ein, wozu du sicher nicht unnütz geblieben bist: hast meiner Mutter in der Nibelungenstraße vom Jasmin, den sie so liebt, in ihre Vase, noch aus dem Elternhaus ihrer Mutter, gebracht …«

»Du hast vergessen, was ich behalten habe: daß heute Dienstag ist, Damentee im Kaffee Erbshäuser …«

»Doch du hättest Emma, deine Afra, um die Ecke herum besuchen können …«

Clemens blickt beinah streng wie ein Schulmeister, wenn sein Schülerlein das gesamte Aufgabenmachen unterließ.

»Wenn deine Mutter im Kränzchen ist, so geht eure Emma zur Fanny der Tante Blumenkohl, Excellenz von Kohl, diese kränzelt ja mit in der Fürstenstraße hinterm Palais Leuchtenberg … Unnütz bin ich, unnützer, am unnützesten … und darum muß ich nun traurig sein und kann nichts dazu, daß ich's bin …«

»O nicht traurig sein, Cor, nicht traurig: komm zu mir …«

*

Im Nachbarhaus dort im irdischen Drüben wird beim selben Atemzug von Clemens, da er dies sagte, das bisherige elektrische Licht wieder ausgedreht. Die Dämmerug hat sich in erstes Dunkel verwandelt. Hoch über dem Garten von Clemens und Cor zeigt sich deutlich ein erster Stern dieser gesegneten Nacht.

Seid fruchtbar ...

Cor und Clemens, Clemens und Cor wurden getraut, sind vereinigt, vermählt.

Der Mann hat gezeugt, Cornelie empfing, trug, und hat ohne den Reim auf »verloren« geboren.

Sie stillt Pittegrilli, sie spielt mit ihm, sie wacht bei ihm Nacht um Nacht, wenn er beschwerlich zahnt. Cornelie hat dabei ganz darauf vergessen, daß solches, aus Natur, mit Übernatur gemengt, ihr das Dichten und Formen, nicht nur in Worten, zerstören könne, ja plötzlich zerstören wird.

Bis daß Cornelie Heynitz jählings in der Werkstatteinsamkeit, der schöpferischen, (sie spürt selbst, daß sie totenhaft daran erblaßt) begriffen hat: ich bin Frau und Mutter geworden, und darüber ging Dichten und Schöpfersein, Schöpfer von Gruppen, Gestalten, Gesichtern, Launen für immer vorbei, nein: entzwei.

Für immer? Ach, für Cornelie Heynitz kann eine einzige Sekunde sowohl Abgrund der Hölle als Firn aller Ewigkeit sein.

*

Cor steht vor einer tönernen Engelsfigur. Achtzig cm hoch muß sie sein, nein, genauest 83 1/2 cm. Erst war der Engel bei Cor bestellt von einem Ehepaar, unterm Sakrament vermählt. Danach hat Cor es selbst beim eigenen Herzen bestellt, oder beim Herrn, oder beim Herzen *und* Herrn zusammen ... Irgendwo nimmt die Seele ja alle Aufträge im Schatten der Ewigkeit an und auf. (Nur Tote führen keinen irdischen Auftrag mehr aus.)

Cor hat gerade eben den achten Cherubsflügel in Ton fertig gefiedert. Wie leicht hat es Gott! Er sprach: es werde! – es ward, und siehe, es war sehr gut.

Die acht Flügel stimmen. Die Falten vom Engelsgewand stimmen auch. Federn und Falten sind aufs Beste geraten und machen Musik für Cors innere Augen, und hörend gebliebene innere Ohren dazu.

Nur die Engelshände, das Engelsgesicht bleiben stumm, bleiben leer.

Zum zehnten Mal hat nun Cornelie das tönerne Angesicht wie eine lästige Mücke zerdrückt, zum zwölften Mal die Sprache der Engelsfinger erstickt, erwürgt, vernichtet, zermalmt.

Immer, bis auf dieses eine Mal begann Cornelies Mensch- und Engelwerdung, in was es auch sei: Holz, Ton, Stein oder Terrakotta, mit dem Gesicht. Aus ihm wuchs das Haar nach oben, unterm Kinn hervor die ganze Gestalt, bis in die Füße hinab. Dies einzige, dies erste Mal will es auf diese Art nicht gelingen.

Zum vierzehnten Mal hat Nele das Engelsgesicht zerstört.

Ja, nun reißt Cor den ganzen, im Grunde genommenen Engelskopf vom Halse, ballt ihn zusammen in ihren fünf Fingern der rechten Hand und wirft ihn gegen die Werkstattwand. Höhnend bleibt er dort kleben und blickt von dort seine Schöpferin an wie ein Krötenhaupt, längst im Tode verwest.

Nicht einmal »quak« kann es sagen.

Das fünfzehnte Angesicht, dem Engelskörper aufgesetzt wie einen leeren Helm auf den obersten Knopf einer Garderobe im Flur, zwingt Cornelie, aus der Werkstatt fortzugehn, nein zu fliehn.

Das, vor dem sie am verzweifeltsten flüchten möchte, muß sie mit sich nehmen: sich selbst.

Es ist gleich 12 Uhr, auf der Turmuhr gegenüber der Werkstatt zu sehn (der dritten Werkstatt, seit Professor Sattler Cor aus dem Meisterschülerschaftsatelier jäh verstieß). Der kleine Peter schreit gewiß schon nach der verspäteten Stillung, Cornelies Muttermilch, die ihm gehört.

*

Pittegrilli schiebt Cornelies Brust, erst die rechte, dann die linke von sich fort. Er saugt statt Cornelies Milch seine eigenen Tränen auf.

»Deine Milch muß sauer sein ...« meint Constanze, durchs Zimmer gehend, unter Achselzucken. »Warum gingst du auch bei dieser Hitze ins Atelier und wieder zurück! Ist deine bestellte Figur wenigstens fertig geworden?«

(Niemals bekomme ich eines noch fertig! Für immer kann ich nichts mehr erschaffen).

Nun überrinnen eigene Tränen Neles Gesicht oder sind es die Gesichtszüge von Dallala, dem nur wenige Jahre älteren Schwesterchen von Peter Fuchs?

»Du schwitzt ja, ich wollte gesagt haben: du transpirierst ...« bemerkt Ida Elisabeth Constantine, wiederum unter Achselzucken, bald links, bald rechts. »Wo hast du dein Taschentuch? Bestimmt im Atelier liegengelassen, du siehst entsetzlich vergeßlich drein! Mein Peter kann eben nichts mit dir anfangen! Versuch' es heut abend nochmal mit der, deiner Milch! Hoffentlich geht es dann besser, daß er mir nicht verhungern muß! Wenn *ich* ihn geboren hätte, ich teilte niemals mich und oder gar meine Zeit zwischen ihm und ...«

Cornelie Heynitz ist nicht in Ohnmacht gefallen. Sie trug nur Pittegrilli zur Hundhamer Bauernwiege zurück und legt ihn hinein. Er weint nicht mehr. Sie aber weint über ihn: Clemens hat dich gezeugt, ich habe empfangen, getragen, hab' dich geboren ... Nun darf ich meine Kraft nicht länger teilen zwischen beiden, davon jedes mit K beginnt: Kindlein und Kunst ...

Ohne Opfer lebt Liebe nicht.

*

Am Abend desselben Tages, schöner Sommerabend selbst in der Stadt, der Großstadt München, mit offnen Fensterflügeln (warum schnitt die gesamte heutige Welt ihren Fenstern die Flügel ab und hat das Fensterkreuz kreuzfeindlich entfernt?), war Cors Milch wohl nicht gerade süß, aber immerhin wieder genießbar. Pittegrillis kleines Gesicht sagte es wortlos aus, sogar die kleine neue Stirnfalte über seinem Näschen war wiederum fort.

Beim Vaterunser, vor Beginn der Nacht mit Peters Vater zusammen, wie von einem Munde gebetet, unterstrich Cornelie in sich die Bitte ums tägliche Brot *einmal*, ... *dreimal* aber: vergib uns unsre Schuld! O Gott, diese Schuld ist nicht bei uns beiden, sondern bei mir allein: ich hadere mit Dir, o Gott, weil Du mir das sichtbarwerdende, seelische Formen, das Gestalten, ja, das Erschaffenkönnen, genommen hast. Doch für Clemens' erstgeborenen Sohn nimm es hin! Aber laß mir das Dichtenkönnen, ja, laß mir dies ...

*

Gott aber probte auch hier Cornelies Opferkraft aus.

Hat sie es erkannt? Erklären läßt sich solcherlei nie.

Technik und Handwerk zu beherrschen, ohne selbst von der Schöpferkraft dabei überwältigt zu sein, ist schlimmer wie schlimm.

Cornelie Heynitz, nicht Fuchs, kommt nicht mehr wie auf Erden schon selig geworden aus der Werkstatt nach Haus. Sie stillt Pittegrilli, sie schmeckt ihm auch gut, aber den inneren Schmerz, den sie in sich bewegt, stillt keins, nichts, niemand.

Andere, Besteller, Besucher, sogar Clemens, Cors Ehemann, finden Cors bildhauerische Arbeiten schön ohne Frage. Cor selbst findet sie leer, nichtssagend, unberechtigt zu sein. Ist sie doch selber hier leergeworden, leer, leerer, am leersten …

Dann aber (o Gott, hast Du Dich von mir abgewandt?):

Cornelie wartet einsam beim Stillen von Pittegrilli auf das erste Kommen einer inneren Musik, diese dann, willenlos, von anderem Willen getrieben, ja, gesegnet, mit Worten zu bekleiden … so nur werden Cornelies Gedichte …

Aber die Musik kommt nicht mehr.

Also sind auch Cors innere Ohren wie an schwerer Krankheit ertaubt.

Und Clemens, so mitten in einem alltäglichen Gespräch (Constanze glänzt richtig durch Abwesenheit, Gott habe Dank!):

»Höre einmal, meine Cor, du dichtest ja gar nicht mehr, du sprichst mir ja kein einzges Gedicht mehr vor …«

»O das kommt dann schon wieder …« (Man kann, selber geheim untröstlich geworden, andere trösten … Cor hat er viele Male erlebt.) Doch was heißt: dann?

Aber »es«, »das« wollte nicht wieder kommen. Cor verhungert geheim an sich selbst.

Pittegrilli aber gedieh kaum zu sagen.

Warum? Darum, daß der Kleine, der nun bald neun Monate alte Sohn, gesegnet sei, erlosch der andre, gedoppelte Segen über und in Cornelie ganz.

Zwiefach, nein, dreifach fruchtbar sein, kann eben keiner, hier heißt es: *keine*.

Aber gibt es nicht die sogar schriftlich und gedruckt erhaltene Sage vom Urahn Cornelies: Ludolf Friedrich Heynitz (Brockhaus gab das Buch »Kreuz- und Querzüge« 1913 heraus)? Peer Heynitz hat's noch gelesen, bevor er fiel: »Mein Großvater, ein sehr hoher Beamter, besaß wie alle Gutgestellten einen eigenen Garten, fast einen Park! Er war wohl von Geburt an sehr geschickt, sich in seinem Garten über die Hutschnur weg zu beschäftigen. Darunter war auch dies: er richtete einen Apfelbaum dazu ab: zugleich mit den eigenen Äpfeln Pfirschen und, o Wunder, sogar Kirschen zu tragen, ohne daß die eine Fruchtsorte das Gedeihen und den Geschmack zwei andrer verdarb, oder daß der mit sich selbst ratlose Stamm daran Schaden erlitt.

O welch kurioser Baum mit dreierlei Blüten und dreierlei Frucht: Äpfeln, Pfirschen und Kirschen … und jede Sorte zu ihrer Zeit reif.

Die Leute um Justizrat Heynitzens Garten staunten den Baum über das Mäuerlein, das mit Schiefer gedeckt war, an. Die Freunde des hochwohlgeborenen Herrn Heynitz aber ließen sich erst die Kirschen, dann die Pfirschen, dann die Äpfel, alle vom selben Stamm und Wipfel und den gleichen Wurzeln, wohl munden, und spien die Kirschkerne mit Lachen in die Erde neben den beschnittenen Taxushecken aus und fragten Cornelies Ururgroßvater: »Bester Ludolf Friedrich, tragen die Bäume dadadraus, in deiner Nachbarn Gefilden zu den eigenen Kirschen auch Pfirschen und Äpfel … was glaubst du wohl?«

»Ohne *mich* kann's nicht sein, kann's nicht geschehn, kann's nicht werden …« soll der Urahn von Cornelie geantwortet haben, »ohne mich passieren solch Wunder nicht mehr« (als wäre er Gott und Ludolf Friedrich zu Braunschweig in einer Person, mit gepudertem Haar, schwarzgewickeltem Zopf, seidenen Kniehosen, behutsam ergänzten zwei Waden in den auch seidenen Strümpfen, und zwei Ordensbändern, in derselben Richtung mit Sternen dran über die Brust gehängt, nein, gebunden (hat er diese Ehrensterne etwa weiland für seinen kuriosen Baum gekriegt?).

Cor entsinnt sich jählings beim siebenten nächtlichen Stillen: diese Familiensage habe ich einmal dem Clemens lachend erzählt, und sein auch lachendes Erwidern drauf hat gelautet: »Cor, Cor, du bist ja selbst solch ein Baum, Kirschen, Pfirschen: Dichtung und Bildhauerei … dein Äpfeltragen aber sind wir, du, ich und das erste Kind, das wir erwarten dürfen.«

*

Oh, oh, oh: nun Cornelie nicht mehr dichtet, in der Werkstatt nichts mehr mit Leben aus sich erschaffen kann, darf, ist ihr der natürliche Apfel zu schwer, viel zu schwer. Viel zu tragen, das stärkt gewaltig, wenig zu tragen, fast nichts mehr, das schwächt.

Die geheim unsagbar beraubte Cornelie will keinen zweiten Apfel aus empfangener Blüte zur Reife tragen, bis der in den grünen Rasen fällt oder in die Hand, die danach zu greifen begehrt.

Clemens spricht: »Wenn ich dich noch länger wollen möchte, du aber willst mich nicht, schlage ich mir zwischen meinen Büchern ein Notlager auf, wie einst im Krieg unter abgeschossenen Nadelbäumen im zertretenen Moos. Du aber kannst dann wechselweise bald in meinem Bett, bald in deinem Himmelbett mit dir alleine schlafen, als habe uns niemals Pater Edelbert früh fünf Uhr in St. Georg vor 3 halben Jahren getraut. Überlege es dir, ich gebe dir zehn Tage Zeit.«

Das war am 29. Mai 1926. Cor wollte darauf erwidern:

»Du, ja, du behalte für dich das Zimmer mit den zwei verschiedenen Lagerstätten! *Ich* werde mich vor dessen Tür auf dem Flur schlafen legen, wie Ruth vor den Füßen des Booz! Ein Notbett braucht es nicht, der Flekkerlteppich ist da, Härte, Dunkel und Kälte sollen die Strafe sein, dafür, daß ich, weil ich, ja weil *ich* noch nicht wieder wollen kann ...«

Doch Cor schwieg. Vielleicht sprach ihr werdendes Bildwerk besser für sie, wenn sie es, von Langwieder-Wiedermallang, dem ihr Getreuen, rechtzeitig gegipst, auf Clemens' Geburtstagstisch am 7. VI. aufgebaut hält.

Hah, ist das Schöpferische wenigstens in der Werkstatt wiedergekommen, niedergekommen?

Aber nein, das eigene Spiegelbild zu konterfeien, hat mit dem Schöpferischsein nicht das Geringste zu tun.

Es ist im Töpferton (später in Gips, noch später hat es dies gar in Bronze gegeben, in Bronze gegossen wurde es bis nach Leningrad entrückt): eine sitzende Frauengestalt. Gewiß, mit halblangen, hängenden schweren Haaren, zu mehreren Beuteln aufgebunden, könnte es eine Jungfrau sein. Doch diese Sitzende (sie ist wohl 70 cm hoch) hält ein nacktes Büblein auf dem linken Knie in selbstvergessenem Spiel mit unsichtbaren Glühwürmchen bei Nacht, also im Traum.

So hätten wir eine noch junge Mutter mit ihrem noch nicht jährigen Sohn. Ihr einer Arm, der linke, umfängt das Kind, daß es nicht falle. Ihr rechter Arm aber streckt sich über das andre leere Knie in der Luft, beinah militärisch, streng im Gelenk zum offenen Dreieck gebogen, wie kämpferisch gegen Gegner in großer Zahl aus. Mehr aber tut dies die Hand selbst, die rechte Hand: waffenlos wehrt sie sich stark.

Gegen was, gegen wen? Vielleicht gar gegen Gott selbst: nicht Dein, sondern mein Wille soll hier geschehn. Und die Augen der Mutter, erst in Ton, dann Gips, einmal, viel später, in Bronze, sind trotz ihrer Zweiheit ein einziger Widerspruch ...

*

Vor der blaugestrichenen Bibliothekswand, zwischen zwei brennenden Kerzen, hebt sich vom Geburtstagstisch (*heute* hat Eugenie Fuchs, geborene Seyler aus Deidesheim, ihrem Fritz den Fritz vor fünfunddreißig Jahren zu Ascheberg geboren, und ihr Mann meldete es morgendlich vom Küchenbalkon über zwei Hinterhöfe weg den eigenen Eltern ... mit Macht aus innerer Pracht) diese gipserne Gabe von Cor an ihren Gemahl fast gespensterhaft ab.

»Aber, Cor, nein, Cornelie: *so* eine seltsame Madonna hast du noch niemals gemacht. Die gehört in keine Kapelle hinein, vor der da läßt sich nicht beten ... nein und nie ...«

»Weil sie selber bitten muß ...«

»Bei wem ... ?«

»Verzeih uns: bei dir ...«

»Cor, Cor ...«

Ida Elisabeth Goretzki durchtritt das Augenspiel beider Eheleute: »Deine Mutter ist da, dir zu gratulieren! Sie bringt einen Kuchen mit sich, den eure Emma buk ...«

»Aber nach *meinem* Rezept, wonach sonst, Fritz! Und hier, pack' es selber aus ... Ich habe es heimlich für dich gestrickt, darum konntest du bei deinen letzten Besuchen in der Ismaningerstraße nicht zu mir herein ...«

Nicht zu mir herein ... Cor hat schwankend wie ein Grashalm in unfühlbarem Winde die blaugestrichene Bibliothek mit zweiunddreißig Kakteen auf den Regälchen im Erkerfenster verlassen.

Sie hört, denn sieht nicht, ob Eugenie Fuchs, die Schwiegermutter, etwas zu dem abwehrenden Weibe in Gips auf Fritzens Geburtstagstisch sagt oder meint ...

*

Am Abend vom 7. VI. 1926 küßt Clemens Cor nicht zur Nacht. Er entkleidet sich, legt sich schlafen ... Er betet das Vaterunser, als sei er ein Klosternovize, natur- und übernaturgemäß mit sich allein. Er löscht sein Bettlicht, achtlos, ob das von Cornelie dort drüben brennt oder nicht (es hat nicht gebrannt, Cor hielt sich an ihres Gatten Licht).

So lag sie im Finstern wie ein von Knabenhand weggeworfener Kieselstein.

Genau dasselbe ist auch zur Nacht am 8. VI.1926 geschehn.

Dann, am Morgen vom 9. VI. stürzt Clemens zu Cor, als sie Bett- und Tischwäsche im riesigen Bauernschrank (achtzehn Mark bei Raufer dafür bezahlt, heute würden zweitausend Mark dafür verlangt) zu ordnen einsam im Flur steht.

»Cor, Cor: Marie hat deine Geburtstagsgruppe zerschlagen, beim Staubwischen oder beim Fegen mit ihrem verdammten Besenstiel ... wo ist sie (Marie Heidewang oder die Jungfrau Maria?), daß ich sie zur Rede stelle, Cor, Cor!«

»Ach, Clemens, klemme dich nicht! Ich mache den Wäscheschrank wieder zu! Maria hat nichts mit mir zu tun (Maria Heidewang oder die Jungfrau Maria?) ...«

»Doch, doch ... dieser abwehrend vorgestreckte Arm, die klagend abwehrende Hand ... sind fort ... verloren, vorbei ... «

»Ach Clemens, geh nur zum Kaktusfenster, dort liegt alles in einem Stück, ganz wie ein vom Sturm abgebrochener Zweig … ich selber habe ihn abgeknickt …«

*

Dies ist am 9. VI. 1926 auf dem Flur dritter Stock, links von Vikoriastraße 34a vor sich gegangen.

*

Am 9. IV. 1927 erlitt Cornelie Heynitz einsam und *beide* Hände, alle zehn Finger, in den Himmel ihres Bettes verkrampft, die fast tötende Sturzgeburt der ersten Tochter von Dr. Friedrich Fuchs, durch Cor Clemens genannt.

*

P. S.

Ist dies bisher Geschriebene, Gelesene denn ein Brief? An wen ist er adressiert? An wen ist der adressenlose Brief gerichtet ohne Porto und Post? An jeden, der ihn zufälligerweise gelesen hat oder ihn lesen will oder gar mag (möchten ist mehr wie wollen …).

Darum, du mein Briefleser, nimm das P. S. auch noch mit in Kauf. Es gehört ja zu dem dreierlei fruchttragendem Baum oder Wipfel: Cor wußte in Allzuvielem anders als andre Frauen und andre Mütter, (ach, sie ist wohl darum so sehr anders, in der Einsamkeit festzuhalten, denn nur Einsamkeit trägt reifende Frucht sehr bald, ja schier gleich, daß sie vom Gatten wieder empfangen hatte. Sollte diese Fruchtbarkeit ihres Schoßes sie etwa gar getrösten, daß sie als Baum nur noch angeborene Äpfel trägt, keine Pfirschen, noch Kirschen mehr, vom ewigen Gärtner ihr bisher wundersamer Weise aufgepfropft oder anokuliert? Oder sollten all unsere Talente uns angeboren sein? Doch steht nicht im Buch aller Bücher: ER gibt uns die Talente, wuchert damit?

Geheim ging Cornelie *ungetröstet* über den Verlust vom Dichtenkönnen und dem Erschaffendürfen in oder aus Ton, Holz, Stein, Terrakotta, dahin.

Trug sie das zweite Kindlein, Geschöpf Gottes, alleine mit sich, so auch den Schatten des verstorbenen Zwillingspaares. Aufgeopfertes kehrt nie mehr zurück.

Hoffend war Cornelie zugleich hoffnungslos und suchte beides ernsthaft vor den Menschen umher zu verbergen.

Von seinem werdenden zweiten Kind hat Clemens alleine gewußt, vom geopferten Zwillingspaar nichts, nein …

*

Gewiß, gewiß, Cor kannte vom fünften Lebensjahre her, als sie noch hörende Sängerin war (»Haare meiner Seele, Haare des Herrn«), dank dem Kindergottesdienst in der Garnisonskirche zu Hagenau die Geschichte vom Vater und seinem einzigen Sohn, von Abraham und Isaak:

Und Gott sprach zu Abraham: opfere mir Isaak … und Abraham gebot Isaak: sammle Reisig, daß wir das Opfer zum Brandopfer machen können.

Die fünfjährige Krr hatte bei sich gedacht: warum nur versprach, schickte und schenkte dann Gott den Isaak dem alten Abraham und seiner Sarah? Die lachte dazu hinter der Tür, denn sie glaubte, daß der eine der drei Engel ein Märchenerzähler war, etwa wie die Brüder Grimm das Märchen von Frau Fuchs oder dem Schneider Lustig berichtet haben … Und Gott will ihn dann von Abraham zum Opfer kriegen … (ja Krieg und kriegen gehört bestimmt zusammen). Und sagte nicht Abraham, als er mit Isaak, ihn zu opfern den Berg hinan stieg zu seinen Knechten: wir kommen hernach wieder zurück. Nannte sich Abraham, weil er irgendwo als ein Kaiser war, auch wenn er alleine blieb: wir? Er würde ja allein zu den Knechten zurückkommen: der Herr hat gegeben, der Herr hat genommen, der Name des Herrn sei gelobt … Oder aber hat Abraham ahnen dürfen, nicht wissen können, er werde opfern und doch nicht kinderlos sein?

Das Kind Cor hat sich immer neu darüber Gedanken gemacht. Wie Dallala größer und älter wurde, wuchsen auch die Gedanken. Seltsamerweise, warum nur, denkt Cor gerade jetzt nicht an Isaaks Opferung, wie sie nun im Dichten und Gestalten hoffnungslos gehen muß und *nur* mit einem zweiten Erdenkind in der Hoffnung blieb (»nur« ist an dieser Stelle ein frevelndes Wort …).

Warum hört Cornelie nicht nach dem Opferberg hin, darauf Gott selbst zu Abraham spricht: nimm zum Dank dafür, daß du mir in Ergebenheit opfern wolltest, den Widder da im Gesträuch?

Und *wir* kamen wieder zu den Knechten zurück …

Hier als P. S. mitten im P. S.:

Cornelie hat schon vor ihrer Konfirmation in der Hansestadt Hamburg geglaubt: Isaak sei das Vorspiel und armes Vorbild zu Jesu Opfertod am Kreuz, fangen doch beide Namen mit I oder J an … Isaaks Vater hieß Abraham, Christi Vater heißt Gott. Dem aber lag kein Widder zur Ersatzopferung im Gedörn. Gott Vater opferte Seinen einzigen Sohn, auf daß er die sich vom Vater abgewendet habende Welt gesamt wieder zu Ihm bringe: Herr, wir kehren wieder zu Dir zurück …

Doch aufs neue zum ersten P. S.

Cornelie Heynitz weiß: ich werde niederkommen, so ab heute in sieben Monaten, so wahr als sich in zehn Tagen ganze siebenundzwanzig Jahre alt bin. Aber die Musik, daraus dann mit einem Mal ein Gedicht werden darf, kommt niemals wieder, und die bestellte Madonna in der Werkstatt (welche diesmal eine vermietete Waschküche war) wird den Bestellern, also den Leuten »gefallen«, mir aber, ihrer Urheberin, ist und bleibt sie ohne Seele, und ich schlüge sie am liebsten entzwei … und mich mit.

*

Doch was ist das, was geschieht (o Wunder im Dorn, welch weißes Vlies darfst du bergen …): Cor hatte noch eben Pittegrilli die wirklich goldenen Locken gebürstet, gekämmt, und ihn erst Maria, dann aus deren abwehrenden Händen in die von Constanze gegeben: »Wird dir's nicht zuviel, ihn jetzt, heute, nachdem du selbst uns den schönsten Apfelstrudel ausgezogen und dann gebacken hast, im Englischen Garten spazieren zu fahren?« Und blickt nun durchs Kakteenfenster auf die Viktoriastraße hinab: Constanze, den kleinen Sportwagen schiebend, geht eben drunten gut hundertzwanzig Meter weit von Cornelie entfernt um die Ecke, fort ist sie, fort.

Und nun mit einem Mal ertönt in Cornelie die für immer verlorengegebne Musik, wiegt sich wie ein Maisfeld an der inneren, wachsenden Schwere, läßt das Kolbenhaar erst wachsen, dann hangen, dann wie im Abscheiden wehn …

Und siehe, höre: am Abend von diesem Tag sitzt Cor auf dem grünbezogenen niederen Schemel, auf dem wohl vor zweihundert Jahren saffianbekleidete Damenfüßchen dicht nebeneinander gestanden sind, vor dem auch grünbezogenen Sessel, die »Arche Noah« getauft, darin Clemens erwartungsvoll fast versinkt, und sagt ihm langsam und immer mehr lächelnd ihr letztes, zugleich erstes Gedicht leuchtend auf:

Am jüngsten Tag

Ich werde dreimal aufgerufen sein
Am jüngsten Tage, wenn die Hörner dröhnen,
Als dein Gemahl, als Mutter und als Kind.

Und bei dem ersten Ruf stehst du mir bei
Und nimmst mich an der Hand, daß ich die Scherben
Der eignen Fehle überschreiten kann.

Und bei dem zweiten Rufe tragen mich
Die vielen Kleinen, die ich selbst getragen,
Mit flügelhaften Händen vor das Wort.

Doch bei dem letzten Ruf bin ich allein,
Dann helfe mir mein eignes Herz, das arme,
Das niemals aufgehört, so froh zu sein,

Wie Kinder sind, so hoffend, so betrübt
Wie Kinder, wenn ein Vogel lebt und leidet
Und stirbt – o Herr, mein Gott, erbarme Dich!

Cor ist beim Auswendigsagen, (liest sie es doch aus ihrem Herzen vor und ab) kleiner geworden, beugt sie sich doch auf ihrem niederen Schemelchen immer mehr ihren Füßen zu. Cor hat die Lider gesenkt, so sehr, als wären nicht strahlende, sondern gebrochene Augen darunter. (Blinde hören ja besser, als Sehende es tun, vielleicht tun's die Verstorbenen auch.)

Verhallend hat Cor eben ihren jüngsten Tag beendet: »o Herr, mein Gott, erbarme Dich!« ... da verspürt sie Glut auf dem lautlos gewordenen Mund. Kam der flehenden Bitte: erbarme dich! Antwort, Erfüllung zu?

Cor reißt die Augen auf, die blicken so tief wie jäh in die Augen von Clemens hinein und sein Mund löst sich schwer und reif von Cornelies Lippen ab.

Noch zweimal hat sich dies wiederholt ...

Danach gingen sie schlafen.

*

Das, davon Cor glauben mußte: es kommt niemals wieder, ist wieder gekommen und verharrt (»Haare meiner Seele, Haare des Herrn ...«) bei ihr, in ihr, und singt tönend aus ihr hervor. Und am nächsten Tag saß Cor wieder auf ihrem Schemelchen im Abend und Clemens in der Arche Noah. Er hörte erstmals das erste und zweite Wiegenlied Cors, die durchaus nicht an der Hundhamer Wiege entstanden sind, sondern das erste in der Waschküche als Werkstatt beim Werden einer plötzlich wieder beseelten Gestalt in Ton, weit weggerückt von der für Cornelie »leeren« Figur neben sich:

»Wiederkehr« hat sie Nele genannt, selbst so seliglich, wie das Kind Dallala war, wenn es vom Schlaraffenland träumte und Susanne daran nach deren Wunsch teilnehmen ließ.

Das zweite Wiegenlied entstand unterm Einholen von Apfelsinen für Pittegrilli. (Cor stillt Wewe statt ihm …)

Beide Wiegenlieder lauten so … »lauten« gedruckt noch heut und zu dieser Stunde:

I.

Der Glocken Abendsegen
Zu fernen Tälern hallt,
Aus einem blauen Wald
Steigt ihm der Mond entgegen.

Vor seinen ew'gen Wegen
Macht alles Sinnen Halt,
Ich aber will dich bald
Zu meinem Herzen legen.

Du wirst die Lippen regen
Mit zärtlicher Gewalt,
Die wachsende Gestalt
Nimmst du aus mir entgegen.

Was wird dich einst bewegen?
Die Welt ist groß und alt –
Der Mond schwebt überm Wald,
Ich bete nur um Segen.

II.

Über dir
Will ich nimmer denken,
Ob dir Gut und Gabe wird,
Sondern hier
Meiner Augen klare Wache schenken,
Daß kein Schatten dich beirrt.

Deine Zeit
Wird schon also kommen,
Wie das Haupt des Himmels sie ersinnt,
Wie ein Kleid,
Das zu deinem Frommen
Eine milde Rechte spinnt.

Und ich bin
Nur ein armer Faden
Schwacher Wolle, die dich wärmen mag
Bis dahin,
Wo der Glanz der Gnaden
Mich verlöscht aus deinem Tag.

Das war beides am Donnerstag, hinter dem Mittwoch mit dem »Jüngsten Tag« her. Am Freitag aber waren's der Dinge gleich drei, heißt dies: sie sind gut? Erstens: Das Nachtbild, zweitens: Der Kranz, drittens: Das Ritornell.

Meine Decke hast du über mich gedeckt,
Auf den Leuchter mir ein stummes Licht gesteckt,
Für die bängste Stunde einen nahen Schein,
Und nun läßt du mich für meine Nacht allein.
Deines Atems Wehen, deiner Füße nackter Gang
Geben durch das Dunkel einen leisen, leisen Klang.

Meine Haare werden fremd und ungewußt,
Meine Hände liegen still auf meiner Brust
Und das Kreuz, das du gezeichnet hast,
Brennt sich tief durch meiner Glieder Rast,
Wie ein Stein durch eine schwanke Flut,
Bis es über meiner Seele ruht,
Wie ein stiller Vogel über seinem Nest,
Und sie hält es ohne Arme fest.

Keine Diele knistert, keine Uhren gehn,
Nur aus fernen Tälern kommt bedrückt des Windes Wehn,
Kommt der Hinde Seufzen, die im Strauch der Hasel stirbt,
Kommt des Hasens Wärme, der im Schlaf zur Mutter zirpt,
Kommt des Astes Weinen, das ein Blühen werden will –
Und des Kreuzes Singen macht dann alles, alles still.

*

In deinem Angesicht geht meines Auges Schau
Zur Stunde deiner Rast, wenn meine Wacht begonnen.
So spielt ein kleines Kind, verwundert und versonnen,
Auf einer mittagreichen Au.

Und bricht sich Gras und Klee und Primeln ohne Zahl,
Violen und das Weiß der schneegetränkten Glocken
Und kniet sich feiernd hin mit schweigendem Frohlocken
Im Schoß von einem stillen Tal.

Und flicht sich einen Kranz und wirft ihn in die Flut,
Daß er zur Ferne schwimmt im Strom und leisen Winde.
So schwebt dein Bild in mir und treibt zu deinem Kinde,
Das unter meinem Herzen ruht.

*

Ich weiß ein Lied der Güte:
Blau ist der Flachs gewesen, da er blühte,
Ist braun geworden um des Linnens willen.

Rot sind die Amaryllen,
Nur eine Stunde flammen sie und stillen
Den einz'gen Falter – welken und verdorren.

Der Weide kahler Knorren
Ragt in die Wolken einsam und verworren,
Doch eine Meise brütet ihm im Herzen.

Die Schar der Königskerzen
Ist ausgebrannt, der kleinen Wunde Schmerzen
Kühlt sich ein Hase mit dem Samt der Stengel.

Im Korn ertönt Gedengel
Der blanken Sicheln, bald wird Mehl zum Brote.
So singt aus offnem Flügelpaar mein Engel.

*

Ob es Cor in dieser Reihenfolge gemacht und gesagt hat, ob es in dieser Reihenfolge ward und sich dann Clemens überließ … Cor weiß es nicht mehr, 's ist ja auch gleich.

Am Samstag aber kam Cor mit dem Feierabend nieder (o schmerzlose, ja schwebende Niederkunft unter Clemens' Augen und Mund):

Nun kommt die Gartenreise
Von Duft und Wundern voll,
Da uns zur milden Speise
Der Abend werden soll.

Der Tag ist abgetragen,
Sein Wirken ist vollbracht
Und die Gedanken schlagen
Schon Brücken in die Nacht.

Wir gehn auf ihren Bögen
Und doch auf ebner Bahn,
Mir aber ist, wir flögen
Wie Saat vom Löwenzahn,

Beschirmt von reicher Stille
Im Hauch verschwiegner Zeit,
Und sanft hält Gottes Wille
Ein Rasenstück bereit.

Cor weinte dabei, es gibt wohl auch Freudentränen! War sie doch wieder ein Baum, der dreierlei Früchte trägt, ohne daß die Pfirschen die Kirschen, die Kirschen aber die Äpfel am Reifen gehindert haben, ja, sie segnen einander für und für.

Kerkerketten bis übern Tod hinaus

Cornelie, nun Witwe und Überlebende seit zwanzig Jahren (o Gott im Himmel und auf Erden, gib mir Kraft aus Geduld, Geduld als einzige Kraft ...), wies ein einziges Mal einem kinderlosen Ehepaar das ganze, auch kinderlos gewordene Haus, und gar das Zimmer mit beiden Himmelbetten (Warum? Gott hat es ihr wider eigenen Willen geheim befohlen!).

»Oh, Ihre Betten sind Fußende an Fußende gestellt, nicht Seite an Seite! Und da oben überm Himmel diese Sanduhr! Wer von Ihren Kindern erbt sie wohl? Und diese Auferstehung! Der Leuchter! Jedes mir lieber als das Kreuz da mit dem in Messing gegossenen Herrn, dir auch lieber, Leonard ...«

»Ja, Elise ... und da ein Stück eherne Kette ... wer lag daran einmal im Kerker, bevor er die Freiheit wieder gewann?«

Und Cor, ohne sich auf die Zehen zu stellen, hebt die sechs ehernen Glieder, End' und End' mit rostenden Wunden der Zerbrochenheit »vom Himmel« herab. Mit einer Hand hat sie dieses getan, mit beiden Händen hält sie es den Eheleuten hin und berichtet ruhig im Stehn, doch mit in sich wandernden Augen, was folgt.

Was sie selber nicht sagte, flocht wohl ihr Engel hinein ... doch »in Klammern« unterscheidet sich's wohl.

*

»Es ist im Juli 1942 gewesen. Mein Mann von steter unaufhörlicher Arbeit am »Unsterblichen Leben« erschöpft, mußte einmal von München fort (»und du begleitest mich, die Kinder sollen einandern hüten, nicht du, dazu ist ja auch das fromme Fräulein Keufer, Schwester von einem geistlichen Herrn, dem Arbeitsdienst zu entrinnen, mit im Haus ... Ich brauche dich mehr, als die Fünfe dich brauchen. Es gibt und gilt das Ehesakrament, nicht aber das Sakrament der Eltern, der Kinderstube!« Cor reiste also mit).

Drei Wochen lösten einander ab in Kleinwallstatt, der heimatlichen Welt von »nun« Clemens, einstmals Fritz. Nicht in einem Hotel war's, einer Herberge, einem Gasthaus, einer Pension. Nein, bei einem Gymnasiumsgefährten, einem Genossen von Fritz Fuchs: Adalbert (nicht Stifter) Neckermann, von jeher nur »Neckes« benannt, Forstamtmann im eigenen Haus mit eigener Frau, die halberwachsenen Kinder just bei einem der beiden wohlerhaltenen Großelternpaare … War diese Neckermann'sche Forstamtmannshausatmosphäre der richtige Wald oder Forst, daß Cornelie Heynitz mit einemmal unerwartet, ja ungewollt wie immer, den Roman »Der Jagdhund« begann?

*

Und Neckes zu seinem Weibe: »Diese Cor! Komme ins Gastzimmer, unsern Fritz zu fragen, ob … oder wegen was, weiß ich nicht mehr, also eigentlich eine Unwichtigkeit … sitzt Cor am Fensterbrett, schreibt, schreibt, schreibt … ist da und doch nicht zugegen. Spürt aber sofort, daß ich kam! Hat wohl auch Augen im Rücken. ›Nein, Herr Forstrat … (›du‹ will sie nun einmal nicht sagen, dieser ›weibliche Bock‹ …) Clemens ist nach Aschaffenburg hinüber … Zu den Dessauern, wohin sonst?‹

›Zu den Dessauern, ja, natürlich! Und Sie schreiben Briefe?‹

›Nein, nur eine Geschichte, einen kleinen Roman!‹

›Ei, daß dich … so wird hier am Haus einst eine Tafel festgemauert werden: hier entstand ein Roman von …‹

Nein, nicht und niemals …

›Doch, Herr Forstrat, Ihre Kragenschleife ist aufgegangen, darf ich? …‹ Steht auf, bindet das leidige Dingsda geschickt …« (»geschickter als ich, Adalbert?«) »*ich* kann nicht anders, drücke ihr dankbar die Hand, wünsche alles Gute für das Dichten vom, vom, vom … ›Jagdhund‹ sagt sie … setzt sich wieder ans Fensterbrett, denn ich guckte rasch noch einmal vom Flur durch den leise geöffneten Türspalt …« (»wozu leise, Adalbert, sie hört dich doch nicht …«)

»Und um ihren Kopf, tief zum Schreiben geneigt, mir wieder abgewandt, erhebt sich von fern unser silberner Main wie ein wehender Schleier, nein, fast wie ein fließender Heiligenschein …«

»Ach, Adalbert, durch deinen Fritz ist sie dem Main ja verschrieben! Denk' doch an ihre ›Aschaffenburger Sonette‹ … du hast mir die doch vorgelesen … und an das Gedicht vor allem, dessen Abschrift du uns beiden vorgestern von ihr erbeten hast …«

Ach, diese Abschrift liest sich ja so (erklungen ist es, dies Gedicht oder Lied, in und aus Cor auf einem Mainschiff zwischen Veitshöchheim und Würzburg, beide am Main):

Pferd und Wagen, Hirt und Herde
Überqueren still den Strom,
In die Wellen schenkt die Erde
Sich als Bild vom Pappeldom.
Und ein Schiff voll brauner Knaben
Kreuzt darüber mit Gesang:
Alle Gaben sind erhaben
Einen einz'gen Sommer lang.

Ufer schweben in den Triften
Dörfer an der Hügel Brust.
Als wir einst vorüberschifften,
Hast du mich noch nicht gewußt.
Nur ein Schiff voll brauner Knaben
Schwang vorüber mit Gesang:
Alle Gaben sind erhaben
Einen einz'gen Sommer lang.

Und des Schlosses Fenster brennen,
Söllers Türen offen stehn,
Und ein Bett ist zu erkennen
Und ein Linnentuch zu sehn.
Und das Schiff voll goldner Knaben
Bleicht dahin, wo Mond erscheint.
Alle Gaben sind erhaben –
Ist es dies, was mich durchweint?

*

»Wie oft und lang ich am ›Jagdhund‹ im Haus von Adalbert Neckermann und seinem Weibe Gertrud schrieb? Vier, fünf Tage! Ich setzte eben den Schlußpunkt, da hob mein Gemahl auf der alten Chaiselongue (sie war etwas kurz, man mußte, auch wenn man klein war, gekrümmt darauf liegen) die Lider vom Mittagsschlaf weg: »Was machst du da eben, Cornelie, als stampftest du die Wurzeln von einem jungen Baum in dafür aufgegrabenem Erdreich fest?«

»›Der Jagdhund‹ ist nun zuend' …«

»Cor, meine Cor, was möchtest du zur Belohnung haben?«

»Viel, *alles* von *dir*: einen Kuß …«

Aufgestanden, zu Cor getreten und über sie gebeugt, seinen Mund auf dem ihren, teilt Clemens an Cor die Belohnung für den fertigen »Jagdhund« aus. Der von Beiden so geliebte Main sieht von ferne zu, weitsichtig und weise, und ist zugleich wundersam nah, ohne an Weisheit einzubüßen.

Cornelie aber schiebt nun die beschriebenen Blätter zusammen – ein nicht zu schmächtiges Bündel wurde daraus – und legt es in die Schublade vom Gastzimmertisch der Neckermanns.

Clemens blieb am leeren Fensterbrett stehn, blickt hinaus, dann in sich, dann wieder hinaus und sagt nun wie ein Schulbub, ein Gymnasiast zum Kameraden, beide mit allerbesten Zeugnissen gesegnet, in der ersten Stunde vom Ferienbeginn:

»Du, mir fällt etwas ein, das dir auch zur Belohnung Freud' machen kann und auch machen wird: ich melde uns schnell bei Neckes bis zum Abendbrot ab und bringe dich dann durch den Odenwald zum Judenfriedhof, sicher dem schönsten auf Erden, hinan. Das herrlichste, geschmiedete Eisentor wirst du sehn, die alten Gräber und die Steine mit Gebeten als Kieselsteinchen auf ihre Scheitel gelegt ... Mach dich fertig, schnell, schnell! Als Gymnasiasten waren wir mehr als oft von Ascheberg aus dort oben, Neckes, Englert ... o ich nenne sie dir unterwegs ...«

*

So sind denn Clemens und Cor, je nach der Breite des Fußweges Hand in Hand, oder Cor hinter Clemens, der den Weg kennt, Cor kennt ihn ja nicht ... unterwegs zum Judenfriedhof im Odenwald oben, mit dem schönsten Schmiedeeisenportal, das Cornelie jemals schauen wird ...

*

Cornelie durfte es niemals sehn ...

Denn als Clemens nach langer Wanderung (doch geteilte lange Wanderung ist lieblich kurz), gedeutet hat: »Dort ist's, Cor« starrt Nele in nichts als das Nichts: Trümmerstangen, verkrümmte, auseinandergesprengte Kreise, zangengleich gewordene Bogen, und, aus der Wirrnis der erznen Zerstörung, dann in ein riesenhaftes, in sich zerfleischtes Leichenfeld.

Unter aufgerissenen Gräbern, durcheinander gesprengten Gerippen, Schädelfragmenten, Kleider- und Hemdenfetzen, versengtem Barthaar, umgestürzten Denksteinen, gemischt mit geborstenen Särgen, schwer zerschmetterten Zierketten, die einst ein prunkhaftes Familiengrab eingefaßt haben, fielen Clemens und Cor auf die Knie und beteten zweisam einzig das Eine:

»Vater unser … vergib uns unsre Schuld …«

Und Cor ergriff neben sich, ihren bebenden Knien, ein Stück von Gewalt zerrissener Ketten. Sein eines zerschmettertes Glied (auch Erz kann Wunden zeigen) hatte beim Knien ihr wie ins Fleisch geschnitten, gebohrt …

Sechs Glieder waren es. Clemens starrte Cornelie an. Er war leichenblaß. »Was willst du damit? O weh mir, weh uns beiden, uns Allen! Wann ist dies geschehn, höllischer jüngster Tag, teuflisches Weltgericht …«

»Was *ich* damit möchte, muß? Mitnehmen …« antwortete Cor, »mitnehmen und aufbewahren als *unsere* Kerkerketten bis übern Tod hinaus … Gott im Himmel, nimm sie uns bei Dir erst ab …«

*

Nun liegen die sechs Kettenglieder, die zwei Enden als erzene Wunden auf dem Himmel über dem Bette von Cor, zwischen dem Stundenglas und dem auferstehenden Herrn unterm unschaubaren Schatten vom Kreuz des Geistlichen Rats Dessauer zu Aschaffenburg. Es war und blieb sein Hochzeitsgeschenk an »Fritz«, der Geistliche Rat zürnte seinem einstigen Schüler nicht mehr, daß er um Cor lieben zu dürfen das Priesterwerden aufgegeben hat. »Onkel Awa« hatte lautlos zu Gott gesprochen: »nicht mein, Dein Wille geschehe … Amen!«

Portal und Gottesacker der Juden aber wurden am 6. Juli 1942 von den Nationalsozialisten triumphierend mit Granaten und Maschinengewehren gesprengt …

Darf man beim Anblick und dem Gewicht der »Kerkerketten bis übern Tod hinaus«, (dem von Clemens und dem von Cornelie Heynitz), wirklich und wahrhaftig noch oder wieder sagen: Vater, vergib ihnen, denn sie wissen nicht, was sie tun? O ja! Denn Töten der Toten ist gedoppelter Mord …

Unnennbar, darum namenlos …

Wir sind im letzten Tag vor dem Tag der heiligen Nacht 1934, und dies in München, nachmittags fünf Uhr.

Es dunkelt über den kahlen Bäumen vom Promenadeplatz, nun gar um die Häupter der drei dort aufgerichteten Denkmalstatuen. So kann niemand sie erkennen und unterscheiden. Doch wer schaut selbst im Frühlingslicht, im Sommersonnenschein auf die drei, oder nur einen und liest auf den dreierlei Sockeln: wer steht auf mir? Jetzt im Winterabend lenkt das Laternenlicht nicht bis dort hin.

Dünner Schnee liegt gefroren und mit Sand bestreut (auf der Straße, auf den Fußpfaden, nicht auf den Dächern, versteht sich …).

Clemens und Cor haben bei Pater Edelbert im Franziskanerkloster von St. Anna in Lehel nach der Beichte des Einzelnen das absolvo te gemeinsam empfangen, und dankbar behalten. Clemens hat den Glücksklee der vier Silben hörend, Cornelie sehend abgepflückt.

Cor glaubt, ehe die Hirten, vom Engel des Weges gewiesen, ihre Lämmer dem Krippenkind brachten, hätten sie allesamt die kleinen Abbilder des künftigen Osterlammes gewaschen, ja, und mit Gänseblümchen geschmückt … so einem Kettenkranz um den wolligen Hals, nicht auf die gekrausten Schädel mit den hangenden großen Ohren.

Clemens stimmt lächelnd Cor's Glauben zu. Er meint: »Deine Hirten können auch zum Schmuck ihrer Schafe deine geliebten Löwenzahnblumen genommen haben.«

Nele wehrt beinah erschrocken ab: »Die Löwenzahnmilch, die aus den abgebrochenen Stengeln fließt, macht braune Flecke, und die Lämmer und Schafe, ja, und die Widder, wären schmutziger als zuvor. Falsche Zierde erniedrigt. Schwerer als schwer sind die Herden wieder rein zu bekommen, Löwenzahnmilchflecke kriegen die Hirten kaum wieder fort.«

Krieg und kriegen gehört zusammen, es ist sehr selten, daß Cornelie Kriege, kriegt, kriegen im Gespräch konjugiert.

Clemens und Cor sind nach dem irdischen absolvo te noch zehnmal weihnachtsfreudiger als zuvor. Sie sind wie zwei Hirten und zwei Lämmer in einem, sind durch die Maximilianstraße die Perusastraße, die Maffeistraße mitsammen gegangen, in jedem Hirtenschritt ein Lämmerhüpfen verborgen. Sie streifen am schönen, wie zu einem Lädchen im Barock gemachten Zinngeschäft Mora vorbei, bleiben aber nicht davor stehn … Daß sie's nicht taten, dafür setzte sich Clemens entschieden ein, besorgt, Cornelie könnte beim Überblick der schönen alten Zinngerätschaften, von elektrischem Kerzenlicht auf zinnernem Sabbatleuchter erhellt, erkennen, daß eine kostbare Zinnkaffeekanne fehlt, und dies seit drei Tagen. (Ach, Cor sieht sogar die vergangene Zeitdauer an wie ein Bild, einen Kupferstich … das ist nicht erlogen.)

Dr. Friedrich Fuchs hat ja die Fischmaulkanne am 20. XII. 1934 heimlich für Cornelie Heynitz, seine Frau, erstanden, und verbirgt sie in seinem Garderobenschrank auf dem »Hochland« bis morgen, ja morgen … zur heiligen Nacht.

Aber beim Buch- und Antiquarhändler Ackermann bleiben die beiden, irdisch von Schuld befreiten, sich nun schon über zehn Jahre hinaus Liebenden, doch nebeneinander stehn.

Im von innen her hell erleuchteten Schaufenster links, dann rechts der Ackermann'schen Eintrittspforte sind auf Rokokostil gebrachte Plakätchen zu sehn und zu lesen: »Vergiß das Schenken nicht.« Hier in den Straßenfenstern sind nur Neuerscheinungen im Buchhandel zu betrachten, mit den Augen sozusagen zu beschnuppern. Clemens persönlich aber geht es nur um das Alte, das Antiquarische (»darum nahmst du mich auch …« höhnt Cornelie liebevoll. Ja, auch im Spott kann Liebe verborgen sein …).

Deshalb biegen Clemens und Cor im Ackermann'schen Hauseingangstunnel ein. O was liegen und stehen da antiquarische Bände als Wunder! Alle aufgeschlagen, Titel und Kupferstiche sehen zu lassen.

Dr. Friedrich Fuchs stürzt sich auf diese schier endlose Muschelbank, in den geöffneten Muscheln nach ihren Perlen zu sehn, zu spähn. Nur seine körperliche Gestalt bleibt neben Cornelie, wenn auch sprachlos geworden, zurück.

Cornelies graue große Augen, die Pupillen rostrot umrandet (Vaters irdische Augen, die nun durch siebzehn Jahre im Grabe zu Asche zerfallen sind) wie im Winter noch vor dem Schnee zwei Wacholderbäume im welken Heidekraut, weiden hinter Clemens' Augen und ihren irgendwie für sie sichtbaren Blicken her.

Auf welchem der kostbaren alten Bücher verweilt ihres Gatten dritter Sinn (Gott habe Dank, daß ich *diesen* behalten durfte!) besonders lang? Hier, nur hier, auf *dem,* dies grüngebundene, länglich gestreckte Buch: mitteldick, geschlossen, also keine Bilder darin. Dafür aber ein handgeschriebenes Zettelzeltchen darauf errichtet: »*Sehr* wertvoll: Clemens

Brentano, Pest 1815 ›Die Gründung Prags‹, bei Conrad Adolf Hartleben.«

»Himmel, Donnerwetter noch einmal …« würde Vater hier sagen. Dafür sagt Cor lautlos an Clemens entlang: Dich kauf ich! O du »Gründung von Prag«, morgen ganz früh, wenn der Hochlandredakteur auf seinem Bürostuhl in Carl Muths, von Clemens geführtem »Hochland« sitzt (jetzt im Dritten Reich solches zu tun, ist schier lebensgefährlich, ja, fast wie langsam, mit offenen Augen, zusammen geschnürten Händen, zum Henkerblock zu gehn … Muth selbst hat sich diesem entzogen. Er weilt in Ascona seit Jahr und Tag …).

Cornelie wendet sich ab. Clemens könnte ihr von ungefähr ansehn, was sie im geheimen plant … und soll doch die grüne »Gründung von Prag« erst morgen unterm Christbaum finden, halten, behalten.

Wenn man den Esel nennt (und sei es auch nur in Gedanken), kommt er gerennt. Cornelie hatte doch eben an Professor Carl Muth zu Ascona gedacht, nun aber staunt sie beinah erschreckt: aus dem am Ende des Schaufenstertunnels, dem Torbogen ins Treppenhaus von Promenadeplatz 5, kommt, nur vom Licht für die kostbaren antiquarischen Bücher erhellt, Professor Carl Muth im Wintermantel, mit Hut und Handschuhn, (so ist er nicht mehr in Ascona) und neben ihm Dr. F. J. S., seinen eigenen Hut ein wenig in den nicht mageren Nacken geschoben.

So gehn beide, Dr. Friedrich Fuchs im Rücken, an der halb ihnen zugewandten Cornelie Heynitz, achtlos auf anderes als sich, vorbei.

Clemens spürt Cor mit einemmal nicht mehr neben sich. Aber sie ist nicht fortgegangen, steht nur unbeweglich knapp hinter ihm. Können Tote noch aufrecht stehn, statt niedergelegt, niedergeworfen oder fallen gelassen zu sein?

»Cor, was ist mit dir? Du bist hier und doch nicht hier, sondern anderswo?«

(Professor Carl Muth muß übers Promenadeplatztrottoir in sein Automobil gestiegen sein, Dr. F. J. S. neben sich. Professor Carl Muth hat erst angesetzt, das Steuer ergriffen, es gedreht … beide sind miteinander fortgefahren, wie sonst?)

»Cor, Cor, hörst du, siehst du mich nicht?«

»Doch, Clemens, doch! Es war nur: Professor Carl Muth und Dr. F. J. S. gingen hinter dir gerade eben, vorhin, vorbei, da nach draußen …« Cornelie weist am Fenster mit der »Gründung Prags« darin zum Promenadeplatz hinaus: »Dort!« (o du Reim auf das *WORT*!)

»Cor, Cornelie, Nele … (fast hat Clemens Krr Krr gesagt), hast du beide wirklich erkannt? Mich ihnen nicht vorgestellt? Sie nicht gegrüßt?«

»Nein …«
»Warum nicht?«
»Weil ich nicht konnte … Sie haben mich ja auch gar nicht bemerkt …«
»Was bist du so starr, so steif, so weiß, als wolltest du sterben? Meinen Duzfreund F. J. S. hättest du leicht für mich anhalten können, ihn zu befragen, ob er vielleicht nun doch sein Töchterchen nach seiner Scheidung unsern drei Kindern zugesellen mag, bis er selbst wieder geordnet lebt? Du, du schlugst es ihm ja so vor, bei uns am vierten Advent, ich saß ja dabei, ich schälte gerade einen Apfel für unser Wewe …«
Cornelie Heynitz, das Weib von Dr. Friedrich Fuchs, blickt nicht länger so wie in die Hölle hinein …
»Cor, Cor, du sahst eben wirklich noch Professor Carl Muth und mit ihm Dr. F. J. S. …«
»… ja … und der hatte deine Schriftleitung fest in der Tasche, Professor Carl Muth hat sie ihm eben, ich weiß nicht wo, doch es geschah, dir im Rücken verliehn …«
Dr. Friedrich Fuchs hat Handschuh an (Cor trägt auch im Winter nie dergleichen). Hat sein rechter Handschuh, der ihn behindert, schöne Schuld, daß Clemens' nackte Hand nicht Cornelies Angesicht schlägt?
»Nimm es zurück, Cornelie, nimm dies *sofort* zurück! Diese Verleumdung! Welch ein Gelüge! Deine schöne und kindliche Phantasie kann auch böse sein, böser als bös! Nimm es zurück! Nimm dies sofort zurück!«
»Clemens, Clemens: Wahrheit ist keine Lüge …«
»Was ist hier Wahrheit?«
»Was ich den beiden hinter dir angesehn hab' …«

*

So nun ward es die traurigste Christnacht für Cor, die traurigste, bitterste, dunkelste, die sie bewußt erleben mußte.
Trotzdem sie am Morgen des 24. XII. aus der selbsterbauten Renatastraße 59a (ihrem »Amei-senberghaus« im hintersten Gartengehege) zum Promenadeplatz lief (vielleicht liefen sich so die unsichtbaren, immerfort glühenden Schuhsohlen von Clemens' Anklage ab …), Clemens Brentanos »Gründung von Prag« bei Ackermann zu erstehn … erstanden hat, ohne selbst erstanden zu sein …
Der ihr das grüne Buch, neben der Kasse festlich verpackt, mitgegeben hat, spricht zu seinem Kollegen: »Diese da sah alles eher wie ›weihnachtlich‹ aus, sie gehört eher in euern Karfreitag hinein, so als liege sie schon mit im Grabe, einen Stein vorgerückt, ein erstarrtes Siegel daran …«

»Ja, Jacobi aus Hamburg, Sie haben recht! Ob gewollt oder nichtgewollt: ich auch sah an unserer Käuferin genau dasselbe.«

»Vielleicht, daß ihr jemand gestorben ist …«

»Sie trug keine Trauer …«

»Es gibt Tote, um die man nicht öffentlich Trauer trägt …«

*

Doch wer war für Cornelie tot?

Clemens' Liebe zu Cor … Er fand in sich für seines Weibes Behauptung im Schaufenstertunnel bei Ackermann nur das schaurige Wörtlein »verrucht …«

Siebenmal hat Clemens, selbst immer bleicher werdend, Cor gefragt: »Nimmst du's zurück? Wirst du noch heute zu Pater Edelbert gehn?«

Siebenmal, denn *jeden* Tag, ab 23. XII., bis zu Sylvester, dem letzten Tag des Jahres 1934. Und siebenmal antwortete Cornelie Heynitz ihrem ihr angetrauten Gemahl, Richter und Staatsanwalt in einem: »Nein, Clemens, ich kann und darf es ja nicht!«

»Aber du *mußt* …«

»Nein, Clemens …«

»Ist es denn wirklich Professor Muth gewesen? Ich sah ihn bis heute nicht! Vielleicht ist er noch in Ascona …«

»Er ist hier, so wahr du vor mir stehst! Er ist nicht in Ascona …«

»Blind bist du gewesen, stockblind …«

»Stocktaub bin ich geblieben … aber Blinde können oft sehn, nur anders, ganz anders wie Ihr …«

»Ihr, ihr, … Du stehst wirklich vollkommen allein …«

»Willst du mich nicht mehr neben dir haben, mein Mann?«

»Erst, wenn du wieder von Pater Edelbert kommst, ihm deine Verleumdung der zwei ehrenhaften Herren gebeichtet hast. Von dieser Schuld, sie ist größer als du begreifst, nicht losgesprochen und mit gehöriger Buße belegt worden zu sein, (niemals genügt hier nur *ein* Vaterunser), darfst du nicht am Krippenrand knien. Neben mir knien …« setzt Clemens, diesmal nicht Dr. Friedrich Fuchs, mit zuckendem Angesicht noch dazu.

»*Ich* habe ja diese Schuld nicht getan … Die beiden Herren machten es miteinander aus … «

»Etwa dir vor Augen?«

»Nein, Gott vor Augen, o weh …«

Cor blickt über sich, wie durch tausend eherne und darüber stukkierte Decken hindurch in den Kern alles Lebens hinein.

»Was blickst du so stur nach oben? Bist du wieder bei Ackermann im unteren Flur? Weißt du nicht, dort im ersten Stock wohnt F. J. S. privat? Warum soll ihn Muth nicht einmal besuchen? Es ist immer so: die Mörder werden vom Tatort angezogen! Gehn wir hier fort, hier weg! Heut ist's für dich zu spät, noch einmal nach St. Anna zu gehn! Ich telefoniere dich morgen zu Pater Edelbert an.«

»Ich gehe nicht, denn ich brauche nicht zu gehn, ich hab' ja hier keine Sünde getan.«

»*Ich* aber kniee mit Peter und Esther am Krippenrand, du nicht, du darfst es nicht mehr, bis ...«

»Wenn ich's aber wissen mußte, sollte ... daß ...«

»Was du nicht alles wissen willst ...«

»Ich will nicht, ich muß ...«

»Nach des Bösen Willen, o ja ...«

*

Selbst Peter, den die Erde nun neun Jahre lang trägt, und Esther, im kommenden Jahr wird sie 8 mal 12 Monate alt, reden mitsammen, nein, stecken im Flüsterkleid, was ein Sackkleid ist, das unterste über den Kopf gezogen: »Hast du gesehn, Mutter ißt gar nichts mehr und redet nicht mehr dazu ...«

»Vater ließ heute selbst sein liebes Rindfleisch liegen. Gadda (Ida Elisabeth Constantine) zuckte dazu immer nur mit den Schultern ... dem Kopf ...«

»*Ich* kann aber hier meine Schultern nicht wackeln lassen ...«

»Ich auch nicht ... Gestern ging der Vater alleine zur Kommunion, Mutter nicht, als hätt' es ihr Vater verboten ...«

»Das darf er ihr nicht verbieten, das darf nur Pater Edelbert, ich weiß es genau. Wenn wir aber nach Ostern zum Heiland gehn, kommt Mutter eben mit uns Beiden, Wewe!«

»Und Vater auch ...«

»Nein, der kann dann alleine knien und empfangen, wenn er's heute nicht anders will ...« (aber doch, doch: sie gingen zu viert, Clemens, Peter, Wewe und Cornelie, alleluja, dreimal alleluja ...)

*

»Nimmst du es endlich zurück?« fragt Dr. Friedrich Fuchs am Morgen vom 31. Dezember, also am Sylvestertag 1934, Cornelie Heynitz, nicht mehr seine Frau.

»Nein, weil ich nicht kann …«

Abschiedsgrußlos verläßt Dr. Fritz Fuchs hochlandswegen seine stumm vor ihm stehende »Nichtmehrcor«.

Die macht ihm viereinhalb Stunden später wie immer, immer ohn' sein Schellen gehört zu haben, auf die rechte Sekunde die Haustür vom Ameisenberg auf, schließt sie und nimmt Dr. Friedrich Fuchs' Mantel, Mappe, Handschuh und den runden grauen Schlapphut ab.

Architekts haben zum Einzug ins Haus einen Kirschbaumholzgarderobenständer gestiftet, aus der Empirezeit … Man weiß immer durch ihn, denn durch das, was an ihm hängen tut, wer im Haus weilt oder nicht weilt, was oft sehr aufschlußreich ist.

»Die Kinder sitzen schon am Mittagstisch, Clemens …«

Cornelie Heynitz hat es zu Dr. Friedrich Fuchs gesagt.

»Laß die Kinder! Ich bitte dich, komm erst mit mir in die Bücherei (unter den Heiligen Geist, angesichts der vier Bauchgöttchen an den Regalen), laß die Mappe hier draußen liegen. Laß mich die Tür schließen! Setz dich hin, meine Cor …«

»Wenn du stehst, will ich auch stehen, wo du bleibst, da bleibe ich auch … dein Gott ist mein Gott …«

»Dann verzeihe mir, meine Cor, diese sieben Tage und deine acht, von mir verlassenen Nächte: da ich heute mit guten Wünschen zum morgigen neuen Jahr mich von Direktor Sieberg verabschiedend stand, um zu gehn, hielt er mich fest an dieser Hand, ich konnte sie ihm nicht entziehn. Und sagte zu mir, mitten in dieses mein Gesicht, doch mit fast geschlossenen Augen: »Nein, nein, Dr. Friedrich Fuchs, ich kann's nicht verschweigen, Sie blicken so ahnungslos wie, wie … nun so wie ein kleiner Bub, der noch gar nicht zur Schule geht. O verstehn Sie mich: ich verdiene Ihre guten Jahreswünsche nicht, wenn ich nicht zuvor mein Gewissen von der Last dieser unheilbaren Angelegenheit befreien konnte. Und ob ich auch darüber zu schweigen versprach, so brech' ich in Gottes Namen nur mein Versprechen, bin ja auch kein hochwürdiger Herr … vorgestern bin ich zum sechsten Mal Opa geworden! Professor Carl Muth meldete nach den Weihnachtstagen meinem Direktorat, daß er Dr. F. J. S. als Schriftleiter vom »Hochland« zum ersten März des morgen beginnenden Jahres eingesetzt hat. Sie erhalten immerhin die ungekürzte Monatsgage bis 1. Mai des morgen beginnenden Jahres …«

Cors Lippen, erst bläulichweiß wie die einer Toten, Getötetwordenen, werden langsam rot, nun sind sie wie die eines glückseligen Kindes, wenn vor seinen Augen ein Schmetterling seinen Sarg, die Puppe, verließ.

Um einen einzigen Schritt, geht er nicht um die ganze Erde herum, unter allen Himmeln einher, tritt Cor Clemens entgegen und küßt den Mund dessen, dem ihre wahrliche Unschuld verzieh.

Die Tür zur Bücherei, aus dem Flur herein, geht nach innen auf. Pittegrilli und Wewes Köpfe drängen sich durch die an ihnen wachsende Spalte: »Mutter, Vater, so kommt doch endlich. Gadda hat ihre Suppe ganz alleine schon aufgegessen, sie sagte, daß ihr kalte Brühe niemals bekommen sei …«

*

Clemens hat Cor doch ein einziges Mal fragen müssen: »Wie nur hieltest du lebend die sieben Tage, von mir mit ahnungsloser schuldvoller Anklage aus?«

»Oh, weil du's mir verboten hast, ging ich heimlich, das weiße Brot zu empfangen …«

»Ich sah dich nicht …«

»Du hieltest die Hände ja vor den Augen gefaltet … wenn ich als letzte mich zum Altar gegeben habe … «

Und Clemens sagte mit erbleichendem Mund, wie in das Spiegelbild seiner eignen ganzen Gestalt hinein ohne Stimme, Cor aber las es ihm ab und fiel daran unbegriffen in die Kniee: »Die Letzten werden die Ersten sein …«

Panier du papier

»Cor, Cor, wozu hast du ihn überhaupt?« Clemens geht vom Flur her durch die große Wohnstube mit ihren zweimal zweiflügligen Glasfenstertüren in den Garten hinaus, der liegt unter tiefem Schnee … Clemens will in seine Bücherstube nebenan.

Dr. Friedrich Fuchs könnte vom Flur, der nicht mit Dielenbrettern, sondern Steinquadraten ausgelegt ist, direkt, also schneller in die Bibliothek gelangen, durch die Wohnstube ist's ein Umweg. Aber er hörte Cor's Maschinengetipp und wollte sie vor der eigenen Arbeit bei *ihrer* Arbeit grüßen, bis daß Cor den Clemens in vielerlei Gestalten, nur nicht mehr die eigene, in der Bücherei grüßt.

Denn Cornelie hat die Bibliothek für Clemens einrichten lassen: zwei Wände sind von oben bis unten von einer Ecke zur andern mit offenen Bücherregalen überbaut. Würden die dort aufgestellten Bücher sich im geistigen Winde, der sie erfüllt, bewegen, es sähe sich wie zwei Ährenfelder an.

Da, wo die eine Wand von der Tür in den steinfliesigen Flur durchbrochen ist, gehn zwei Regale wie Brücken übereinander zwischen der geweißten Decke und dem obersten Türbalken hin. Die dort oben untergebrachten Bücher herauszuholen, wäre beschwerlich, doch eine kleine Leiter lehnt noch nirgendwo an. So sind dort oben wie in Verbannung Erbstücke aus Eugenie Seylers väterlichem Bücherschrank schier unerreichbar untergebracht.

An der Decke der Bibliothek ist keine Lampe, weder in papierenem, noch gläsernem, noch porzellanenem Schirm, weder hangend, noch fest an die Decke montiert.

Eine Stehlampe gibt's, eine Tischlampe hat's, aber von oben soll hier kein Licht kommmen, haben Cor und Clemens zusammen ausgeheckt.

Ist der Heilige Geist selbst denn nicht Helle und bedeutet er denn nicht mehr, viel tausendmal mehr, als ein elektrisches Licht, und brenne dies auch mit 150 Watt?

Da oben schwebt er also, der Heilige Geist.

Gallmetzer zu Klausen hat ihn, dies Erbe von Vater zu Vater, Cornelie

Heynitz geschenkt (damals, als sie mit Clemens und Tre Chiesa – Dreikirchen – nach Klausen zu Fuß hinunter geraten ist, 1932 ist es gewesen).

Uneingepackt hielt Cornelie dies kostbare Geschenk im Zug nach München zurück auf den zusammengestellten Knien: Im Netz könnte es mir beim Kofferheben anderer Reisender zerbrochen werden, oder gar am Rütteln vom Zug und uns darin, nicht er selbst, sondern die Strahlen seiner riesigen Glorie, sind diese doch lebensgefährlich zart geschnitzt. Gallmetzers Heiliger Geist ist schön weiß, wie es sich für die göttlichste aller Tauben gehört. (Warum, o allerheiligster Geist, willst du denn nur eine Taube sein? Warum nicht Kranich, warum nicht Adler, warum nicht Reiher, Flamingo, Pelikan?) Rote Füßchen hat Gallmetzers Heiliger Geist, wie er so unter der Decke von Clemens seiner Bibliothek schwebt, rotes Schnäblein, gelbschwarze Augen (»in österreichischen Farben« … hatte Gallmetzer zu Nele wie erklärend in patriotischem Ton gesagt …). Das große Rund der Strahlen aber ist in richtiger und ungestörter Reihenfolge, also ohne Unordnung, rot, weiß und grün übermalt, hält somit Italiens Fahnenfarben über der Welt fest.

Wie war es doch? Ja, Gallmetzer hat mit ein wenig erstickter Stimme zu Clemens und Cor gesagt: »Als mein Vater vom Ahn auf dem Totenbett, nein, Sterbebett, er war ja noch gar nicht tot, den Heiligen Geist empfing, sagt' er: dies Grün, Rot und Weiß will ich gleich morgen, nein, übermorgen, vergolden lassen, heute haben wir Samstag, so wird es am Montag geschehn! Aber da widerrief er's: Ach nein, das habe ich genauso zu meinem Vater gesagt, doch war's an einem Dienstag, er aber röchelte noch: auf daß man dein Gold dann wieder rot, grün und weiß überstreicht! Spare das Geld und das Gold … leb wohl mein Land Tirol … und dann war er tot …«

Warum nur hat Gallmetzer Cor den italienischen Heiligen Geist geschenkt? Das weiß der Heilige Geist selbst, nicht Cor, nicht Clemens, nicht Gallmetzer haben es gewußt … der wahre Heilige Geist schlug wohl über Gallmetzers weißhaarigen Schläfen und kahlem Schädelbogen die Flügel zusammen und hauchte ihn an: Mich verlangt, mit dieser Cor da, der Taube, von hier in Klausen fortzureisen, nun dauernd über ihrem und der Ihrigen Scheitel zu sein, bis … bis … soll man schon ans Vererben denken? … doch im Heiligen Geist denkt man niemals daran.

Die vier Bauchgöttchen starren zur Taube unter der italienischen Farbengloriole hinan. Rechts und links vom mittleren Regal der einen großen Bücherwand hat Cor je eins der Bauchgöttchen mit einem sorgsamen Nagel festgehalten, so an die 60 cm sind alle vier Bauchgöttchen lang und 15 cm breit. Sind vier nackte Kinder. Daß es Bübchen sind, läßt sich, wenn auch vom Schnitzer gekürzt, erkennen. Sie tragen auf den rotbraun bemalten Lockenwirbeln gut geschnitzte grüngoldene Blätter in schön geordneten Wedelchen, und statt in Schenkeln mit Beinen und Füßen daran, enden diese vier Knäblein (wie die Würstlein zwei Zipfel haben) in denselben grüngoldenen Wedeln, wie selbige ihre Häupter beschirmen tun. Auch daran erkennt sich's, daß diese vier keine Mägdlein sind, daß sie mit großen Augen, stumpfer Nase und vollem Lippenspiel nicht anders als bübisch dreinsehen, jedes auf seine Art.

O *wie* sie in Gesundheit und Stolz ihre Bäuchelchen blähn, das hat Cor angelockt und sie finden lassen, die Vier. Unter zerfetzten Kleidungsstükken, wohl aus einer aufgelassenen Theaterbude herrührend, zog Cor diese Vier auf der Jakobidult ans sichtbare und unsichtbare Herz und hat ihnen als Kosenamen den: »die Bauchgöttchen« verliehn.

Zwei davon hängen Schildwache rechts und links vom mittleren Regal und präsentieren rechts und links von Clemens seinen theologischen Büchern: Görres, Böhme, Döllinger, Pascal … Namen sind hier Schall und Rauch … alle in altem Leder mit Goldschnitt, barocken Blümchen und innerlich marmoriertem Seitenbeginn und -ende. Die zwei andern der Vier aber sind längs dem Türrahmen angebracht, als stützten ihre Köpfe das Regal der vererbten Bücher, die doch niemand mehr liest …

*

»Cor, Cor, wozu hast du ihn überhaupt?«

»Wen meinst du, ich bin doch allein …«

»Wen ich meine, was ich meine? Deinen Papierkorb da! Vor dir nichts als Haufen von Briefen, die du alle beantworten willst! Ich rate dir gut: kommen sie schließlich an, so mach' sie auf, lies sie, und wenn's richtig wäre, nur einen kleinen Bogen, darauf einen kurzen Satz, einen Gruß darunter und deinen Namen, dann wird der erhaltene Brief zerrissen … das Unwichtige schon vorher … und in den Panier du papier damit … dafür hab ich ihn dir ja von Prantl her mitgebracht. Etwas Sinnloses schenke ich dir ja nie …«

Von Prantl her sind auch Cors Briefbogen in Dinformat und die Kuverte dafür. Beider Farbe ist sehr blaß violett. Hinten auf dem Kuvert sowie oben vom Bogen ist: Cornelie Heynitz, München, Renatastraße 59a gedruckt. Die Kuverte sind allesamt ungefüttert, Cornelie findet nämlich mit Futter versehene Kuverte schauderhaft.

»Aber Clemens, tu mich begreifen, ohne mir böse zu sein: diese Briefe da, es kommen so vierzig bis fünfzig die Woche, wollen alle, alle, nicht nur göffnet, gelesen, sondern auch in Ernst, also in Liebe beantwortet sein.

Ich darf und kann nicht *ein* Stück davon zerreißen. Ohne Echo sie wegwerfen, ist nicht im Sinn von ...«

»Dir, nicht mir ...« (ach nein: IHM).

»Tu mir die Liebe, Clemens, nimm und lies diese Briefe, die ich schon beantwortet habe ... wegwerfen kann ich sie auch dann nicht, die Briefempfänger könnten mich dafür, was ich sagte, vor Gericht bringen ... Lies ... und ich sehe es dann deinen Augen an, ob du noch immer denkst: unbeantwortet zerreißen und in den Papierkorb damit ... nimm und lies!«

Auch im Stehn läßt sich's lesen! Priester, Schulmeister, Geheimräte und Professoren, Mediziner, Anatomen »lesen ja auch meist im Stehn ...«

Clemens liest:

> Geerte Vräulein! Ich laß Gedüchte von Sie. Mache
> auch Felche un schigge dafon siebenzich hantge-
> schriehbene. sagen Sie mich, woh ich Sieh truckken
> lasen kan und viefiel Mann führ eihn Schtück begommt.
> in hochach. Irr ...

»Und was antwortest du darauf, Cor?«

»Daß ich leider nichts vermitteln könne, Lob oder Tadel über die Gedichte eines Andern müsse Kritik sein und ein echter Dichter kann nicht kritisieren ... kritisiert er doch, so kann er kein Dichter sein ... Amen!«

> Aller Werteste! Nicht wahr, Sie sind selber diese
> Heidin in Ihrem Buch, wie könnte es anders sein.
> Wenn Sie sich von ihm freigemacht haben, bin ich
> so frei, Sie um Ihre Hand zu ersuchen. Daß sie sich
> mich vorstellen, schreibe ich mich, den Spiegel in
> der Hand, genauest hin. Zuerst, ich bin Linkser,
> von Geburt an, wie meine Mutter mir beschwor und ...

Clemens bekreuzigt sich: »Was hast du darauf geantwortet, Cor?«

»O so kurz, wie du es für alle diese Briefe wünschen tust: Es grüßt Sie mit guten Wünschen für Ihre Existenz Cornelie Heynitz, verehelichte Fuchs, Mutter von vier Kindern seit 1925«

»Her mit Numero drei, Cor, wer A sagt, muß B sagen, bei dir schließlich sogar noch Z ...«

> Sehr geehrte Frau Heynitz! Ich kann sie fortan
> nicht mehr mit »liebe« anreden, doch zugleich

meine Enttäuschung durch und über Sie nicht länger vor Ihnen verbergen.

Ich hatte bisher fast alle Ihre Bücher im Bücherschrank unserer Bibliothek, nun ist mir nach Ihrem letzten Schreiben, ich müsse die drei Regale für immer von Ihnen räumen.

Nach dem von Ihnen Geschriebenen, von mir Gelesenen habe ich von Ihnen ein anderes Verhalten erwartet. Ich glaubte, nach dem Gedruckten an ein überdurchschnittliches Verstehen Ihrerseits. Ich glaubte zudem, Sie wären in Ihrer Ehe mit gleicher Liebe wie ich gesegnet und würden deshalb freudig Ihrem Gatten ebenso zärtlich wie ich dem meinigen die Erlaubnis geben, seine Freundin im Haus bei Ihnen, bei mir, und den Kindern von uns, aufzunehmen. Sie aber schreiben, dies dürfe ich bei Gott niemals tun, könne ich meinen Gemahl nicht bewegen, seine Wünsche fallen zu lassen, so müsse ich mit seiner jungen Geliebten reden, als wenn's meine Tochter sei … Ich sehe klar, Sie sind klein in der Liebe. Ich nehme am 5. dieses Monats lächelnd und liebreich das junge Geschöpf für immer bei uns auf. Mein Mann schenkte mir schon dafür ein sehr wertvolles Perlenkollier …

»Guter Gott, meine Cornelie, und *darauf* hast du noch einmal Antwort gegeben, zum wievielten Mal?«
»Zum sechsten …«
»Und wie hieß diese Antwort?«
»Nackt durfte sie nicht sein, also ein wenig verhüllt:
Werfen Sie sich, Ihren Gatten, Ihre Kinder und jenes Geschöpf nicht in einem Paket aus Gottessohnes durchbohrter Hand in das Nichts …«
»Beten wir ein Vaterunser zusammen für diese Frau, das frankiert deinen Brief noch besser, als es mit einer Hitlermarke nur möglich ist.«

*

Sieben Briefe noch hat Clemens entfaltet, gelesen.
Hat sie wieder zusammengefaltet und vor Cornelies Maschine gelegt,

schier wie geschlachtete Lämmer vor einen Altar. Zwischenhinein kommt Clemens noch einmal auf die aus der durchbohrten Hand schuldig und unschuldig Fallenden zurück, nein, wie ins noch Unsichtbarbleibende voran: »Ach Cor, Cor, was wird aus all diesem werden müssen? Ein Dürfen gibt es hier nicht ...«

Cor hat es einmal »hintenherum« vier Jahre später erfahren: der Sohn Valerian ging mit sechzehn Jahren aus dem Haus, das ja kein Elternhaus mehr für ihn war, fort. Für immer fort! Zum Heer, das aber stand an der Front. Valerian soll gesagt haben: nach nichts als Wüste bisher ist hier schier eine Oase. Dann verließ er diese Oase, nicht freiwillig, ach nein. Er ertrank darin ... er ist gefallen, mit siebzehn und einem halben Jahr. Das wahre Vaterhaus nahm ihn für immer, also ewiglich auf.

Seine Schwester Ines, neunzehn Jahre alt, vergiftete sich, ohn' eine Abschiedszeile, eine sichtbare, auf einem leeren Notizbuchzettel neben der auch leeren Pulver-, nicht Puderdose.

Das letzte, jüngste der drei Kinder, Aimeè, vergab sich käuflich in einem Bordell, auch »Puff« genannt. Noch mit vierundvierzig Jahren begriff Cor keine andere Bedeutung dieser Bezeichnung, als abgekürzten Kartoffelpuffer, den Wäschepuff, wie aus Korbgeflecht mit Chintz überzogen in der Eltern Schlafzimmer zu Hagenau im Elsaß gestanden hat ... und endlich Eisenbahnwagenpuffer, auch hier abgekürzt. Und wurde darum von Erna Morena schier bodenlos verlacht: »Was machst du mir vor, *dies* nicht zu wissen, ich selbst habe es, trotz *meiner* so anderen Zeit schon mit einundzwanzig Jahren gewußt ...«

*

»Schau an, Cor, dieser Brief an dich hat eine schöne, sehr schöne Handschrift, was schreibt diese Frau, oder ist's gar eine Dame?«

»Ein Mann hat's geschrieben ...«

»Wirklich ein Mann? Lies du es mir vor, mir gehn bald beide Augen über an all dem beschriebenen Papier ...«

> Verehrte Cornelie Heynitz!
> Sie, die ich viele Male in Ihren Büchern gefunden
> und daraus behalten habe, Sie rufe ich als end-
> gültig entscheidende Richterin an. Gewiß, ich zählte,
> wie ich mich endgültig entschließen solle, mehrmals
> an den Knöpfen meiner verschiedenen Westen, der, die
> ich just trug, ab. Auch einmal am neuen Mantel, den

mein Schneidermeister mir durch seinen Gesellen zutragen ließ. Die Knopfzahl, mit Ja und Nein wechselnd, hat sich dauernd widersprochen. Darum beschwöre ich Sie: Ihr Dichterherz entscheide über mein künftiges Dasein: soll ich geistlich oder Ehemann werden und sein? Nach Ihrem Entscheid gibt es für mich keinerlei Gegenteil mehr …

»Cor, Cor, der Himmel stehe dir bei! Welche Verantwortung! Welche Antwort?«

»Ach, ich tippte nur die drei Silben: heiraten Sie!, kuvertierte, adressierte, frankierte, unterschrieb …«

»Als meine Frau Cornelie Fuchs?«

»Nein, mit C. H., das genügt, überlege dir doch, was alles mit C. H. beginnt! Es ist Frevel, doch es ist Wahrheit: auch Christus beginnt mit CH …«

»Ach Cor, Nele, Dallala, wo kommst du bei all diesem hin? Wirst du doch allenthalben als Beichtmutter, Beichtfrau engagiert! ›Engagiert‹, man muß es fremdwörtlich sagen, denn die Eigenschaft: angestellt, eingestellt, erwünscht, sind zu kostbar für all dieses da vor mir …«

»Beichtmutter? … ach, Clemens … es gibt ein garstig schönes, noch gar nicht altes Poem! Von wem nur … ich weiß es nicht mehr dem Namen nach. Sein Rhythmus ist wie im Dudelsackspiel, mit Beckentrommelgelärm vereint:

Frau Anna von Rappach, Äbtissin zu Wien,
Sie nahm's mit der Würde genau:
Beichthören tät sie fürs Leben so gern,
Es wird ja gebeichtet den geistlichen Herrn,
Warum nicht der geistlichen Frau …

»Und hat sie denn wirklich Beichthören gedurft?«

»Ja, sie hatt's auf weisen Befehl, also Erlaubnis des Kardinals anno dazumal in Wien. Er hat ihr als Ersten einen an verbissener Sünde zerknirschten Prälaten geschickt. Der verriet ihr unterm Geheimnis der Beichte und schier bis unter Tränen von Reue und Leid erfüllt, daß ihm allmorgendlich, noch vor Sonnenaufgang, dicht nach Monduntergang, auch bei Neumond, ein junger, frischer, bei der Geburt laut schreiender Rabe aus dem zweiten Gesicht entfliege, durchs offene Fenster hinaus, tapfer über die große Stadt Wien hinweg …«

»Und …«

»Und? … Nun: am dritten Tag nach dieser Beichte, nein, ich glaube am zweiten schon, ging es in Wien, durch Wien und aus Wien heraus, daß der hochwürdige Beichtling allmorgendlich das ebensoviele Male zerbrochene Ei von drei Dutzend Raben unwiederbringlich hat legen müssen, drei Dutzend weißer Raben mußten es sein, denn am von schwarzen Rabenflügeln verdunkelten morgendlichen Himmel hat kein Wiener eine beginnende Sonnenfinsternis jemals gesehn … Doch nein, Clemens, nein diesen einen da unter den andern nicht lesen!«

»Vor Ehegatten darf's kein Geheimnis geben! Her damit!«

»Aber ich bitte dich: lies es nicht laut …«

»Ich habe bisher alles ohne Stimme gelesen, damit keiner, der oder die, an der Wohnzimmertür lauschen möchte, etwas *davon* vernimmt …«

»Ich aber höre mit meinen Augen zu, also beweg' nicht die Lippen!«

Lautlos und auch ohne Bewegung der schmalen Lippen nahm Clemens dies Schreiben an Cor in sich auf:

> Vergeben Sie mir, daß ich Sie nicht so oder so anzureden
> wage, sondern ein gezeichnetes Segenskreuz schriftlich
> niedersetze, obschon ich selbst nicht zu segnen vermag.
>
> Als ich im vierten Monat gewesen bin, ging ich zum
> Arzt und beschwor ihn, schluchzend und auf den Knien,
> mich von dem vaterlos bleibenden Kind zu befrein, nein
> zu erlösen. Er verweigerte es mir todesernst. Aber
> lächelnd gab er mir dann ein Buch: lesen Sie dies in
> Ihrer nächsten schlaflosen Nacht.
>
> Ich habe es trotz meinem inneren Widerwillen gehorsam getan.
>
> Es war »Yves«, den Sie geschrieben haben.
> Ich habe es dreimal durchlebt. Ich trug danach das
> kleine Kind aus.
>
> Mein kleiner Sohn Eugen, ich ließ ihn nach Ihrem
> heiligmäßigen Dr. Verneuil taufen (wäre es ein
> Töchterchen geworden, es hieße nach Ihnen, abge-
> kürzt, Cor …), dankt Ihnen sein liebliches Leben …
> nun schon drei Monate lang, ich aber danke Ihnen
> bis ich gestorben bin, daß …

Clemens hat Cor auf den Mund geküßt und nun den eigenen Mund wieder ablesbar bewegt: »Was hast du darauf da auf der Maschine als eigenen Dank zu Papier gebracht?«

»Ach, Clemens, *da* hab ich mich doch nicht auf der Maschine bedanken können, das ging nicht getippt, nein!«

»Was dann hast du handschriftlich gesagt, auf einer Seite, zwei Seiten eng beschrieben, oder gar drei?«

»Aber nicht doch, Clemens, nur: Liebe Mutter vom kleinen Eugen: alles und jedes Leben bedankt sich einzig bei *IHM*, unserm Schöpfer, nicht bei den Geschöpfen. Und glauben Sie bitte mit mir: Wir sind auf Erden, Gott zu lieben, IHM zu dienen, auf daß wir in Seinen Himmel kommen. Freuen Sie sich mit mir: durch Sie kommt ein Leben mehr in das ewige Himmelreich ...«

Clemens senkte den Kopf durch eine kleine kurze Weile (doch vor Gott sind tausend Jahre ein Tag) ... Plötzlich erhebt Dr. Friedrich Fuchs sein Gesicht.

Ganz selbstvergessen staunt er laut, (wer also an der Wohnzimmertür lauschen täte, hören, vernehmen wollte, der hörte, was Cornelie nun lautlos ablesen kann): »Ha, welch Wunder: *einen* unwürdigen Brief hast du nun doch gewürdigt, meinem panier du papier anheim zu fallen ... und zerrissen hast du ihn auch! Von wem sollte er sein?«

Clemens sagt's wie ein Priester, erhaben an einem noch offenen Grab eines nun Toten.

»Schau doch selbst nach, wenn du neugierig bleibst, obschon sich das nicht für Männer gehört.« Cornelie lacht, fast wie Dallala eh'mals gelacht haben muß.

Clemens fischt sieben Fetzen aus dem danach wieder vollkommen leeren panier du papier. Ordnet die Sieben (sind's böse Sieben oder erinnern sie an die sieben hochheiligen Sakramente?) auf dem Tisch, der ist achtekkig, wie einst jener in der Kaulbachstraße 62a (Blick auf Bäume), nur größer, schöner und dazu aus Kirschbaumholz, dessen Maserung aufs Köstlichste zu dauernder Sprache kommt, dazu gehört er hier ins Haus und nicht der Lamprete, samt ihrem »Kochbuch für Drei«.

Nebeneinander gelegt (nur gedanklich und mit Blicken, nicht Gummiarabikum zusammengeklebt) liest Clemens unter Corneliess Heynitz' Adresse die gedruckte Werbung für das Los 3467, abgesandt von der ersten Lotterie zu Frankfurt am Main.

E.P.

Zwischen Wipfeln und Wurzeln bleibt immer der Kern, das Korn, das Körnlein, der Same, als Ursache von Beidem: Wurzeln und Wipfeln. O widersprecht mir nicht, daß dem so ist, ich bitte Euch, so sehr ich nur kann.

*

Begegnest du mir noch auf Erden,
Geliebter Sohn? Geduld reift Tat –
Ich würde gleich wie Mondlicht werden
Und sinken wie das Korn zu Mahd.

Wirst du mich dann vom Boden heben,
Wie Krug den Quell? Wes Lippen zu?
Und mich mir selbst zu halten geben,
So lös ich deine Pilgerschuh.

Dann knie ich nieder, daß ich wasche –
Oh, endlich Tränen nützlich sind!
All deiner bittren Wege Asche
Von deinen Männerfüßen, Kind.

Dies ist ein Würzlein, im Jahr 1944 aus dem Kern oder Körnlein hervorgegangen, um noch tiefer ins Erdreich zu gehn, dem Wipfel und allem daran und darin Nahrung zu suchen, zu finden, zu übersenden.

Peter Fuchs war nun schon über ein Jahr vermißt, aller Wahrscheinlichkeit nach gefallen.

Nur Cor glaubte nicht an diese irdische Wahr*schein*lichkeit. Wahre Wahrheit ist ohne Schein, ja, sie lehnt selbst Heiligenscheine ab.

Das Gedicht hat sich in St. Märgen, oberhalb Freiburgs »gemacht« in wacher Nacht von Cornelie Heynitz, der Mutter von Peter Fuchs.

Dies Folgende aber geschah über zwei Jahre hernach, zu München, mittags so gegen zwölf Uhr, oder war's gegen ein Uhr, was man heute die »dreizehnte Stunde« nennt. (Warum eigentlich blieb man nicht bei der Wiederholung von einem Dutzend Zahlen?)

Clemens trat, sterbensmüde vom angellosen Fang elf echter Kartoffeln ins Haus. Er legte die aufgeschlossene Haustür ins Schloß zurück. Sein Schlüsselbund klirrte nicht mehr: Im Lederhütchen, einem Eierwärmer sehr ähnlich, ruhten die neunerlei Schlüssel als ein Ganzes in der allein dafür bestimmten Jackentasche ... (bei Schlüsseln in der Hosentasche, selbst wenn sie im Eierhütchen sind, setzen sie gern beim Sitzen ihres Herrn die Abdrücke ihrer »Bärte« ab.). Dennoch vernahm Clemens ein schwaches Klirren, nein, mehr noch, ein Geplätscher, als bade ein sonnentrockener Sperling im Trinknapf für vornehmere Vögel, als ein Spatz einer ist.

Woher kam dies Geräusch? Von oben! Aus dem Bad, doch bei offener Tür! War ein Hahn, in unserm Badezimmer gibt es deren drei, nicht fest genug in sich zurückgedreht worden: liebes Wasser, wir brauchen dich heute nicht mehr ...?

Clemens legt den Hut auf die einzige Zinne des Garderobehalters aus Kirschbaumholz, drei gebogene Füße hat der, sechs erhobene Arme, und eben die Zinne ragt, für einen Hut oder mehrere Hüte übereinander ... (Hüte sind immer sehr leicht, nur Gottes Hut bleibt schwerwiegend, sehr schwer.)

Die Kartoffeltüte auf die unterste Treppenstufe legend, wie vor einen Opferstein, geht der hutlose Clemens lautlos die Treppe hinauf (sechszehn Stufen hat sie (hatschi), weiß Cor seit dem Richtfest am 15. Mai 1934).

Ja, die Badezimmertüre steht offen.

Und Clemens den Rücken zugekehrt und auch beide Sohlen der zerlaufenen, abgestandenen Nachkriegsschuhe, fast sind keine Sohlen mehr dran, sondern ein Spinnennetz, kniet Cor auf den Steinplatten der Badekammer vor einer Schüssel und wäscht, stumm und doch wie singend zum leisen Geplätscher in der Emailleschale, Einem die Füße... Wem? Dem, der über Cornelies Scheitel dem Clemens entgegensieht.

Doch, bei Gott, das wäre ja schon der »Wipfel« einer!

Vor Wurzeln und Wipfeln kommt und lebt immer der Kern. Der Kern jedoch von verborgenen Wurzeln und dem eben sichtbargewordenen Wipfel heißt hier: *Elise Pariser*, nur dies.

*

Im Oktober 1932 fiel er aus des wahren Sämann's Rechten (die ist durchbohrt, seine Linke ja auch) ins Erdreich, dafür bestimmt, also in das

Herz von Cor, Nele, Dallala, etwa auch Krr Krr, gesamt als in Cornelie Heynitz. Und dies geschah in Gestalt eines Briefes, dessen Marke gestempelt war mit »Homburg ob der Höhe«.

Kind Amei!
Erlauben Sie mir, Sie genauso anzureden, wie ich Sie finden durfte und nun lieben *muß*, darf. Das Buch Ihrer Kindheit liegt immer in zu oft schlafloser Nacht an meinem Bette hier im großen und leeren Haus. Mein Mann, Sanitätsrat schier bis zum letzten Atemzug, starb im vorvergangenen Jahr. Wir sind seit unserer Geburt getaufte Juden ... und Sie, oh, Kind Amei, küssen zur Tröstung den kleinen gefallenen Ismael und werden dafür vom christlichen Vater bestraft. Einsam schläft dann Amei unter der Treppe, und alle steigen über sie fort.

Und wie ich heute Nacht zum unzählbaren Mal mein geliebtestes der zweiunddreißig Ameikapitel gelesen habe, und darin die Zeilen: ... Die Lehrerin hat von Moses im Körbchen erzählt und von Jesus im Kripplein, wie den einen die Königstochter zu sich genommen, dem andern aber ein Esel die kalten Füßchen geleckt ..., packte ich, so gut ich nur konnte, ich werde nächstens siebzig Jahre alt und meine zwei Domestiken Sara und ihr Mann, mein Diener Isidor Cohn, haben gemeinsam schon 145 Jahre zusammengebracht ... meiner Großeltern silbernen Kerzenleuchter ein. Der reist morgen eingeschrieben hinter diesem armen Brieflein her.

Schreiben Sie mir, wenn der Leuchter bei Ihnen ankam, doch unterschreiben Sie sich allein mit *meiner* Amei, dann freut sich
Ihre
Elise Pariser.

*

Viele Briefe nach Bad Homburg ob der Höhe ins reiche und doch so leere Haus des verstorbenen Sanitätsrats Pariser hat Cornelie mit »Ihrer Amei« als Unterschrift geschrieben, frankiert, abgeschickt. Es kam an.

Viele Male für sich und Clemens zusammen und manchmal auch am Bett eines erkrankten Kindes (vier Kinder haben nun Clemens und Cor) haben die zwei »Pariser Leuchterkerzen« Cornelies gebrannt. Und alle bewundern und lieben das dann durchleuchtete Biskuitporzellan, dies Relieflein, von echt silberner Borte umrahmt, an diesem, in schwerem silbernem Griff tragbaren Leuchter der Dame Pariser zu Bad Homburg ob der Höhe.

Und Wewe sagte dazu: »Sieht das Kindlein Moses im Binsenkörbchen, nun der Tochter Pharaos hinaufgereicht, nicht unserm Heiland im Krippentrog gleich?«

*

Es sind noch mehrere Gaben für Cor, nein, allein für »Amei«, von Homburg ob der Höhe gekommen: ein kostbarer gläserner Flakon mit goldenen Blumenmustern eingelegt. Da hinein das Richtige zu füllen, hat Cor nichts zur Hand. So stand es lange, sehr lange leer, bis sich aus zerbrechenwollendem Fläschchen, von einem Genesenden Cor mitgebracht, Lourdeswasser darin gesammelt hat. Doch in der damaligen sichtbaren Leere kann eine Fülle unsichtbarer Gedanken, Wünsche und Grüße sein und, ohne das Glas zu sprengen, sich an sich selber vermehren, o ja! o ja!

Auch ein breiter langer Glockenzug, von einer Madame oder Mademoiselle vor gut nun einhundertfünfzig Jahren schwer mit Ähren und Trauben aus tausend mal Tausend winzigen farbigen Perlchen bestickt, kommt zu Cor, nein, alleine zu »Amei«: für Deinen »Rebenhag«! Für Deine »Tenne«! Hänge den Glockenzug an Deiner Himmelstüre an, wird einer dran läuten, so geht Deine Himmelstür auf …

»Du« schrieb Elise Pariser sehr bald an Amei. Cor aber bleibt beim Sie, wie sie's ja auch den Franzosen neidet, daß diese zu Gott *Sie* sagen, nicht das auf Erden zu oft mißbrachte Du.

Dann heißt es mit einem Mal aus *Frankfurt* am *Main*, als sei Bad Homburg an einem jähen Erdbeben zerstört und versunken: Sara starb, in diesem Fall sage ich: Gott sei gedankt! Isidor wurde mir weggenommen, ich weiß nicht wohin und wozu. Und aus dem Haus zu Homburg wurde ich wie ein schmutziger Lumpen geworfen, geschmissen. O Kind Amei, wirst du heut noch den kleinen Ismael küssend umfangen? Wenn ja, so schreib mir's, doch *ohne* Absender hinten auf dem Kuvert, in diese armselige Fremdenpension hier her … ein Ghetto zu Frankfurt am Main.

Amei, nein, hier Cor, hat Elise Pariser niemals wirklich geschaut. Doch zwischen den Briefzeilen erkannte sie das zerfallene Antlitz der getauften und teuflisch verfolgten Jüdin immer deutlicher, immer klarer, immer klagender, immer zerbrechender unser aller Gott fragend: Was habe ich Dir denn getan?

Und brieflich küßt Cor viele Male (oft mit Tränen in den eigenen Augen) den gefallenen Ismael in Gestalt von Elise Pariser. Bis Amei in bewußt verstellter Handschrift einen gefalteten, doch dann zerknitterten Zettel in einem mit der Maschine bedruckten Kuvert erhält, nein, vor drei Stunden erhielt:

> Amei, ich allein bin von vierhunderteinundsechzig der
> unsrigen, im Güterwagen ins unbekannte Wohin verfrachtet,
> hier auf dem Bahnsteig 7 zurückgeblieben. Wie ich mich
> hier in ein winziges Bettlerzimmerchen fand, weiß ich
> selber nicht mehr. Hätte mein Mann, Sanitätsrat Pariser,
> daß Du ihn nicht kanntest, Amei, tut mir körperlich weh,
> mir nicht ein Schächtelchen mit drei Pulvern darin, auf
> dem Sterbebett in die Bluse gesteckt, so zwischen zwei
> echte Perlenknöpfe: wenn du nicht mehr weiter weißt,
> Elise, mein Liebes …
>
> Ich irrte, wie verrücktgeworden, den Main entlang. Kind
> Amei, küsse deinen gefallenen Ismael, das hilft der zerfetzten
> E. P.

*

Cor beugt sich über Andreas Konrad Prosper im Bettchen aus dem Empire und küßt seinen fieberheißen Mund.

Ihr Jüngster liegt krank, schwer genug, daß Amei ihn nicht verlassen darf. (Hat Gott es so haben wollen?)

Amei spricht zu Clemens (der ja im letzten Amei-Kapitel in der »Herme« schon lebt): »Wäre Andreas gesund, ich reiste noch heute nach Frankfurt, E. P. … hier, lies ihren Zettel als Brief … auf meinen Knien liegend zu bitten: Nicht an das Schächtelchen denken, nicht danach greifen! Er, der Sie auf dem Bahnsteig vergessen ließ, hat mit Ihrem Leben etwas, uns Schuldenreiche zu retten, nein, zu erlösen, vor.«

Clemens nickt und dann meint er: »Mache du ein Päckchen der Liebe, Gegner des Schächtelchens mit den drei Pulvern, zurecht, nebst einem

Brief und der Weisung darin, wie sich E. P. noch besser verbergen könne. Du hast viel, viele Freunde (»Leser« seufzt Cor dazwischen) in Frankfurt am Main. Schreibe ihnen, ob sie deine Sendung E. P. bringen können. Es direkt durch die völkische Post zu schicken, bleibt verfehlt, es käme nie an. Was lächelst du, meine Cor?«

»Esther und Peter bilden auch ein E. P., sie lassen nun mich unaufhörlich an Elise Pariser denken«.

Und Cornelie sitzt und schreibt (jedes Kuvert vom Brief mit roter Eilpostmarke beklebt), neun Briefe nach Frankfurt am Main und erhält auch alle neun beantwortet durch die Post.

Acht davon aber lauten als wie aus einem einzigen Mund (O Gott vergib, denn sie wissen nicht was sie tun …):

Wie können Sie nur so etwas von mir verlangen? Das zerstört ja meine Karriere vollkommen, könnte mich mein noch nicht altes Leben kosten. Sie selbst setzen ja auch das Ihre nicht aufs Spiel. Ich zerriß und verbrannte sofort Ihre unvernünftigen Zeilen. Wenn dergleichen bei mir gefunden würde! Die Post öffnet zudem auch alle privaten Briefe in dieser zu lang verjudeten Stadt … Daß ich antworte, ist schon ein lebensgefährliches Wagnis …

Der Inhalt vom neunten Brief aber kommt wie aus Gottes Mund in den Flammen vom brennenden Dornenstrauch:

> Liebe Cornelie Heynitz! Schicken Sie mir nur was
> Sie wollen dürfen, ich bringe es E. P. (Esther und
> Peter!), ich antworte Ihnen leider verspätet.
> Wurde von Frankfurt hierher nach Mainz versetzt,
> bin Militärarzt hier, komme aber fast täglich an
> unseren »Tatort«.
> War, bin und bleibe
> Ihr
> Dr. Hans Fröhlich

Cor wurde daran schier selig, obschon das Fieber vom Jüngsten gestiegen ist. Ja, bei Gott, ja! (Gibt es auch vor Ihm ein Nein?) Dr. Hans Fröhlich wird auch durch sich selber trösten, wird glauben und hoffen helfen, wem? Eben E. P.

*

Cornelie macht das Päckchen zurecht, dazu den Brief:

O sehr, sehr Liebe! Schwester vom kleinen Ismael!: Nicht zum Schächtelchen greifen! Lebenbleiben und damit auch mich lebenlassend. Ihr Lebenbleiben nimmt Ihren Blutverwandten, Jesus Christus, vom Kreuz seines Todes herab, macht seine Grabstätte leer. Der Auferstandene wird Ihnen begegnen, Sie noch wärmer umarmen, als Ihre Amei es jemals vermocht, vermag.

*

Dem Andreas, dem noch nicht Zweijährigen, scheint das Fieber gerade an dieser fieberhaften Angelegenheit gesunken zu sein. Da seine Mutter an seinem Bett vom Stuhl hinterm Tischchen aufsteht, Packpapier und Bindfaden zu holen, sagt er mit neuer Willenskraft: »Hole es für mich mit, ich mag gern sehn, wenn du packst und schreibst (und ihm zwischenhinein auf dabeiliegendem Zettelchen Tierchen zeichnet: Igel, Kröten, Fledermäuse, Maulwürfe mag Andreas Prosper genausogern, wie Dallala einst, er kann nicht genug davon in einer alten Schachtel gesammelt haben.)

Gerade schreibt Cornelie Heynitz die Feldpostadresse auf das kleine Paket, diese greifbare, flehentliche Bitte, sich in Seine Hand aus den eigenen und anderer Leute Hände zu geben …

Da fällt ein Schatten über Amei (auch ohne Sonne, Mondlicht, Kerzenlicht, Birnenlicht, Gas verspürt Cornelie immer, wenn der, dann ja unsichtbare Schatten eines zu ihr tretenwollenden Menschen über sie fällt).

»Was bringen Sie, Rosa (die stammt aus Mösern, ward Cornelie Heynitz von der Lentnerhof-Besitzerin sozusagen an Hals und Herz angehängt) …«

»Die Post, Frau Heynitz, ich kam gerade vom Milchmann. Im Kasten dies drin, nicht viel, nur diesen einen Brief!«

»An mir …« fragt Andi.

»Nein, an mich! Aber mach du es auf, kleiner Sohn! Nimm hier den ›Kratzdienägel‹ als Briefeöffner, tu dir nicht weh!«

Aber Andreas im Bettchen hat das Kuvert schon eilfertig aufgerissen, nach vorne zu, durch den schriftlichen Gesamtnamen von Cor.

Cornelies Adresse, in blauer Tinte geschrieben, hangt also in Fetzen.

Neben Cornelie schwimmt ein »Hai« statt »Hey«, die Briefmarke ist für Peters Sammlung hin. Doch kann Cornelie noch als Stempelbild entziffern: Frankfurt am Main. Ein anderer Absender außer der Stadt vorn, steht aber nicht hinterrücks auf diesem zerrissnen Kuvert.

Es ist kein Geschäftskuvert, es stammt sichtbar aus vornehm, gebildetem Besitz.

Cornelie nimmt das Ganze ihrem kleinen Andreas ab und zieht den unverletzten Brief eilends hervor. Nele entfaltet den Bogen, kein Datum.

Dieselbe Handschrift, warum auch nicht, wie auf dem Kuvert, dem Umschlag: eine Frauenhandschrift, nein die Schrift einer Dame:

> Geehrte Frau Hainitz!
> Sie kennen mich nicht, ich kenne Sie durch
> einige Ihrer Bücher und weiß daraus: wir haben
> dieselbe Religion. Darum ist mir: E. P. ...

Cor stockt im stummen Lesen, erblaßt, sich selber fühlbar, zur Totenkälte, liest aber weiter und dies:

> E. P. sei auch Ihnen bekannt. Sie nannte mehrmals
> vor mir das Buch oder Sie »Amei«. Darum sollen Sie
> wissen, daß E. P. endlich den Freitod gewählt hat.
> Ich riet ihr ja dauernd zu. So befolgte sie denn
> meinen guten Rat, als den
> Ihrer ...

Es folgt »Marieantoine«, dieser ein »von« und dann ein altadliger Familienname.

Auch hier kein Datumsvermerk.

»Mutter!«

Andreas umkrallt durch das Kleid und alles darunter, wie eine kleine Katze eine tote Maus, Cornelies Knie ...

»Böser Brief! Böser ...«

Fester umkrampft er, was er in seinen Fäustchen hält, sich vor dem Anblick in Cors Gesichtszügen zu retten, nein, zu verbergen.

*

Wir haben dieselbe Religion! So befolgte sie denn meinen guten Rat, als den

Ihrer ...

*

Cornelie steht vor der offenen Tür in den brennenden Schlund der Zentralheizung (sie allein unterhält diese, alle Haushilfen erklären, sofort nach dem Eintritt, sich als unbefähigt dafür: Das schadet meiner Gesundheit ... und überläßt auch, trotz allem Bitten (hier zu befehlen versteht Cornelie nicht bis übern Tod hinaus) Cornelie das zur Mülltonnetragen der schweren Schlackeneimer … alle Morgende früh sind es drei …) und starrt dem unter lodernden Flammen zu Asche zerfallenden Päckchen der Liebe nach.

Hätte sie es schon oben neben Andreas' Empirebettchen in ihre brennenden Augen hinab, in ihr brennendes Herz geworfen, der Weg zur Heizung hinab wäre ihr sicher erspart geblieben.

Tränen hat es nicht eine einzige geben wollen!

Betet Cornelie lautlos?

Gott allein kann es hören, wenn Er nur will, und Dallalas Engel (wachsen unsre Engel mit uns heran oder sind sie von unsrer Geburt her bleibend größer als groß?) spricht wohl mit schwermütigem Lächeln der dreijährigen Dallala Mißverständnis über den Namen Beethoven nach: betender Ofen, Amen …

*

Die, mit dem Packpapier verbrannte Adresse vom Militärarzt Dr. Hans Fröhlich ist oben auf dessen gnadenreichem Brief erhalten geblieben. Cor schreibt noch an diesem Tag (für sie voller Nächte) an den Arzt zu Mainz: E. P. bedarf keiner irdischen Hilfe mehr, sie ist schon in für mich schönstem Reim auf »fort«, nämlich *Dort* … und wird da um Ihres Beistandes willen Dank erbitten, glauben wir nur daran.

*

Am nächsten Tag, er ist nicht mehr so voller sternloser Nächte, wie er doch gestern war, Clemens trug an dessen wirklichem Abend noch mit an Cors tränenlosem Schmerz … setzt sich die von E. P. vollkommen verlassene Amei, wie immer unbekanntem Befehl gehorsam, und schreibt die Geschichte (in der ersten Auflage heißt sie »Elise«, in der zweiten aber »Die Geächtete«) hin. Statt einer Widmung, aus nur wenigen Silben bestehend, kann der Leser Elisens, kann ein Teilnehmer an der Geächteten gedruckt in sich aufnehmen, was Cornelie mit Clemens' Hilfe schriftlich voran gesetzt hat:

Im Januar 1942 geschrieben im Gedenken an
Elise Pariser
Deus, cuius misericordia non est
numerus, fac eam de morte
transire ad vitam, quam
olim Abrahae pro-
misisti et se-
mini eius

(Gott, Dein Erbarmen ist ohne Grenzen. Laß sie vom Tode in das Leben gelangen, das Du einst Abraham verheißen hast und seinen Nachkommen.)

*

Wäre nun damit die für Cornelie blutig gewordene Kugel (ging sie doch mitten durch ihr schweigenmüssendes Herz) zu ende, in vollkommenem Rund gegossen?

Ach nein, aus dem Körnlein kam ein Wurzelwald zur Erde hinab, aus demselben Körnlein aber der Stamm, und sein Wipfel rauscht, rauscht: seht es, ihr Tauben, hört es, ihr Blinden, und Ihr, die alle fünf Sinnen behalten dürft, seht und hört es mit an!

*

Der »betende Ofen« hat vor nun über vier Jahren gebrannt. Das Päckchen hat inzwischen als Asche, als Staub dem Staube nach Gottes Willen gedient ...

Der Krieg, zu unterst aller Kriege, ist tot.

Manchmal sagt Cornelie: »scheintot«, und blickt todesbang vor sich hin.

Peter Fuchs wird seit über drei Jahren begraben liegen. Das glaubt nun sogar sein Vater, Dr. Friedrich Fuchs.

Da jene, denen Peters Eltern 1944 das ganze Haus im hintersten Garten der Renatastraße 59a überlassen hatten, dies alles ihnen anvertrauend, gedankenlos beim Friedensbeginn hinter sich ließen, mit dem gesamten Besitz der Füchse, der Heynitz ... um sich in Garmisch-Partenkirchen vom beschlossenen Krieg zu erholen, ergriff ein Deutscher, arbeitslos gewordener Lokomotivenführer unterm Deckmantel, er gehöre der polizeilichen Wach- und Schließgesellschaft an, die Vollmacht über alles, jedes in dieser Verlassenheit der schönen Räume und aller Gerätschaften, samt dem, was darauf, darunter, daneben, erst recht, was darinnen war.

Allabendlich hat dann der arbeitslose Lokomotivführer Aloys (hat darum Cor im voraus den Namen nicht ausstehen können? »Aloa« Wurm nahm ihr diese Abneigung gegen den Namen nicht ab) Bermüller, bei welchem Wetter es auch war, den Flurgong vom Treppenhaken genommen. Ist mit Becken und Schlägel auf die große ebenerdige Terrasse gen Süden hinausgegangen, geschritten oder gestapft, und schlug das Metall mit dem lederbezogenen Klöppelstab, wenn auch ohne jegliche Melodie.

Auf solchen Anruf kamen den Weg von der Straße zum Haus, dem »Amei-senberg«, mehr noch über die Zäune und Mauern kletternd und steigend, Deutsche, Amerikaner und andere, sich im Amei-senberg zu verlustieren: Tänzerei im Wohnzimmer, Müllgebirgszüge im Atelier, Schnaps-boutique in der Bibliothek (die Bauchgöttchen alle vier haben es mit ansehen müssen), das Damenzimmer wurde zum Rausch- und Haschischkabinett, alle sechs Schlafzimmer aber, im ersten und einzigen Stock, also »erhöht«, sind zum Bordell erniedrigt worden, zum Puff.

Da endlich die Grenzverbote für Clemens, Cor, Esther, Judith, Ursula und Andreas Prosper (nun sechs Jahre alt) gefallen, gesunken waren (der gefallene Ismael in »Amei« half mit dazu, der gefallene Peter spielte oder ernstete ja nicht mehr mit), gab es für Cor unsagbar viel hinter der abgezogenen, schwerst geplündert habenden Gongschlägerei her, zu ordnen, wiederherzustellen (was geplündert worden war, kam nie wieder retour), daß Dallala, Amei und Cornelie Heynitz oft mehr als verzagen wollte und es dann doch nicht tat: Clemens und vier restliche Kinder waren ja dageblieben und Cornelie lebte für diese geliebten Fünf von sich selber fort.

Vieles findet Cornelie wieder, (als zu kaputt gemacht, um es mitzunehmen, von den »Puffern« zurückgelassen). Darunter ließ sich der zwei Kerzen tragenwollende Leuchter (mit dem Biskuitbild: Das Körbchen mit Moses, dem Knäblein, darinnen, wird Pharaos Tochter dargereicht: erbarme dich dessen … wie sich die Hirten des nackten Krippenkindleins erbarmt) finden. Doch sein altes echtes Silber war sehr verbogen, und der, das geheimnisvollerweise unversehrt gebliebene Bildreliefchen hinan oder hinabschaltende Schlüsselgriff abgebrochen (aber nicht fortgeschmissen worden, sondern in die eine der beiden Kerzenhöhlen fast höhnisch gesteckt: he, ho, zünde *mich* an, wenn du Licht haben willst …)

Selber kann Cor dies natürlich nicht reparieren. Doch in der Volkartstraße trifft sie von ungefähr (bei Gott gibt es keinen Zufall) auf den alten Schlosser Franz Xaver Böhm. Sie fragt ihn nach seinen zwei Söhnen, die sind in Gefangenschaft, der Sepp (Joseph) und der Muck (Nepomuk), werden aber bald freikommen und hier in München heiraten gehn. Dankbar blickt der alte Böhm in Cornelies Gesicht: »Haben Sie was zu löten?«

»Wie liebreich Sie sind! Ja, ich habe, ich habe …«

»So bringen Sie's morgen in die Werkstatt, dann repariere ich Sie mit derselben zusammen … von Bomben ward sie mir dreimal zerstört …«

*

Und Cornelie trägt dem bald zwiefachen Schwiegervater, Erzeuger und Vater von Sepp und Muck (»Mucken hat er aber keine, meine liebe Frau Heynitz …«) E. P.'s beschädigten Silberleuchter in die Werkstatt. Stellt ihn auf den nur oberflächlich verbombten Amboß, legt den Griff, den Schlüsselgriff behutsam daneben. Das Moseskörbchenbiskuit nahm Cornelie Heynitz vorher, denn zu Hause, vorsorglich ab. Die Wiederheilung des einen, konnte das andere, Heilgebliebene für immer, also heillos, zerbrechen.

Und Nele darf dazu Böhms Verheißung empfangen: »Heute hätten wir Freitag, am nächsten Mittwoch … und weil *Sie* es sind, und immer nach meinen Buben fragten, ja fragen, geschieht's vollkommen umsonst …«

*

Es gibt wie dieses ein sogenannt »schönes Umsonst«, auch ein bitteres, »wehes Umsonst«: etwa umsonst für den Frieden bitten, umsonst für ihn sterben (doch Du, o Menschensohn, Gottessohn, starbst nicht umsonst: meinen Frieden lasse ich euch …)

*

So hätten wir denn Mittwoch, um den Leuchter von E. P., der Selbstmörderin, auf Zureden einer katholischen Adelsdame selbe geworden, geblieben, zurückzuholen …

Und schon geht Cor, wir haben fünf Minuten vor zwölf (siehe auf die auch wieder gangbargemachte Uhr überm Papierlädchen), aus der Volkartstraße in die Nymphenburgerstraße hinein. Und biegt ein in die Lachnerstraße. Und hat nun durch die vielen Pfützen auf dem schwerbeschädigten Fußweg zu gehn. Achtzugeben nützt hier nichts, denn es hat geregnet, regnet, regnet erneut.

Am gelöteten Griff, dem Schlüsselgriff, trägt Nele den Leuchter sich selbst die rechte Seite entlang. So vierzig Zentimeter Länge von eben diesem Griff herab bis zu den vier silbernen Löwenfüßchen der silbernen Platte mit den zwei Kerzenhöhlen (die sind mit getriebenen Silbermanschetten umrundet) macht die so gerettete Kostbarkeit aus.

Wie ein Kind an der Hand oder ein Hündlein an kurzer Leine kommt Cornelie diese echt silberne Begleitung vor.

Regen tropft über Cornelie und E. P. ihr Geschenk an Amei: Himmel, willst du uns lautlos taufen, doch wie? Einen andern Schirm als den Gottes hat Cor ja niemals für sich.

Taufen? Da in der Mariä-Himmelfahrt-Kirche, rechts von Cors Pfützenpfad kann kein Priester mehr ein Menschkindlein taufen. Mariä Himmelfahrt ist ja nicht mehr vorhanden, ist 1944 im Juli am Bombenabwurf vollkommen niedergebrannt. Cor hat damals mit versucht, zu retten, was nur zu retten war. Wunderlich: immer, wenn es wo was zu retten gibt, wird die sichtbare Cornelie von einem Unschaubaren herzu-, nicht aber vorbeigeführt: setze dein Leben hier ein!

*

Mariä Himmelfahrt ist um 1890 eine Turnhalle gewesen, die wurde, wenig verändert, zur Kirche geweiht. Sich alldort und darin, statt sich leiblich am Reck zu üben, geistig auf den Sprossen der Himmelsleiter zu bewegen, ist sehr vieles wert! Cor kam gerade vorbei. Den Fall von sieben Bomben hatte sie nicht gehört, sah aber ein Meer von Rauch, nun von Flammen gewürzt, vor sich, den Himmel darüber, gerade zur Mittagszeit, immer mitternächtlicher werden, als sei es die dritte Stunde, in welcher Christus am Kreuzholz starb …

Was retten? Wen retten? Cor stürzte sich hinein und sah vor sich vom noch unversehrten Altar den guten Pfarrer Georg Niggl unser aller Herrn in Händen, zur kirchlichen Hintertür entfliehn, ganz ohne Stola um, ohne Casel, ganz im kirchlichen Zivil: Leokragen und fußlangen schwarzen Frauenrock, seidene schwarze Schärpe um die Lenden gegürtet. Das Zeltdächlein des Sakraments lag verloren hinter ihm, dem Pfarrer, nicht nur seinem Herrn und Heiland, auf dem mit Marmor gepflasterten Kirchenboden. Cor lief herzu, hob es auf und vom Daneben einen alten, abgegriffenen Rosenkranz. Beides brachte sie in die Sicherheit eines Fliederbusches zwischen Mariä Himmelfahrt und dem Pfarrhaus (auch die kleinsten Dinge haben oft großen Lebenswert), stürzte zurück, vorüber an Hochwürden Peter Dörfler, der riesig und doch hilflos mit Luftschutzwartuniform ein nutzloses Beilchen im Gürtel, zwischen der sterbenden Kirche und seinem Kinderheim (Cor's Bronzemadonna steht nun seit fünfunddreißig Jahren auf seinem Schreibtisch) »wechselt« wie ein sechzehnendiger Hirsch, und saust wiederum durch die schon auch gen Himmel geöffnete Kirche.

Die alten Turnhallenbalken, -planken und -bretter entzünden sich allzu leicht. Sie verbrennen schneller als schnell. Kein Mensch ist bei Cor, ob einer »hinter ihr« lebt, kann sie ja nicht hören, nicht sehn.

Doch da vor ihr eine Gestalt, schreckenlos stehend, mit steil gefalteten Händen betend, die Augen gen Himmel gerichtet, ganz in weiß, eine blaue Schärpe, himmelblau, ein goldener Rosenkranz vorn die Gewandung herabhangend, der sich leise, wohl am Atem der Beterin, bewegt …

Ach, nicht am Atem der Beterin, nein, am Widerspiel der Flammen, des Rauchs dicht um Cornelie her.

Es ist ja nur die Holzfigur der Madonna von Lourdes, die in der künstlichen Grotte links neben dem Eingang steht, dem gewesenen Eingang; jetzt hat ja Mariä Himmelfahrt keinen Eingang, noch Ausgang mehr. Vom Volk wird diese hölzerne Figur, ohne daß sie schön erscheint, innig verehrt. Ihr Angesicht blickt auch jetzt noch, etwas grob, ja altbayrisch, in Cornelies Augen, aber es sagt oder fleht nicht: rette mich, Cor, auf daß ich weiter Gebete erwecken kann, darf, soll, ach, so sehr gerne will …

Das St. Josephsrelief, wie einen riesigen Pflaumenkuchen auf seinem Backblech, von Cor, auf dem Kopf, am 1. IV. 1923, nicht zum Bäcker, nein, zu Dr. Bastens keramische Werkstatt getragen, hat achtzig Pfunde an Brett und Tongewicht gewogen, und durch die Jahre bis heute, bis eben, ist Cor noch schwereres Tragen (hier nur leiblich gemeint) gewohnt …

So lud Nele denn die nicht ganz lebensgroße Madonna von Lourdes sich über die Schulter, bot ihre zwei Hände unter die hölzernen, mit je einer goldenen Rose verzierten Schuhe … ja … keucht drei steinerne Stufen nach irgendwohin herunter, setzt die stehende Jungfrau auf drei Platten vom rauchverschatteten Fußweg ab und sich selber, nun doch ein wenig erschöpft, neben sie, ganz (Gans) wie ein Kind im Sand vom Sandberg, des Sandkuchenbackens müd.

*

Die Holzmadonna von Lourdes, ähnlich einer weißgekleideten bayrischen Magd, ist als einzig erhaltenes Kirchengerät übriggeblieben. Ein riesengroßes ebenes Rechteck mit zerklüfteten Platten, da und dort noch mit Schiefersternen ausgelegt (die andern Sterne sind alle untergegangen), sagt stumm: hier ist als Turnhalle erst, dann als Kirche »Mariä Himmelfahrt« gestanden … Wann werde ich so oder so wiederauferstehn?

Links blieb einzig und allein die künstliche (nicht künstlerische) Lourdesgrotte erhalten, und die hölzerne Jungfrau, von Cor nebst Sakramentszeltchen und Pfarrer Niggls Rosenkranz gerettet, wieder drin auf die eigenen Füße hingestellt.

»Ach, Frau Cornelie, was Sie mir doch erhalten haben! Ich nahm diesen Rosenkranz ja aus den erkalteten Händen meiner zweiundachtzigjährigen Mutter selig an mich, ihn nun bis zum eigenen Tod durch die Finger perlen zu lassen, mindestens zwölf mal am Tag. Meine Mutter, müssen Sie wissen, ist am 6. Juni heimgegangen …« (einen Tag vor Clemens seiner Geburt, sagt man da misericordia oder alleluja?)

Cor steigt die drei sandsteinernen Stufen zur Kirche, dieser Seelenturnhalle, die keine mehr ist, langsam hinauf.

Und Amei steht vor der Lourdesgrotte, darin die Holzmadonna das bäurische Gesicht und dazu nicht passende zarte Händepaar in den schwarzen Grottenhimmel unbeweglich erhoben hält. Auch über Cor vor der Grotte ist ein grauer Himmel, es regnet gelinde weiter über Cornelie (die Madonna in ihrer Grotte wird natürlich nicht naß).

Niederknien kann Cornelie nicht vor der Grotte. Zwischen der Grotte und Cor liegt eine riesengroße Pfütze (ein Asyl für Frösche und Kröten, die aber gibt es hier nicht). Selbst den gelöteten Silberleuchter, einst von der reichen Elise Pariser empfangen, kann Amei nicht auf den Boden abstellen, das Pfützenwasser würde ja beide Kerzenhöhlungen füllen, statt Wachs, Docht und Licht.

»Ach, heil'ge Maria da vor mir zu Lourdes, halte Du Deine Hände für meine gefaltet. Siehe, ich muß doch den gelöteten Leuchter fest über Wasser halten ... versteh'!«

Und den Leuchter am Griff in der linken Hand, die rechte unterm sanften, doch stetigen Regen gegen das immer nasser werdende Kleid über der Brust gepreßt, sagt die stehende, einsame Cor zu der stehenden einsamen Jungfrau von Lourdes in ihrer schützenden Grotte: »Du, deren armes Abbild da vor mir steht, bitte Du Deinen Sohn, Er möchte unsern Erstgeborenen Peter bewahren und ihn uns lebend, in dieses Erdenleben hinein, wiederschenken, wie einst in mich, meinen Schoß.

Und Du dann, Elise Pariser, so wahr ich Dich vor dem Selbstmord habe bewahren wollen, so wahrlich mußt Du zu Gott gelangt sein! DORT, beim WORT, bitte auch Du für mich und um unseren Sohn. Ach, wir haben heut Mittwoch im Kalender (›am Mittwoch holen Sie ihren Leuchter da wieder ab, ich repariere den ja, Ihnen zuliebe umsonst‹.), an einem Mittwoch ward uns der nun drei Jahre Vermißte geboren ...«

Und mit der nassen Hand (Regentropfen und Tränen darauf unterscheiden sich nicht, rinnen ja ineinander) schlägt nun Amei das Kreuz über ihr Herz, darunter sie vor einundzwanzig Jahren den ersten Sohn trug ...

*

Über den letzten Schritten von der Renatastraße durch den langen geraden Gartenweg hat der Regen mit einemmal aufgehört. Vor der Haustür, unterm Badezimmeraltan als Dach über sich schüttelt sich Cornelie das wohl »zweierlei« Wasser ab.

In der langgestreckten Küche nun steht Cor am langen Küchentisch zwischen den beiden Fenstern, die geschlossene Tür zum Flur hinter sich, die geschlossene Tür zur Kellertreppe neben sich. Der ältlichen Maschine,

Brotlaiber in Scheiben zu verwandeln, hat sie das bewegliche Holzbrett gegen die runde, drehbare Messerschneide gelegt: denn ich brauche ein wenig Platz!

Wozu?

Den geretteten Leuchter zu putzen! Womit? Silberputzmittel gibt es schon jahrelang keines mehr. Cor hat ein Stückchen verbrauchtes Fensterleder zur Hand. Eigene Spucke und mächtig viel Kraft, Geduld und Hoffnung bringen die Sache »auf Glanz«.

Cor tut der Rücken schon weh, doch das macht nichts: Ende gut, alles gut!

Nele erinnert sich an zwei Stearinkerzenstummel, übergeblieben aus der letzten Bombennacht mit Clemens hier im Keller, entsinnt sich der Flucht nach St. Märgen danach zu den vier Kindern zurück. Wo werden die Kerzenrestchen wohl sein? Ach Gott, hilf mir dazu!

Schon hat Cornelie die zwei Restchen, mit Docht in sich, ohne Suchenmüssen gefunden, und steckt sie, dankbar lächelnd, in die sauberen, ja auch geputzten zwei Leuchterhöhlen hinein. Erst den einen Stummel, danach den andern: wundervoll!

Und nun steck' ich euch selber an! Schwefelholzbriefchen, komm' her (ein gewesener Kriegsgefangener hat es Cor letzte Woche vor seiner Heimfahrt zugesteckt). Und die zwei Kerzenstummel brennen am hellen Tage, schier heller wie er, auf dem Leuchter von Elise Pariser.

Der steht geputzt auf dem Küchentisch neben der Brotschneidemaschine, wie eine Königskrone neben einem leeren Bettlernapf liegt.

Cor hält den Atem vor innerer Freude an. Dennoch bewegen sich beide Flammenzungen nach derselben Richtung, als wollten sie dort mit dem Fensterbord heimlich reden, darauf Cornelie das Zündholzbriefchen des befreiten Gefangenen hingelegt hat. Dicht neben Cornelie trat Ursula, die Zwölfjährige, vom Flur herein und zum Küchentisch, diesem »Leuchtertisch«, fast wie ein Priester vor den Altar …

»Was möchtest du, Üle? Was bist du so blaß? Was zitterst du so?«

»Peter ist …«

»Was sagst du? Was sagtest du eben? Kam ein Brief …«

»Peter ist …«

»Ist tot …«

»Nein, Peter ist da …«

*

Cor, Amei, Dallala, Nele stürzte hinaus in den Flur. Ein abgemagerter Mensch in zerschlissenem Feldgrau wirft seine Arme um seiner Mutter

Nacken, drückt seine Brust vor die Brust, daran er durch neun Monate trank, saugte, ja mit den ersten Zähnchen gebissen hat.

*

Weinte Peter? Weinte Cor? Weinte Schwester Üle allein kindliche Tränen? Sieben gleichfarbene Tropfen liegen auf dem steinernen Boden vom Flur. Wer hat sie unterschieden, gesehn und gezählt …

*

Dr. Friedrich Fuchs kam eben nach Hause. Er legt Hut und Mantel am alten Garderobenständer ab. Niemand scheint in den unteren Räumen zu sein. Von oben, aus dem Badezimmer bei scheinbar offengebliebener Tür tönt es, wie aus nicht ganz geschlossenem Wasserhahn, als leises Plätschern.

Und dies Geräusch kommt Dr. Fuchs, der die Treppe hinaufsteigt entgegen, kommt auf ihn zu.

Siehe: Cornelies Gedicht, in St. Märgen niedergeschrieben, hat sich zu München erfüllt:

Dann knie ich nieder, daß ich wasche –
Oh, endlich Tränen nützlich sind! –
All deiner bittren Wege Asche
Von deinen Männerfüßen, Kind.

*

Die zwei Kerzenstummel der Bombennacht in E. P. ihrem geretteten Leuchter, dem Kind Amei, das den gefallenen Ismael küßte, vor über zehn Jahren geschenkt, sind inzwischen an der eigenen Verlassenheit niedergebrannt und erloschen.

Das Holzbrettchen, von Cor noch eben an die Messerschneide der Schneidemaschine gelehnt (ich brauche ein wenig mehr Platz, verstehst du), hat ganz von allein das Gleichgewicht verloren. Es liegt wieder flach, leer, und doch gewichtig und erwartungsvoll auf der Ebene vom Küchentisch zwischen zwei Fenstern: Unser täglich Brot gib uns heut' …

Dampf vom kalten Kaffee macht schön …

Dies ist total paradox. Doch das Paradoxe kann lauterste Wahrheit vertreten. Sieh dir an, was nun hier als »Fortsetzung folgt«:

Kaffee Gröbel, Nymphenburgerstraße, Ecke Volkartstraße, gegenüber dem Eckhaus vom Roten Kreuz (darin immer andere Frauen, mehrmals auch ein und dieselbe, ein Kind bekommen oder gar zwei auf einmal, gleich nacheinander, das heißt: liegend, die Füße meist zuletzt betreten wir die Welt, in die Wiege gelegt zu werden. Die Füße voran, abermals liegend, gehn wir aus der Welt, werden im Sarg zu Grabe getragen … sind unsre Wege und unser Werk etwa gar aus demselben Holz geschnitzt? …).

Blickt Cor beim Eintritt (nicht in die Welt, sondern in das schönste, reichste Kaffee von Neuhausen) vorher das gegenüberliegende einstöckige Gebäude an, so kann sie das große Fenster drüben sehn, hinter dem sie (nicht Klasse drei, sondern Klasse eins!) zwei Stunden nach Peters Geburt für dessen Vater ihren allerersten Scherenschnitt machte: ein weißes Schattenbildchen auf kohlpechschwarzem Grund: Couvertbatistpapier aus dem Trauerbrief einer Witwe.

Allwo auch Cor verwunderter als verwundert war, daß beim Anbruch des äußeren ersten Erdenmorgens ihres Söhnleins die dichten Gardinen über den durchsichtigen Vorhängen ihres großen Zimmerfensters unzugezogen verharrten. Nur nichts darüber sagen, also verraten! Die Schwestern werden das Verdunkeln just bei mir vergessen haben oder nur übersehn.

Denn Stephanie Heynitz, nun seit fünf Stunden Großmutter von Peter Fuchs (sie weiß es allerdings noch nicht … ein Telegramm könnte sie erschrecken: heute nacht zwei Knäblein … ein Eilbrief wirkt schöner, denn geruhsamer), hat doch immer neu der kleine, größer und ausgewachsenen Cor berichtet: nach der Geburt muß das Zimmer verdunkelt werden und bleiben, und zum Essen bekommen wir Wöchnerinnen auf lange, lange hin einzig Wassersuppe mit Sago oder Milchsuppe mit Grieß.

Unverdunkelt (nur beileibe nicht drüber sprechen oder gar jubeln), sah Cor zu Mittag dem Tablett mit *nur* einem Suppenteller, einem einzigen Eßlöffel, und Terrinchen mit hervorlugendem Schöpflöffelgriff, ohne andre Erwartung entgegen: Wassersuppe mit Sago werde ich zu löffeln versuchen müssen, Milchsuppe mit Grieß aber nie schlucken können, *niemals*!

Was dann vor der jungen Mutter unverdunkelte Augen gebracht ward, ist Bouillon mit Eierstich, ein Napf voll Salzkartoffeln und dann auf einem Plättchen Suppenfleisch mit viel Schwarte dran. Und endlich – wäre Cornelie ländlicher gewesen, sie hätte sich davor bekreuzigt wie vor dem Teufel: Sauerkraut, Sauerkraut …

»O Schwester Maria Verona, … *das* mir?«

»Mögen Sie wirklich kein Sauerkraut essen, Frau Heynitz? Das ist gewiß nur Folge der Geburt! Sauerkraut ist nämlich prächtig für Sie und die in Ihrer Lage (zwei Kopfkissen unter dem Kopf). Jeden Tag eine Portion Sauerkraut …«

(Am jüngsten Tag wird einem sicherlich kein Sauerkraut vorgesetzt!)

»Ach Schwester Maria Verona, nie seit ich selber geboren wurde, konnte ich Sauerkraut willig essen und wurde dafür gestraft, gestraft, hart und bitter gestraft: Da, Krr Krr, hier noch drei Löffel mehr auf deinen Teller. Und hinaus mit dir, bis du alles auf der untersten Flurtreppenstufe in dich gehäuft hast. Pack dich hinaus, hinaus mit dir! – Jeden Donnerstag war dies so, weiland in Hagenau. Doch hier zu München ist es heute erst Mittwoch und Sie bringen Sauerkraut an mein Bett! Nehmen Sie alles wieder mit …«

Doch Schwester Maria Verona trug nur das Sauerkraut mit sich fort.

Bouillon mit Eierstich waren sehr gut. Schwester Maria Verona nimmt befriedigt den leeren Suppenteller vom Bettischchen weg.

»Ist Wasser- und Milchsuppe nach den Geburten nicht mehr üblich?«

»Um Gotteswillen, wie kommen Sie auf diesen Unsinn!?«

»Meine Mutter sagte …«

»Die muß, mit Verlaub, schon Urgroßmutter sein …«

»Und warum, liebe Schwester Verona, wird das Zimmer hier nicht gegen das Tageslicht verdunkelt, ich meine, das Fenster dich verhängt …?«

»Können Sie nur im Dunkeln ein wenig jetzt schlafen?«

»Ich kann am Tag niemals schlafen! Nur: Meine Mutter sagte …«

»Was diese gesagt hat, liegt wohl bald hundert Jahre zurück, mit Verlaub …«

Cornelie bedient sich mit Salzkartoffeln und bekennt: »Vom Rindfleisch da esse ich, wenn es Dr. Hengge befehlen sollte, auch die Schwarte in mich hinein …«

»Guten Appetit, Frau Cornelie, ich darf doch so sagen? Ihr Taufname klingt mir so schön und so klar …«

*

Dort oben war es … denkt Cor (Gedanken sind das Schnellste neben dem Lesen), vor dem Eingang ins Gröbel-Kaffee. Und es schallte durch das unverhüllte Fensterglas in diesen Ahornbaum hinaus!

Mittwoch 16. IX. 1925 war es, neun Jahre ist's her. Er trug noch, mein Ahornbaum, sechzehn goldene Läublein. Ich sah diese Läublein an, sah aber nicht zu, wie sie zum mir unschaubaren Gartenrasen am Eck der Volkartstraße gefallen sind. Um ein Uhr, nach Suppenfleisch ohne Sauerkraut waren's noch zehn, gegen vier Uhr nachmittags nur noch drei, am Abend, nahe der natürlichen Verdunkelung der Erdenwelt vor der Fensterscheibe, sah Cor ernsthaft von ihrem Wochenbett her auf das einzigst verbliebene, einsam gewordene Ahornblatt, durch seinen letzten Tag goldener als golden geworden.

Ja, und am nächsten Tag war der Wipfel vom Ahornbaum im Fenster von Cornelie Heynitz so dunkel, als erwarte er trotz der Sonn' über sich Regen, nein, Frost und Schnee ...

*

Und Cor geht ins Kaffee Gröbel hinein. Tag für Tag, nur nicht am Sonntag tut sie's, ganz wie andere Frauenzimmer in ihr Büro.

Setzt sich in den hintersten Winkel an den vom Eingang allerentferntesten Tisch, seine Platte ist rund, kahl, gelbrot, denn aus Marmelstein ... legt ihre Mappe neben sich aud das gepolsterte Bänkchen, öffnet sie, bringt Kanzleipapier und den Füllfederhalter hervor, bettet (nicht betet) beiderlei vor sich auf den Marmelstein, halt: der Nachfüller der Feder muß auch herzu: da hätten wir alles beisammen!

Und Cornelie Heynitz sitzt einsam und schreibt ... schreibt, schreibt.

»Was schreiben Sie nur immerfort, als gäbe es kein Ende bei Ihnen?« Fräulein Veronika Bermüller, eine schon recht ältliche und sitzengebliebene Jungfrau, fragt stehend, nachdem sie die übliche Tasse Gröbelkaffee mit winzigem Sahnekännchen und zwei Zuckerstückchen, noch ohne hygienisches Papierchen rundherum, vor die erste, die früheste Morgenkundin gruppiert hat, beinah besorgt ...

»Prosa, Frau Bermüller« (Fräulein Veronika strahlt und forscht nun selbstbewußt weiter:)

»Prosa? Keine Verse oder sagt man Gedichte?«

»Prosa ...« antwortet Cornelie prosaisch und also trocken.

»Wann wird Ihre Prosa dann fertig sein?«

»Wenn ein neue beginnt.«

»Und alles hier bei uns im Kaffee Gröbel bei jedesmal nur einer Tasse Kaffee ...« (für fünfundvierzig Pfennige, das Trinkgeld schon mit dabei, macht Nele ein silbernes Fünfzgerl daraus und die Jungfrau Bermüller knickst devot und dankbar zugleich ...)

Und ein andermal sagt stehend die sitzengebliebene Veronika:

»Und alles bei uns, nein, bei *mir*! Haben Sie denn kein Zuhause für sich und alles das da ...«

»Doch, doch, Frau Bermüller, ein sehr schönes Haus. Aber dort geht dies da nicht ...«

»Dies da« wäre gerade das siebte Kapitel von ihm, «dem Major«. Warum geht es nicht, warum kann es nicht gehn? Solch Warum braucht nun doch sein Darum.

*

Dies Darum ist halt so geworden, erst gewesen, dann geblieben, Gewohnheit hält allzu fest.

Erst gab es im »Amei-senberg« ... dem der Straße fern gelegenen Haus Renatastraße 59a vom Erlös des Buches »Amei, eine Kindheit«, (pro broschierten Band sechsunddreißig Pfennig als Autorenhonorar) geplant und dann ausgeführt, ein wunderliebes Schreibzimmerchen zur ebenen Erde, rechts vom Wohnzimmer und Clemens' Bücherzimmer links von dem.

Der aufgeklappte Empiresekretär steht am Fenster in den Garten hinaus. Cor sitzt daran, am Fenster und Sekretär zugleich, und kann in ein Spiegelchen dahinten im offenen Mittelfach blicken, ähnlich dem, darin sie in Uelzen am sechsundzwanzigsten August neunzehnhundertsiebzehn Großmutters welkes Gesicht zum ersten und einzigen Mal hat lächeln sehn. Aber Cor blickt hier nicht in den Spiegel, sondern auf das Kanzleipapier, und bevölkert es mit geschriebenen Worten, Sätzen. Zeile folgt auf die Zeile und gibt so sichtbar hervor, was ihr inneres Leben bewegt, malt ab, was ihr innerer Spiegel ihr vorweist, ja so ist's.

Doch welch Getipp voll Heftigkeit, ja schier Zorn, fällt auf Cor's Schulter her (Cor schreibt doch mit der Hand, ist keine Maschine ...)?

Erschrocken blickt Cor, die Dichterin, erst neben sich ... nichts ... nun über sich, in Constanzes Gesicht hinein und liest ab: »Immer nur denkst du an dich und niemals an eure Kinder! Läßt sich nicht stören ... ich habe schon mehrmals auf deine Schulter getippt! Du aber tust, als täte ich's nicht!«

»Constanze, was möchtest du denn?«

»Mit den Kindern spazieren gehn, weil du selber 's nicht tust! Und weil der Himmel da draußen, guck' ihn doch endlich auch einmal an, so sehr trübe ist, wollte ich dich fragen: ziehe ich ihnen die Gummischuhe an oder nicht?«

»Wie *du* es meinst, Constanze ...«

»Ich bin für die Gummischuhe, aber wenn es nun doch nicht regnet …«

»Dann läßt es sich ohne Gummischuh leichter spazierengehn, laufen, hüpfen und so …«

»Dir liegt nur was am Schreiben! Ich habe es dir vor eurer Hochzeit da ja immer voraus gesagt: als schreibendes Mädchen, ja, und bildhauendes auch, solltest du das Heiraten bleibenlassen! Noch vor der Sakristeitür von St. Georg, vor eurer Trauung, hab ich dir mit diesem meinem erhobenen Zeigefinger gesagt: noch kannst du zurück …«

»Ich weiß, ich weiß, Constanze, und vorher neben dem Taxi und vorvorher schon, als ich mir eben den Myrtenkranz aufgesetzt habe …«

»Da hast du es! Und warum hast du mir nicht gefolgt …«

»Weil ich Clemens folgend durfte … Doch schau, Constanze: es regnet! Zieh den Kindern also die Gummischuhe an …«

Cor ist wieder allein und sie vollendet dankbar, es nun tun zu dürfen, den durch Constanzes Gummischuhfrage abgebrochenen Satz im »Major«. In nun getrockneter Tinte stand bis eben: »tragendür … « und in frischer Tinte stand nun wie befreit: »… fen, das trägt …«

Doch schon wieder Getipp, diesmal nicht auf Cor's Schulter, sondern unter Cor's Augen auf das Papier. Fast wird das feuchte »trägt« in Tinte verwischt.

Das Schreibzimmer Cors hat zwei Türen. Durch die eine war Ida Elisabeth Constanze Goretzki zum Glück weggegangen. Durch die andere Tür kommt sie wieder herein:

»Es regnet schon wieder nicht mehr, und nach dem Spaziergang mit den Kindern am Kanal kann ich noch einkaufen gehn. Was essen wir heute zu Tisch (Mittagbrot)? Ich frage nicht wegen dir. Dir ist ja alles egal, wie das meiste, was *uns* betrifft. Aber die Kinder …«

»Frikadellen mit Bratkartoffeln und Spinat …«

»Wir haben heute euren Freitag, den ihr ja berücksichtigen müßt. Meinetwegen kann es sogar Schweinebraten geben … «

»Pfannkuchen mit Apfelmus …«

»Anny hat Fenster zu putzen und keine Zeit mehr zum Apfelschälen.«

»Apfelstrudel …«

»Da sind auch ohne dich Äpfel drin …«

»Ach, Constanze, kaufe ein und laß Anny eben kochen, was du bringst, dir also gefällt …«

»Du da gefällst mir nicht! Da sitzt du, als lebtest du nur dein eigenes Leben. Ganz unmöglich, kaum mehr erträglich …«

(Bei Gott ist kein Ding unmöglich!)

»Hefenudeln, Constanze! Und was das Kompott betrifft, kannst du jedes in Dosen kaufen: Birnen, Kirschen, mit und ohne Kern, Aprikosen, ja sogar Ananas und Apfelmus …«

»Wieso?«

»In *Dosen*, Constanze, in Dosen …«

»Weil du natürlich nie an der Kinder Gesundheit denkst!«

Die Sekretärplatte, mit allem Drauf, Dran und Drinnen, erbebt. Gadda, wie Pittegrilli Constanze in seiner Erstlingssprache benannt hat, war nun doch zu ergrimmt darüber, daß Cor vor neun Jahren nicht das dreimalige »Noch kannst du zurück« befolgt hat. Sie warf die zweite Türe hinter sich ins Schloß. Durch die Constanze hereinkam, die blieb offen stehn.

Cornelie steht auf, schließt diese zu und kehrt zum Schreiben zurück. Ach Gott, wenn ich mich doch nur einschließen könnte! Doch wenn Not an den Mann, meinen Clemens, seine Kinder, gerät, hörte ich keinen Rettungruf, wäre wie scheintot im schon begrabenen Sarg …

Doch Cornelie liegt noch nicht scheintot: durch die Türe, welche Constanze zum Ausgang nahm, erscheint sie wiederum:

»Ich werde Schellfisch besorgen …«

Durch die andere Tür ist Constanze entschwunden.

Cornelie ist zu entzwei, aufzustehen und diese Türe ins Schloß zu legen.

Und kann nicht zu sich beschwörend sagen: Schreiben wir weiter: hier hörten wir auf …

Denn nach all dem Gehaben hat Cor keine Macht mehr in sich und über sich. Sie schraubt den Füllfederhalter zu. Es kommt ihr vor, als stöpsle ein ehrsamer Wirt die Rotweinflasche wieder mit Kork, die er doch eben aus dem Keller geholt und am Tisch eines vornehmen Besuchers geöffnet hat. Einladend hielt er sich über das Gastglas vorgebeugt: »Versuchen Sie es, mein Herr … er ist von meinem Besten …« Doch wer hat das Glas auf dem gedeckten Tisch fortgenommen? Und gleich dem Glas *auf* dem Tisch ist auch der Gast nicht mehr *am* Tisch vorhanden. Wehe, wehe, was stieg ich kellerhinab, kellerhinauf, hob den Korken mit dem echtsilbernen Zieher vom Urgroßvater Xaverius Fallscherer, Besitzer der Herberge an der Zollgrenze, aus dem schlanken, zerbrechlichen Flaschenhals …?

Cornelie legt die wenigen beschriebenen Blätter zu den zwanzigfach mehr unbeschriebenen Bögen zurück: »morgen, morgen, nur nicht heute« sagen die im erfolgten Fall nicht faulen, sondern gestörten und daher verstörten Leute.

*

Am andern Tag hat sich dies alles wiederholt, nur ging es diesmal nicht um Gummischuhe und »was kochen wir heute«, sondern zu einer weltbewegenderen Angelegenheit.

»Hör endlich einmal auf zu schreiben, und höre mir zu: Frau Wimmer (die Waschfrau) hat eben durch ihren Buben für morgen absagen lassen. Ich muß darum mit ihr telefonieren, da neben dir, rück' ein wenig zur Seite. Du hörst es ja nicht …«

»Warum?«

»Wir können doch nicht eine ganze Woche ohne frische Wäsche im Schrank vergehen lassen …«

»Aber, Constanze, vielleicht ist Frau Wimmer krank? Es liegt ja noch frische Wäsche genug im Salzburger Schrank …«

»Ich kann halbleere Fächer nicht sehn. Sie müssen gehäuft voll sein! Im übrigen, daß du es weißt, auch wenn du es nicht wissen willst: Eure großen Bettücher sind in der Mitte dünn geworden! Man muß aus zwei eins machen! Das hast du von deiner Ehe … (Wen tadelt Constanze? Die Leinentücher von Strunkmann & Meister zu Bielefeld oder Clemens und Cor?). Ich werde Frau Payerl anrufen, daß sie zum Auseinanderschneiden, Zusammensetzen und dann auch Stopfen kommt …«

»Unsre liebe Frau Payerl hat doch kein Telefon. Du mußt mir nur sagen, was ich ihr sagen soll … «

»Ich muß mich erst darüber besinnen. Du verwirrst mich immer. Dazu noch: Wewe hat vorhin dreimal hintereinander gehustet, wenn es nun Keuchhusten gibt …«

»Aber Constanze, alle haben ihn doch vor zwei Jahren in der Kratzerstraße schon gehabt …«

»Man kann ihn zweimal kriegen … Ich muß im ›Hausarzt‹ nachsehn … wenn nur Judith ihn nicht wieder verlegt hat, wie neulich …«

»Sie wollte ja nicht drinnen lesen, nur Stiefmütterchen pressen, dein, dies Buch ist wohl das dickste im Haus …«

*

Durch dieselbe Tür der Hereinkunft geschah Constanzes Entfernung: um durch die andere Tür, die zweite, wiederum zu erscheinen, als gehe es um den plastischen Figurenmarsch im Rathausturm überm Marienplatz (Glock Viertel nach elfe).

»Es ist kein Keuchhustensaft im Badezimmerschränkchen! Wenn du zu Frau Payerl gehst, frage vorher in der Lachnerapotheke nach, ich weiß den Namen der Medizin nicht mehr, zwei o oder u waren darin … und dann bring mir 60 Zentimeter Hutgummiband von Fräulein Bischof mit: die Hüte von Wewe und Ditha fallen immer von selbst hinten herunter …

Wewe hat sich schon drei Knoten in ihren Gummi gemacht! Wie kannst du deine Kinder nur so herumlaufen lassen?«

*

Unsichtbare Tränen laufen Cornelie über das starr und blaß vom wiederverlassenen Posten Gadda's abgewandte Gesicht: Clemens geht zur Arbeit aufs »Hochland«! Frau Wimmer kommt zum Waschen und um dessen Lohn von ihrer Wohnung zu uns in Neuhausen, Frau Payerl, um mit Schere und Nähmaschine aus zwei Bettüchern eins zu machen, über das Kanalbrückchen aus Gern zu uns her ... Alle gehen zum Arbeiten außer Haus ...O ihr preislichen Vorbilder von Cornelie Heynitz, Dichterin *geblieben* trotz Ehe und bisher vierfacher Kindergeburt ...

*

Schreibend und darin ganz (Gans) ungestört sitzt Cornelie an ihrem marmelnen Stammtischchen im Kaffee Gröbel, innerlich und äußerlich durchaus unbeteiligt am Dasein anderer Morgengäste, da, dort drüben.

Kalt wird natürlich der noch nicht ausgetrunkene Kaffee vor der schreibenden Nele in der Tasse mit liebesroter Inschrift »Café Gröbel«,1 Minute vom Rotkreuzplatz entfernt ... während drei Schreibstunden, ach ja.

Aber das Kartoffelfeuerlein im Ackersand von Cornelies Herzen, darin sie diese Erdfrüchte, diese Worte, setzt, ja, die Kapitel ihrer Prosadichtungen brät, läßt zartbraunen Rauch gen Himmel steigen: Dampf von kaltem Kaffee macht schön ...

Und der erste Prokurist Heinrich Gasteiger vom Verlag Bruckmann, Nymphenburgerstraße sechsundachtzig, zehn Minuten vom Rotkreuzplatz entfernt, der ein 10-Uhr-Pausen-Gläschen Vermuth genießt, sagt mit gedämpfter Stimme zu seinem Gegenüber, dem verwitweten Studienrat Dehring a. D.: »Je länger dort im Fenstereck diese seltene Cornelie Heynitz ungestört weiterschreibt, umso schöner wird ihr Gesicht, bis in die Haare hinein, ja bis in die Fingernägel, ich kann es nicht anders beschreiben.«

Cor vernimmt es nicht, liest es nicht ab, kann es nicht hören, hört ja einzig auf das, was sich in ihr regt, bewegt, zur niedergeschriebenen Handlung gedichteter Prosa gelangt. Reiner Rauch oder Dampf bei kaltem Kaffee hat auch diese Prosadichtung von Cor »schön« gemacht.

»Schöner als schön ...« sagen künftige Leser der Bücher, die im Kaffee Gröbel geworden sind, »am schönsten ist doch der Cornelie Heynitz ihr ›Singender Fisch‹ ...«

»Nein, schöner als der, ihr ›Major‹ ...«

»Den überragt ›Der schwarze Valtin und die weiße Osanna‹ ...«
»Nein, ›Die Übermacht‹ ...«
»Bewahre, ›Die Ansbacher Nänie‹ ...«
U. s. w., u. s. f. ...

*

Es muß gleich fünf Minuten nach zwölf Uhr sein.

Cor ist nah' dem Ende ihres »Majors«.

Um halber eins wird Renatastraße 59a zum Mittagessen gegongt. Cor selber hat den chinesischen Gong antiquarisch erstanden und in gerechten Gebrauch gebracht.

Komisch, Constanze zuckt die Schulter, die ein Winziges höher als die andere ist: warum gongt Cor, wenn sie es doch gar nicht hört? (Aber ihr hört, und ich sehe euch gerne hören!)

Cor setzt dem Füllfederhalter den Fußsack wieder als Hut auf. Sie kippt den restlich verbliebenen kalten Kaffee samt dem Kaffeesatz ihrem vollkommen vergessenen hungernden Magen zu und blickt, beim Niedersetzen der Tasse auf die saubergebliebene Untertasse, in Peters und Wewes rückwärts von Ranzenrändern gerahmte Schulkindergesichter hinein: »Da wäret ihr ja bei mir!«

»Mutter, die Schule war heut eine halbe Stunde früher aus! Dazu kommt Vater heute doch erst um ein Uhr zum Mittagessen! Hast du wieder was Schönes geschrieben?«

»Ich möchte es hoffen, Wewe ...«

»Wir hoffen und glauben mit dir, ach, schenk doch jedem von uns einen ›Menschenfresser‹ ... nicht wahr, du tust es ...«

Cor nickt.

Und schon fliegen zwei Ranzen ab und werden als Lehnenkissen auf zweierlei Stühle gestellt.

»Dürfen wir wirklich ...«

»Ja, ihr dürft!«

»Und wir werden es Gadda auch wieder nicht merken lassen, daß wir vor dem Essen zu Hause bei dir im Gröbel saßen und aßen ...«

Was?

Wie gesagt, je einen Menschenfresser, Spezialität erster Klasse vom Kaffee Gröbel: Zuckerguß mit schokoladener Bemalung machen aus der einen Biskuitkugel ein weißes Menschengesicht mit gefletschten Raubtierzähnen, Schokoladenguß mit Zuckerbrei am Konditorpinsel haben eine Negervisage komponiert, deren vom Lachen nackig gewordene Zähne noch grausamer wirken als des weißen Mannes Maulgeheg'.

Peter brachte jedes Mal einen weißen Menschenfresserkopf auf mittelgroßem Tellerlein aus der Verkaufsabteilung mit sich zu Cors Tisch. Wewe, selbst dunkel, trug ihren schwarzen Kannibalen herbei. Den Namen Menschenfresser und Kannibal hat ihnen Peter Fuchs gegeben. (Einst, hier heißt es künftig, nicht ehemals, setzt er seinen Doktorhut als Historiker unter summa cum laude bei Professor Franz Schnabel auf.)

Das Kaffee Gröbel jedoch nennt diese Menschenfresser, einerlei in welcher Rasse sie, eines Liebhabers gewärtig, in halbmeterlangen Reihen in der Auslage liegen, »Cremebiskuit«, denn statt Herz und Hirn der Menschenfresser füllt jedes der Häupter Schlagobers mit Mokka gemischt.

Peter Fuchs beißt in seinen Menschenfresser hinein, Wewe zerteilt ihren Mohrenkopf zierlich mit unechtem Silbergäblein und ist noch damit beschäftigt, als Peter die letzten Krumen vom weißen Kannibalen mit bespucktem Zeigefinger in sich entrückt, und, die eigenen Lippen überzüngelnd, erklärt: »Wie gut, Mutter, daß du nun immer hier und nicht zu Hause all deine Bücher schreibst, sonst würden wir ja keine Kannibalen bekommen, keine Menschenfresser, und die sogar vor dem ewig langweiligen Mittagsbrot. Du bist auch hier ganz anders wie andere Mütter sind, dem Himmel sei Dank dafür!«

Restlos …

Schon Dallala konnte zwei Worte nicht leiden, ein zweisilbiges und eins, das gleich dem Anruf des schönsten aller Worte, dem Wort »Gott«, nur eine Silbe hat: nett …

Woher und warum hat Dallala (Beweis, daß schon bei einem dreijährigen Kind Abneigung und Zuneigung sich unterscheiden), »Restlos« und »nett« nicht mögen, nicht ausstehn können?

Danach gefragt hat niemand. Was Dallala gedacht hat im Guten und im Argen, hat ja niemand interessiert. Als unerfragte Antwort sei nur gesagt: Am Sauerkrautdonnerstag zu Hagenau, Elsaß, Brunnenstubstraße 14, hat Dallala jegliche Woche (o Gott im Himmel, schaffe doch den Donnerstag ab …) während die anderen: Vater, Mami, Äulau und Susanne drinnen im Himmel »Eßzimmer« saßen, draußen im Flur als hinausgeworfene arme Seele auf der untersten Treppenstufe sitzen müssen, den Teller mit einem Mordshaufen erkaltendem Sauerkraut auf den zitternden Kinderknien und Mamis Befehl in den kleinen Ohren (die führten ins Herz hinein, o!): »Iß auf, Krr Krr, iß auf, restlos … sonst kommt noch eine dritte Portion auf deinen Teller da! Restlos … schämst du dich nicht … restlos …«

Und wie Dallala, überaus schmutzig vom heimlichen, singenden und betenden Begraben eines tot aufgefundenen Spatzen ins Haus kam, beide Händchen hatten sowohl als Spaten zum Graben der Grube gedient, als zum Abwischen der Kindertränen über das gestorbene Tierlein, das nimmer fliegen kann, wurde sie höhnisch lachend von der Zimmerjungfer in den Salon zur Begrüßung der Generalin von Strempel gewiesen: »Da hätt' ich dich endlich! Gnädige Frau ließen mich dich suchen … hi, hi! Die wird aber mal schauen!«

Ja, Mami, Peer Heynitzens Ehegemahlin, schaute: »Du siehst mir mal nett aus! Fort mit dir, fort, *sofort* mit dir hinaus! Laß dich umziehn und vorher waschen und kämmen! Aber zuerst schau in den Spiegel, gib acht, daß er nicht an deinem netten Anblick zerbricht …«

Der alte Flurspiegel ist nicht an Dallala zersplittert, zersprungen, er hatte wohl schon zu viel Unmögliches gesehn. Aber beinahe zerbrach Dallalas kleines Herz: »So sehe ich ›nett‹ aus? Nett ist fürchterlich! Gut, daß mein

Spatz tot war und mich nicht so sah!« (Daß Dallala ja erst durch des Vögleins Bestattung zum so netten Ausschauen kam, hat Krr Krr ja noch nicht erwägen können ...)

Restlos aufessen ... du siehst mir mal nett aus ... Die Abneigung gegen beide Wörter verblieb in der heranwachsenden Cor.

Als drittes verabscheutes Wort, nicht deutsch, doch leider im deutschen Sprachgebrauch viel verwendet, ja verschwendet, war und blieb die Behauptung: »intim«. (So sind nicht immer nur der guten Dinge drei, sondern manchmal auch der bösen: restlos, nett und intim.)

Restlos, nett und intim ... Wenn Cor eins davon abhören oder ablesen mußte, senkten sich jedesmal ihre Mundwinkel und es vertiefte sich auf ihrer Stirn die mittlere Querfalte, von der einmal ein Seelenkenner gesagt hat: »die sieht wie die Mordversuchsnarbe von Caspar Hauser, noch zu Nürnberg ihm angetan, aus«.

Aber einmal hat sich beim zweisilbigen Wörtlein »restlos« keiner der beiden Mundwinkel gesenkt, nein, beide Mundwinkel flogen in die Höhe, denn Cornelie Heynitz hat überaus herzlich gelacht. Und die Stirnfurche glättete sich dabei so sehr, daß sie wie niemals vorhanden erschien.

Ich kann es beschwören, bin ich doch selber Cor, Nele, Dallala und leider, leider Krr Krr.

*

Toni Wilich aus Königswinter, im schwarzen Wagen, vom getreuen Chauffeur Schwarz gesteuert, wohin sie nur zugleich bat und befahl, (in den Himmel fuhr sie dann hernach ohne Schwarz und das schwarze Auto, wenn auch ihre Familie ganz in Schwarz ihren Sarg umstand, umkniete, umweinte ...) verabschiedete Clemens und Cor just zu Immenstadt.

»Mein lieber Herr Dr. Fuchs, ist es Ihnen auch nicht zu ungelegen, von hier im Zug nach München zurückzukehren, weil ich hier herum bei meinem ehemaligen Beichtvater vier Tage zu Gast bleiben will, nein, darf?«

»Aber gewiß nicht, Frau Wilich!« spricht Clemens, »daß Sie uns Beide als Ihre Gäste mitgenommen haben, um so viel Neues im Alten zu sehn, zu erleben, so viel Schönes, läßt sich nicht vergessen und niemals recht bedanken ...«

Cor wiederholt es und fügt noch hinzu: »Maulbronns Brunnen, herrlichster Brunnen, den ich jemals gesehn, wird gewiß vor mir in der Ewigkeit rinnen und rauschen ...«

Händedrucke werden getauscht, auch mit Schwarz am Steuer, darauf er die gefalteten Hände ausruhen ließ.

Nun sind Wagen, Schwarz und Toni Wilich um die Landstraßenkrümmung, (selbst den Nasen nach, also geradeaus,) fort, nun totaliter hinweg.

Clemens und Cor stehn mitsammen, Cors kleines Straßburger Köfferchen zwischen sich, auf der sommerlich staubigen Straße. Über ihnen weist ein gemalter Zeigefinger an sonst geschlossener Faust, von hölzerner Tafel auf ehernem Pfosten befestigt, von sich hinweg mit der besonnten Unterschrift: Immenstadt 2 km.

»Warum nur, Cor, verlangtest du, daß wir hier schon abgesetzt werden, nicht in Immenstadt selbst, nahe vom Bahnhof, von dem unser Zug nach München geht, nein, fährt? Warst du so sitzsatt, willst du dir die Füße vertreten, zwei Kilometer in dieser Mittagssommerglut ist eigentlich kein Vergnügen!«

»Ich war nicht sitzsatt, ich dachte auch nicht, meine Füße zu vertreten ... nur ... aber verzeih mir ... es kam nur so über mich, daß wir hier aussteigen sollten, denn ich war doch schon einmal hier ... und da dachte ich ...«

»Gott behüte, Cor! Du warst schon einmal in und bei Immenstadt? Wann denn?«

»Ich weiß nicht ...«

»Etwa im Traum, wie dein Caspar Hauser behauptete, träumend in einem Schloß gewesen zu sein, oder gar in einem Palast, und dann davon Bericht gab, als wär' es die lauterste Wahrheit!«

»Kann Traum nicht die Wahrheit bergen? Denk doch an Joseph, Jakobs Sohn, die mageren Kühe, die fetten Kühe ...«

»Cor, Cor, ich bitte dich! Du verwirrst mich am hellen Mittag, dazu ist die zwölfte Stunde noch fern«. Clemens blickt auf seine Armbanduhr: »Fünf Minuten vor elf ... da lassen sich auch zur Nacht keine Geister sehn. Was guckst du? Ja, nun sehe auch ich ohne zu träumen das kleine Palais! Du schönes Schlößchen dort, als Schlußpunkt von diesem Alleechen aus Lindenbäumen! Wollen wir ein Endchen dort durch den Schatten auf- und niedergehn?«

»Ja, Clemens, bitte, bitte!«

Cor nimmt das Köfferchen auf. Es ist schwerer an sich selbst, als an dem, was darinnen steckt (für Clemens und Cor für drei Autofahrtage auf Toni Wilich's Einladung hin ...)

»Und nun wir am Schlößchen angelangt sind, Cor, so kehren wir wieder zusamen um ...«

»Nein, sieh doch, Clemens, das alte Portal steht offen. Gehn wir hinein.«

»Wen besuchen?«

»Niemand! Ich möchte nur in den kleinen gründamasttapezierten Saal ...«

Die Klinke vom Schlößchenportal gibt Cornelies seltsam zutraulichem Händedruck nach. Die nur angelehnte Tür geht auf soweit sie nur kann, und Clemens und Cor treten nebeneinander in das bezaubernde Schlößchen, Cor tut es mit kindlicher Sicherheit, Clemens mit Zögern, ja, beinah Bedenken.

Drinnen ist es kühl. Clemens nimmt seinen Hut ab. Cor trägt das Straßburger Köfferchen ganz zuversichtlich vor ihm die schöngeformte Marmortreppe hinauf.

»Wo willst du hin, Cor, wo hinaus? Wir müssen uns doch erst irgendwo als Fremde anmelden!« Ah, da wäre ja ein alter, echter Lakai: »Meine Frau wollte das Schlößchen so gerne besehen ... wir kamen zufällig vorbei (vor Gott gibt es keinen Zufall!) ...«

»Die Herrschaft ist eben verreist ...«

»Gibt es hier Eintrittskarten?«

»Nun ja, es gibt ... doch Sie können's umsonst besuchen, besehn, soll ich sie führen?«

Doch Cor geht schon ganz geruhig und ohne jedes Zeichen von Neugier beiden Männern voran und sagt sacht: »Siebenundzwanzig Stufen muß diese Treppe haben ...«

»Sie-ben-und-zwan-zig?« Clemens kehrt wie bestürzt auf der halben Treppe, die just einen unübersichtlichen Knick macht, um, bis zur untersten Stufe, und steigt zählend wieder hinauf, beide Male am alten Diener vorüber.

Nun wäre Dr. Friedrich Fuchs fast oben, wo Cornelie wartend steht:

»... vierundzwanzig, fünfundzwanzig, sechsundzwanzig, siebenundzwanzig, du hast recht, Cor, siebenundzwanzig ... Wann hast du diese Stufen jemals gezählt ...«

»Ich weiß nicht ...«

»Auch wo im Traum? Wann nur hast du geträumt?«

»Ich weiß nicht ...«

»Sie, Herr Hausmeister, verzeihn Sie, ich wollte Haushofmeister sagen, kennen Sie meine Frau?«

»Nein, mein Herr ...«

»Wie lange sind Sie hier im Schlößchen?«

»Achtundfünfzig Jahre ...«

Cor ist doch erst vierunddreißig alt ... doch nun nicht mehr zu sehn. Sie legte ja wie nach sehr alter Gewohnheit einen Flügel der Flügeltür, sechs Schritte vom Treppenende nach oben. Treppenbeginn nach unten, ins Innere hinein.

Und nun steht Cor in einem bezaubernden, gründamasttapezierten Sälchen mit acht Fenstern um sich herum.

»O meine Dame, ich habe zu lüften vergessen ...« der alte Diener öffnet der Reihe nach alle acht, nach außen gebogen verglaste Doppelfenster vom Sälchen ... also zweiunddreißig Flügel, als wäre das Sälchen ein Cherubim.

Welch himmlische Aussichten! Alle acht ganz verschieden voneinander.

»Steht der Eschenbaum noch am Ende vom Taxusgang hinter dem Schloß?« hat Cor den Diener gefragt.

»Nein, der Herr Graf hat ihn letztes Jahr fällen lassen ...«

»Warum? So viele Nester waren drin ...«

»Ein Diener weiß doch nie, warum der Herr was befiehlt!«

»Und die drei kleinen Bibliothekregale sind auch nicht mehr hier an der Wand ...«

»Der Herr Graf hat die alten Scharteken verkauft, was sollte er damit auch tun ...«

»Und das Spinett hier zwischen den beiden Fenstern ...«

»War verstimmt! Herr Graf haben ja auch nie darauf gespielt, spielen mögen, Frau Gräfin auch nicht ... «

»Hast *du* etwa darauf gespielt, Cor?«

»Ich weiß nicht, Clemens, ich hätte ja dazu hören müssen, dürfen ... und höre nun bald dreißig Jahre nicht mehr ... Wird noch hier im Sälchen getanzt, Herr ...«

»Sebastian Böttcher! Getanzt? Hab's niemals erlebt ...«

»Und das schneeweiße Hündchen?«

»Warten Sie einmal ... ist schon zwanzig Jahre tot!«

»Die zahme Nachtigall, in und außer dem Bauer, sie sang so süß ...«

»Fiel dort vom oberen Spiegelrahmen herab. Wissen Sie, so lag sie auf dem Rücken, die Füßchen ans Federbäuchlein gezogen, die Flügel für immer umsonst ... Just als ich vier Tage im Haus war (achtundfünfzig Jahre minus vier Tage ist's her) ...«

Clemens überläuft nun doch eine Gänse-, nein, in seinem Fall eine Gänserichhaut.

»Haben *Sie* die Nachtigall dann begraben?«

»Ich nicht, des Herrn Grafen Söhnlein von anno dazumal, dann hat es vor Verdun fallen müssen ...«

(Siehst mir mal nett aus, Krr Krr!)

»Und keine neue Nachtigall?«

»Nein ...«

»Aber der perlengestickte Klingelzug hängt doch noch hier ...«

Cor lächelt zufrieden.

Clemens aber überläuft nun ein Schauder nach dem andern:

»Ich flehe dich an, Cor, gehn wir wieder. Es ist entsetzlich: wie du hier zu leben beliebtest, war ich selbst noch gar nicht auf dieser Welt ...«

»Ich doch auch nicht, Clemens ...«

»Was redest du dann von längst gewesenen Dingen ... Zeiten? Hier, Herr Böttcher: nehmen Sie dies als ›Bedanke mich‹, auch für meine Frau ...«

»Wollen Sie nicht auch das Schlafkabinett sehn, die große Bibliothek, den Salon, meine Dame, mein Herr ...«

Aber Clemens riß Cor mit sich aus dem gründamastenen Sälchen, die siebenundzwanzig Stufen hinunter, durch das offengebliebene Schloßportal, dann durch das Lindenalleechen, nun am Wegweiser: »2 km bis Immenstadt« vorüber, unter dem linken Holzplattenrand droben fort. Wortlos, ja, blicklos für Nele, die ihr Köfferchen immerfort geduldig mit sich trägt ... bis sie mitsammen auf dem Marktplatz zu Immenstadt füßlings gelandet stehn.

Clemens hatte den Hut durch alle zwei Kilometer wieder auf den Scheitel gesetzt, Cor aber stellt nun das Köfferchen auf das Marktplatzkatzenkopfpflaster hin.

Clemens blickt nun erst Cor wieder an. Die Kirchuhr von Immenstadt läßt justament hören und sehn: zwölf Uhr Mittag auf die Minute (beileibe nicht Mitternacht!).

Und Clemens aber zerrt aus sich hervor: »Und dann sagst du immer, Cornelie, wir leben nur einmal! Nimm es hier auf dem Marktplatz von Immenstadt gleich zurück!«

»Nein, Clemens, warum soll ich's, wie kann ich's ...«

»Darum, weil du noch vor fünfzig Jahren da hinter uns im Schlößchen gewesen sein willst ...«

»Aber als was nur?«

»Als Eschenbaum, als Nachtigall, als weißes Hündchen, Spinett, Bibliothek ...«

»Aber ich weiß doch nichts mehr ... ach, Clemens, verzeih mir ...«

»Aber vielleicht weißt du doch, ob ich damals dein gräflicher Ehegemahl war ... «

»Ich weiß das wirklich nicht ... ach, Clemens, ich sag dir's ja oft, immer wieder das gleiche: ich weiß mit deinem Sokrates, dem heidnischen Vorläufer Christi, zusammen, daß ich nichts weiß, nichts ...«

»Nun, dann gehn wir endlich was essen ...«

Da ist hier am Markt von Immenstadt ein »Goldener Ochse«: groß, sauber, es raucht der Dachkamin ebenso pompös wie geruhsam, das Essen, unser Essen, wird eben gekocht ...«

»Komisch, seltsam, wunderlich, skurril, nein, wirklich nett: ich habe Hunger und selbst durch dich nicht den Appetit verloren. Gehn wir essen, du hinter mir, nicht voran, noch einmal folge ich dir heute nicht mehr, selbst nicht, wenn's in die Ewigkeit ginge, da bleib ich besser für dieses mal draußen stehn!«

*

Beide bestellten sich jeder ein halbes gebratenes Hähnchen mit Kopfsalat, dazu Mineralwasser in einer großen Flasche ...

»Das Wasser lag auf dem Eis!« offenbart der Oberkellner vom »Goldenen Ochsen« dem so besonders netten Gästepaar und seinem Köfferchen unter dem Stuhl, darauf die junge Frau sitzt.

»Wünschen Sie vielleicht, daß ich Ihnen das Kursbuch bringe, bis das Hähnchen gebraten ist? Dürfte ich wissen, wohin?, einige Nummern weiß ich auswendig ...«

»Nach München zurück ...«

»Ein Uhr zweiundfünfzig ... Sie dürfen sich auf mich verlassen ...«

Clemens und Cor verlassen sich auf den Ober vom »Goldenen Ochsen« ... und nun schneiden, nagen und kauen sie jeder sein halbes Hähnchen, der Salat ist gut, das Mineralwasser herrlich kalt. Das Fenster vom Gasttisch steht offen hinaus, auf den sonnigen Marktplatz von Immenstadt.

Für Clemens liegt das durch Cor verrufen gewordene Schlößchen nicht mehr nur zwei Kilometer fern, sondern, o Glück, so viele Meilen weit, als der Äquatorring um das gesamte Erdenrund geht. Gott habe Dank!

»Du, Clemens, da drunten vor unserm Fenster sitzt ein schöner Hund. Macht Männchen und spitzt die Ohren und blickt zu uns rauf! Wenn wir ihm nun unsere Hühnerknochen anbieten?«

»Gut, Cor, aber laß an deinem Knochen nicht so viel dran!«

»Ach Clemens, wenn er nun Hunger hat? Seine Männchen werden immer schöner! Selbst Hundedank ist ein richtiges Geschenk ...«

Die federlosen Knochen fliegen zum Marktplatz hinaus, hinunter.

»Kellner, zahlen ...«

Wunderlich, wunderlich: ob der Ober vom »Goldenen Ochsen« wohl zuviel außer der Reihe getrunken hat? Dauernd verzählt er sich beim Herausgeben des Geldes und nun trug er schier taumelnd die völlig leeren Teller mit sich davon.

Der vergnüglich gesättigte Hund ist nicht mehr unter dem Fenster, an seiner Stelle macht sich die Sonne von Immenstadt breit.

Richtig, der Zug nach München läuft sogar eine Minute vor ein Uhr einundfünfzig im Bahnhof ein, ein Uhr fünfundfünfzig verläßt er den Bahnhof und eilt München entgegen, samt Clemens, Cor, das Straßburger Köfferchen als Drittes im Bunde (hätte Erinnerung darin rechtes Gewicht, Cor könnte es nicht mehr tragen, ach nein …).

Und hätte Erinnerung in unserem Herzen greifbare Größe und gerechtes Gewicht, es spränge unser Herz wohl schon in unserm zweiten, spätestens dritten Lebensjahr für immer entzwei.

*

Das ist neunzehnhundertdreiunddreißig gewesen, im Juli, ich glaube mich zu erinnern, am sechsten oder war es der siebte, dazu auch an einem Donnerstag (einst Sauerkrautmartertag für Dallala oder Krr Krr).

Nun sind wir im frühen Dezember, vier Jahre später, also nicht mehr oder noch nicht im Sommer, sondern zur Winterszeit.

Cor hat Clemens per Eisenbahn nach Immenstadt und dies zu einem Begräbnis begleitet. Begraben wurde der verstorbene Philosoph N. N. (er hatte mit Dr. Friedrich Fuchs mehrmals beruflich korrespondiert, und Cor einmal aus Dank für ihren »Yves« sein photographisches Bildnis geschickt, mit hintendrauf (en face war kein Platz dafür): Sehe ich nicht ganz Ihrem Dr. Eugen Verneuil ähnlich, er könnte mein Zwillingsbruder gewesen sein …

Der Tote wurde nach zweiundneunzig Lebensjahren bestattet, war längst vergessen, so gaben ihm außer Clemens, Cor, dem Priester, dem Küster, dem Totengräber mit seinem Spaten über der Schulter nur noch vier greise Leute das letzte Geleit. Und drückten sich untereinander zum Beschluß wortlos die Trauerhände, Handschuh den Handschuh, nur Cornelie und der Totengräber (der soll auch als Leichenbitter ertragreich zu dienen sich untergangen) trugen keine Handschuhe, so geriet der Händedruck zwischen beiden, Cor und Leichenbitter samt Totengräber wärmer, herzlicher und lebendiger als zwischen dem übrigen Totengefolge.

*

»Gehn wir essen …« sprach Clemens hernach, »unser Zug fährt erst ein Uhr zweiundfünfzig …«

»Sogar an den Kursbuchinhalt von vor vier Jahren erinnerst du mich, Clemens, und an …«

»An das erinnere mich bitte nicht mehr … gehn wir dort wieder hinüber zum ›Goldenen Ochsen‹, zum zweiten Mal über den Markt weg hinein!«

Es geschieht durch und über Schnee, nicht über heißbesonntes Katzenkopfpflaster.

Im getäfelten Goldochsenflur legen Clemens und Cor Mäntel und Hüte ab. Dr. Friedrich Fuchs steckt das Traurigkeitshandschuhbündel dabei in die rechtshändige Manteltasche.

Der herbeigeeilte Ober wollte bei der äußerlichen Garderobenablegung helfen …

Doch so, als wäre Cor's Mäntelchen für ihn ein unberührbarer, brennender, flammender Zunder, riß er die Hände fort an sein fracküberkleidetes, weißbewestetes Herz und stürzte davon, noch ohne jede Bestellung der beiden Fremden, zur Ochsenküche hinein, ganz und gar wie von tollwütigem Hunde verfolgt und bedroht.

Die große Küchentür geradeaus als Ende vom Flur läßt er weit offen hinter sich stehn.

Cor blickt erstaunt, ja bestürzt: »Was ist mit einemmal in unsern Ober gefahren …«

Clemens aber bricht in ein wahrlich niemals von Cor vorher erlebtes Gelächter aus …

»Warum lachst du so und gar nach einem Begräbnis? Da gibt es doch nichts zu lachen!«

»Aber doch, aber doch, meine Cor! Ich hörte ja, hörte auch für dich mit, ›Glücklicherweise‹, muß ich gestehn …«

»Was?«

»›Wirt! Wirt!‹ schrie der Ober in die goldene Ochsenküche hinein und stürzte wie ein Komet seinen eigenen Meteoren nach:

›Wirt, Wirt, da wären die Beiden wieder, die vor vier Jahren zur Sommerszeit unsern ›Ochsen‹ betreten haben. Und bei uns … Wirt, Wirt … um Gotteswillen … und auch bei mir … das ganze Brathuhn *restlos* gegessen haben …‹«

Restlos … Selbst Cornelie bricht in ein helles, sogenanntes Göttergelächter aus, dies eine Mal mißfiel ihr das verächtliche Wörtlein nicht, nein, es hat ihr mächtig gefallen.

Der Spucknapf und der Dichterpreis

Cor hat heut nicht im Kaffee Gröbel Prosa verfaßt, also niedergeschrieben. Es galt dafür im wahren Herzen der Stadt Minka dringende Besorgungen zu machen (Eugenie Fuchs, geborene Seyler aus Deidesheim, sagt dazu »in Commissionen gehn«).

Cor führt viele Päcklein am Schnurknoten oder gar an dahinein gebundenen hölzernen Stäbchen (meist sind die aus Kiefernholz gedrechselt. Von wem? Vielleicht im Zuchthaus von lebenslänglich »Gefangengesetzten«. Doch ist nicht unsre Seel' lebenslänglich eingekerkert und zur Arbeit eingesperrt?) an beiden Händen mit sich, und dafür weniger Geld in der Geldkatze (ei, warum Geldkatze und nicht Talerhund?).

Aber war nicht das eine und das andre vorausgegangen?

Nun, jetzt heißt's die Trambahn nach Gern, Linie 4, hier zu erwarten.

Zu Fuß ist's zu weit (am weitesten ist es und bleibt's oder war's nach dem ewigen Zuhause, dahin keine Tram, kein Auto, kein supermodernes Flugzeug verkehrt).

Just wie Cornelie Heynitz dazu die nötige Warteinsel betrat, kehrte die abgefahrene 4 ihr den zuckelnden Rücken zu, und ein kleines Kind auf den Armen von gewiß seiner Großmama (die Mutter hatte sich sicherlich drinnen einen Bankplatz erobert), winkte Cor lächelnd hinter und durch die letzte Tramglasscheibe zu. (Wer hat das Menschlein dazu aufgefordert? Etwa sein Engel oder der von Cornelie oder alle beide? Alle Engel sind ja verbrüdert.) Dankend, bis die 4 um die Ecke war, grüßte Cor das Kindlein mehr wie sehr …

»Fräulein, Sie sind aber mal kinderlieb!« – Ein alter Herrenmann, Männerherr, redet Cornelie lobend wie ein Schulmeister das Schülerlein in der dritten Bank vor sich an.

»Sind Sie doch nicht kinderlieb? Oder hab ich Sie überfragt? Will's mir selber überlegen, da in der 11 …«

Mit der 11 kann Cornelie nicht fahren. Schon rattert die von der Warteinsel geradeaus dem Sendlingertorplatz zu. Diesmal kein winkendes Kindlein als Schlußpünktlein mit sich nehmend (oder sind »Gänsefüßchen« damit gemeint?).

Dennoch blickt Cor der hinwegfahrenden 11 aufmerksam nach und winkt im Geist dem alten Herrenmann, Männerherrn zu. Ob wohl der drinnen einen Sitzplatz gefunden hat, und nicht am Rückblickfenster zu stehen gezwungen ward?

Durch Entfernung klein, kleiner am kleinsten geworden, ist die Linie 11 für Cor nicht mehr zu sehn.

Dafür stellt sich nun drüben, dorten, der »Spucknapf« in Cornelies Blickfeld, und leiert ihr lautlos seines Daseins Legende vor:

Ludwig I. Gemahlin Therese, gegen den eignen Ehemann rührend gütig, wenn gewiß auch oft unter verschluckten oder verheimlichten Tränen, war von Geburt her protestantisch und wollte und konnte nichts anderes werden. Hatte sie Ludwig darum angefleht oder sprach ein Haufen Pastöre an ihrer statt auf ihn ein, oder sein eignes Gewissen? Nun denn: Er ließ ihr eine evangelische Kirche bauen, und dies von Klenze, dessen Entwurf dem zweiten König von Bayern durchaus nicht mißfiel: ein erhabener florentinischer Turm erhob sich, wie ein okulierter Zweig aus der Wandung vom steinernen Kirchenrund entwachsen, vor Cornelies Blicken in den Münchener Dunstkreishimmel hinauf. Ob der Turm wohl groß genug war, über den Dunstkreis der Großstadt hinaus zu gelangen?

Cornelie glaubte hier an ein Ja!

War es stumme Auflehnung der gläubigen Münchener Bürger gegen das evangelische oder protestantische, also protestierende Gotteshaus der Königin Therese (sie starb just an der Cholera, der sie auf ein halbes Jahr nach Aschaffenburg mit der ganzen königlichen Familie ausgewichen war …): die Münchener nannten St. Matthäus den »Spucknapf«. Gleicht es denn nicht heute noch dem einstigen, nur für Männer aufgestellten Möbel, in jedem besseren Haus mit Sand oder Sägespänen gefüllten runden fußlosen Napf, Durchmesser so 40 cm – und diesem in hölzernem Rahmen eingelassenen Deckel (viele Töchter oder zuvor schon die Gattin des Hausherrn hatten den Deckel mit Perlenstickerei auf Stramin zu einem unverwelklichen Blumenrondell gemacht)?

Dort aber, wo das Rund (o Form der Vollkommenheit) der Zimmer-, Stuben- oder Saalwand am allernächsten war, erhob sich vom äußersten Kreis ein Stecken und Stab (o Erinnerung an die Psalmen Davids: Dein Stecken und Stab tröstet mich!), mit metallnem oder porzellanenem Knopf, oft mit einem Medaillonporträt des Hausvaters oder des derzeitigen Königs bemalt: o du sprechender Schlußpunkt (beim kirchlichen Spucknapf regiert von unten nach oben, von oben nach unten alleine das Kreuz!)

Darauf nun drückte sich's mit schwacher oder gefestigter Hand. Und am Druck erhob sich der Deckel vom Napf gegen den Stab, diesen Tröster

(Druck durch unser Geschick kann auch uns selber erheben!) und er (niemals war's eine Sie! – denn Frauen geht wohl allzuoft jede Spucke aus ...) er spie zufrieden die Sammlung seines Speichels in den Sand oder Sägemehl. Ließ den Finger dann vom obersten Knopf oder Kreuz, und klapp: Der Spucknapf war wiederum zu.

Cor aber auf ihrer Warteinsel, immer die Augen an den Turm von St. Matthäus, den »Spucknapf«, gehängt, gebunden, nein angeschmiedet, steht mit einemmal wie Roland der Riese am Rathaus zu Bremen standhaft und stumm.

Denn in ihr wird im ernsten Schauen und lächelndem Atem, ohne um das Tun oder Lassen zu wissen, das zwölfzeilige Gedicht:

Der Turm, der dir zu Häupten steht,
Fängt wie ein Zweig zu schwanken an –
Wenn jetzt die Erde untergeht?
Was tust du dann?

Wenn jetzt der Stein der Straße birst –
(Zum Weg der Seele ohne Sinn)
Und du zur Tiefe stürzen wirst,
Wo fällst du hin?

(Nicht Kreuz noch Hügel dich bedeckt,
Bist ohne Faden als Gewand ...)
Zum Abgrund oder sanft erweckt
In Gottes Hand?

*

Mit der nächsten 4 nach Gern, also nach Hause gefahren, gekommen, schrieb es Cornelie aus dem buchstabenlosen Gedächtnis auf.

Und wie von Helene Raff aus den »Münchener Neuesten« die handschriftliche Bitte kommt um eins oder einige ihrer letzten Gedichte für das Feuilleton, das Helene Raff untergebene (wer sich ergibt, siegt!), schickt ihr Cornelie siebenerlei Verse, die »Besorgte Frage« mitten drin.

In der Samstagnummer – Cor spricht es noch oft als Nummer vom Sonnabend aus (wer kann auch was für den Ort der irdischen Herkunft? – in Hamburg wird nach Freitag der Sonnabend, in München der Samstag verlangt, also festgesetzt), kann wer, lesen will, »Die besorgte Frage« vernehmen oder ungereimt an sich selber stellen.

Helene Raff hat dann selbst (nicht durch Sekretär und Maschine, sondern handschriftlich) geschrieben: Ihre besorgte Frage ist auch die meinige. Die heutige Welt kommt mir vor wie ein Beet, das nimmt nicht mehr Tau und Regen des Himmels an, sondern läßt sich, o Gott sei barmherzig, aus eigener Wasserleitung begießen. Unkraut schießt daran in die Höhe, die Blumen aber, denen zuliebe das Beet entstand, umgegraben, gedüngt und gejätet ward, ersticken in sich. Sie werden darum, als wären *sie* das Unkraut, geräutet, weggeworfen, und wo zuviel ihrer sind, fruchtlos verbrannt. Das echte Unkraut aber wird an Spaliere und Nelkenstäbchen gebunden, gepriesen, geadelt, zu Gartenbauausstellungen gesandt, und mit Medaillen prämiert. (Was sich auf den Medaillen befindet, erwähnt Helene Raff nicht: sie weiß Cor darum wissend, es ist ja das Hakenkreuz).

Cor kann nicht anders (unerwartet erhaltener Dank macht sie dankbar): In Bogenhausen weiß sie eine Gärtnerei, bei der einer oder eine wie im Dachauer Schloßgarten sich die zu schneidenden Blumen selber bestimmen darf. Und kosten tut der köstliche Strauß so wenig, daß es zum Lächeln, nein, kindlichen Lachen verführt.

*

Cor reicht Helene Raff privat in ihrer Wohnung, einem Mietshaus in der Mauerkirchstraße, fast gegenüber der Hallgartschen Villa (Ricci Hallgarten liegt nun neben dem Vater unterm Grabstein mit dem großen Bronzerelief, das Cornelie Heynitz, von Ricci darum gebeten, 1925 kurz vor Peters Geburt erdacht und gebildet hat), den herrlichen Blumenstrauß.

»Liebste Cor Heynitz ...«, Helene Raff, eine kleine, nicht unbeleibte ältliche Dame – Geist, Verstand und das schönste, was es nur gibt: Liebe ... strahlen ihre daran junggebliebenen braunen Augen aus ... »Sie sind wohl immer noch unaufhörliche Verschwenderin von Ihrem erlangten Dichterpreis?«

Cor sagt: »Nein«! – und das ist fürwahr keine Lüge. »Es ist noch immer sehr viel, beinah alles vom Münchener Dichterpreis da ...«

*

Dichterpreis?

Ja, den hat sie (»hat sie« klingt fast wie »hatschi« und darauf schickt sich der Ruf »Zur Gesundheit!« – Cor hat diese Ähnlichkeiten längst erkannt).

Wer den Dichterpreis hat, der bekam ihn. Alles »Bekommen« braucht eine austeilende Hand, sei diese nun sichtbar oder unsichtbar.

Gottes Hand ist nicht zu sehn, oft, ja, fast immer aber nimmt sie die

Menschenhand zum Gehäus' ihrer selbst, (wie die Seele, die unschaubare, den Menschenleib).

*

Cornelies Natur blickte niemals nach einem Preis aus, welch echtes Gänseblümchen schaut auch nach einem solchen aus, es blickt und blüht in sich, wie sich's gehört.

Daß München, diese Stadt, die sich selbst in gar Vielem für maßgeblich hielt, einen Dichterpreis ersonnen hat ... Cornelie Heynitz hat wahrheitsgemäß nicht darauf geachtet, oder sagt »man« (also Mann und Frau in einer Silbe geprägt) hier etwa »reagiert«?

Den erstmaligen Münchener Dichterpreis bekam Hans Brandenburg in Gestalt von 3.000 Mark.

Cor kennt Dora Brandenburg-Polster, nicht persönlich, doch durch ihre wunderschönen Schattenbilder zur Ausgabe der »Rose«: Märchen der Brüder Grimm.

Vielleicht gar auf diese Weise viel, viel besser, höher und tiefer, als wenn sich Dora und Cor die Hände geschüttelt hätten. Von Hans Brandenburg aber las Cor noch nichts.

Den zweiten Münchener Dichterpreis, natürlich wiederum 3.000.-, erhielt Wolfgang Seidel. Für sein »Leberecht Hühnchen« nur allzu begreifbar und begrüßenswert nach allen vier Himmelsrichtungen hin.

»Aber Cor, Cor, Nele, Dallala, Krr Krr, bist du dumm! Der Verfasser vom »Leberecht Hühnchen« ist schon sehr lange tot, mindestens X Jahre (soll das zehn Jahren heißen?) ...«

»Und dieser Wolfgang wäre also sein Sohn?«

»Nein, Neffe oder so ähnlich, Cor ...«

»... doch immerhin wird er ein Schatten vom Hühnchen sein (Schatten kann Licht und Wärme in einem bedeuten), ist also wie ein Ei gelegt worden, bebrütet und dann ausgekrochen ...«

»Cor, Cor: jedes Ei ist eine Sache, ein Leben, für sich, aus sich ...«

»Aber ohne Hühnchen kein Ei ...«

»Mach keine unartigen Witze ...« (das Natürliche, also die echte Natur, macht keine Witze, dafür aber hat sie »Humor«).

Den dritten Dichterpreis Münchens (einst Hauptstadt vom Königreich Bayern ... das Königreich ist hin, die Hauptstadt aber blieb stehn ...) empfing Josef Magnus Wehner, wiederum 3.000.- (damit hätten wir alle neune!).

Die begonnene Verleihung vom Münchener Dichterpreis wiederholte sich jedes Jahr ... Viele Seelen und Hirne in München und so drumherum, wie Ring aus Ring um einen im Wasser versinkenden Kieselstein, fragen wohl hörbar oder verschwiegen: Wer wird den nächsten Dichterpreis erhalten, kriegen, bekommen?

Unter solchen Fragenden war Cornelie Heynitz bestimmt nie dabei – was außerhalb ihrem Leben, ihrem Weg geschah, geschehen mußte, ging sie nichts an …

*

»Cor, Cor, hör' einen Augenblick auf, für Pittegrilli, Wewe und Ditha Laterna-magica-Hinterglasbilder zu malen. Leg' deinen Pinsel nieder! Lies dafür dies da! Hier …«

»Wozu? Und gerade jetzt?«

»Weil es dich angeht!«

Die auseinandergeschlagene und um eine bestimmte Stelle wieder gefaltete »Münchener Neueste« trennt, von Clemens' Händen gehalten, Cornelies Augen vom 15 x 4 cm großen, schon von buntem Papier zierlich eingefaßten Glasscheibchen, dem Farbenteller, dem ehemaligen Senfglas voll Leitungswasser, erst vor einer halben Minute frisch in der Küche geholt.

Und Cornelies Augen teilen Cornelies Herzen lautlos das von ihnen Gelesene mit:

> Zur Kenntnisnahme all' unserer Leser:
> Als erstmalige Inhaber*in* des Münchener
> Dichterpreises zeichnet Cornelie Heynitz –
> Austeilung der 2.000.- Mark
> … am … in … um …

2.000.- … oha, noch sind die Frauen nicht vollkommen gleichberechtigt mit den Männern zwischen Geburt und Beerdigung!

Cor läßt, für sie selbst nicht sichtbar, unter der ihr vorgehaltenen Zeitung den Pinsel fallen. Er durchstreicht mit dem Restchen von nassem Rot das Gesicht eines Hinterglasbildbübchens, das aus einem gemalten Schnekkenhaus herauslugt.

Hat es Cornelie verspürt? Muß sie dem Bübchen helfen? Sie schiebt die Zeitung zurück, zieht ihr Taschentuch aus dem linken Ärmel beim Handgelenk, trocknet dem Bübchen die blutige Träne und spricht: »Ach, Clemens, welch Unsinn, sollte es etwa ein Druckfehler sein?«

»Die Briefpost wird dir die Richtigkeit von dem da wohl noch heute beschwören …«

»2.000 Mark, 2 x 1000 Mark, 20 x 100 Mark!« Cor klatscht in die

Hände, daß sie es selber knallen hört, das heißt als kurzen Hirnschmerz verspürt.

»Peter! Esther! (Ditha schläft noch ihren Mittagsschlaf...), was wünscht ihr euch? Was soll ich euch schenken?«

Hat Cor zu laut gerufen, zu hallend in die Hände geklatscht? Viele Gestalten drängen sich zu beiden Türen herein.

»Nun, wenn ich mir wünschen darf, was ich will ... o Mutter, noch mehr Erzgebirge, noch viel mehr! Dreimal noch eine Arche Noah, dann haben wir vier, und einen Elefanten extra, denn dem einen, lieben, brach gestern das linke Hinterbein ab und der Rüssel vorne dazu. Ach, Mutter, denkst du noch daran, neulich in Hellabrunn war der Rüssel noch an dem alten Elefanten dran und riß der dicken, alten, häßlichen Dame den Taschenspiegel fort, der fiel in den Festungsgraben ...«

»Ach, Mutter, kann ich noch ein Püppchen bekommen, wenn ich mir noch ein Kind wünschen darf und du es erlaubst ...«

»Und du, Constanze, was wünschst du dir?«

»Nichts, wozu auch ...«

»Daß du dich einmal freust ...«

»Ich habe keine Zeit, es mir auch nur auszudenken ...«

»Ditha schläft ja noch ...«

»Ich habe zu stopfen!«

»Dabei überlegst du es dir! Und Sie, Käthe Mairock?«

»Wenn es sein darf und kann und ich darf aufrichtig sein: sechs Bettücher, vier Kopfkissenbezüge, einen Bettlampenschirm, dafür, wenn ich einmal heiraten tu ...«

»Und du, Claretta ...«

Die Schildkröte zackelt nach dem eigenen Taktgefühl über die da und dort längelang klaffenden alten Dielen im Wohnzimmer erster Stock, Kratzerstraße 10 zu Gern, streckt den Hals aus dem vorderen Schalengewölbe nach oben, reckt den kleinen Kopf, zeigt die Zunge und rollt mit den goldbraunen Augen, schier wie verrückt.

»Mutter, sie hat dich verstanden, was sagte sie nur zu dir? Wir hören sie nicht, aber du liest es ihr ja ab.«

»Sieben Ananaserdbeeren, wenn sie's erst gibt – jetzt sind wir ja noch im April, dem wievielten nur ...«, die »Münchener Neueste« weist hier als Allerneuestes zur selben Stunde den 8. April vor.

»8. April! Wär' es der erste, wär' dieser Dichterpreis als Aprilscherz gemeint. Aber am 8. April ...«

»... gibt es noch keine Ananaserdbeeren. Wie schade, daß Claretta so lange warten muß!«

»So bekommt sie eben das goldene Herz von unserm nächsten Salatkopf ...«

»Ja!« erklärt Peter, erfahren wie ein Botaniker oder gar Mediziner: »Herz ist immer mehr wert als der Kopf!«

»Was wünschst du dir, Clemens?« hat Cornelie *nicht* gefragt, wenigstens nicht für andre zu hören. Engel haben den Wunsch und dessen Erfüllung von Clemens und Cor nicht verraten, sondern gen Himmel gebracht, daß Gottes Segen darüber sei.

*

Es hat sich noch viel, schier allzuviel an den zum vierten Mal verliehenen Dichterpreis der Stadt München, im gewesenen Königreich Bayern, gehangen.

Darunter auch, daß Cor und Clemens das verschwiegene Mysterium eines Krieges im Rathaus am Marienplatz hintenherum erfahren haben:

Etwelche im Haus der Regierung (mit dem steinernen Schäfflertanz unter Bedrohung eines Drachens am linken Eck) widersprachen auf das energischste dem Beschluß: 2000.- Mark an die Dichter *in* Cornelie Heynitz:

»Diese da ist uns vielmals zu konservativ!«

Die Hände vom ersten Bürgermeister Scharnagl rangen sich daraufhin über seinem dünnbehaarten Haupt. Dazu tönte seine Stimme, wenn auch nicht dröhnend aus reinstem Widerspruch: »Was kann die Heynitz dazu, daß ihr Vater ein hoher Offizier aus alter Offizierfamilie war und als solcher gefallen ist?«

»Aber sie selbst, großgewachsen und schlank, kommt dahergegangen, als wäre sie eine vom Hof ... Herr Oberbürgermeister ...«

»Weiß ich, weiß ich, hab sie selber gesehn, wie sie Mandlstraße durch den Hof geht zu ihrer Werkstatt, Atelier kann man's nicht nennen, die eine Waschküche gewesen ist ...«

»Und hätte beinahe das ›von‹ vor Heynitz ...«

»Hat's aber nicht, meine Herren ... Kein Wortgeplänkel mehr für die Katz, oder sind wir hier auf den Hund gekommen? ... Was gibt es, warum haben Sie nicht angeklopft?«

»Mehrmals, mehrmals, Herr Oberbürgermeister! Ich bringe einen versiegelten Brief!«

»Her damit! Nehmen Sie's hin, schneiden Sie's vorsichtig auf, ich sammle Siegel ... Von wem?«

»Das Siegel?«

»Nein, der Absender!«
»Hier habe ich die Unterschrift: T … H … O …«
»O? Geben Sie's her, es geht mich an, nicht Sie!«
»Hier, Herr Oberbürgermeister!«
»Wo ist meine Brille, die zum Lesen?«
»Hier, Herr Oberbürgermeister!«
»Mein seidenes Tuch, mein seidenes Tuch! Sie zu putzen …«
»Hier, Herr Oberbürgermeister, es schaut aus Ihrer Rocktasche hervor … Darf ich's ziehn?«
»Wo ist mein Brief geblieben?«
»Hier, Herr Oberbürgermeister, Sie wollten ihn mit dem Tuch verwechseln, und ich habe …«
»Haben Sie mir das Siegel aufbewahrt?«
»Hier, Herr Oberbürgermeister, es sprang kein Stäubchen davon ab …«
»Eine schöne, etwas kaufmännische Handschrift! Gar nicht bayerisch möchte ich meinen …«
»Ja, Herr Oberbürgermeister, die von Ihnen befürwortete Heynitz ist auch nicht aus Bayern, vergessen Sie's nicht: ist von Haus aus eine Pr … Pr …«
»Prr Prrr? reden Sie mir nicht dazwischen! Hören Sie zu, ich lese Ihnen den letzten Passus des gesiegelten Briefes vor:

> … und so setze ich mich in gerechter
> Erkenntnis ihrer vielversprechenden
> literarischen Werke …

er meint nicht mich, meint sicher sie …

> dafür ein, daß Cornelie Heynitz, in
> Hamburg geboren, den vierten des
> Münchener Dichterpreises erhält.
> Es erlaubt sich dies zu erhoffen,
> nein, zu erwarten

Ihr
ergebener
Thomas Mann«

Oberbürgermeister Karl Scharnagl blickt triumphal:
»Hallo, hallo, gloria in excelsis, so habe denn ich gesiegt!«

*

Viele Fotos von Cor, nicht von ihr selbst gemacht, mit ihrem Box tengor, für 8.- gekauft, sondern, was sie ja nicht herstellen kann: nach ihr selbst (nach mir die Sündflut!) sind in Zeitungen und Zeitschriften abgedruckt: mit den Kindern, Clemens, seine Kakteen auf dem Balkon der Kratzerstraße begießend ... So und so und so ...

Nur dreierlei Bilder sind nicht dabei, weil sich Cor diesen Aufnahmen jedesmal widersetzt hat: a) mit Clemens, b) am Schreibtisch, c) mit irgendeinem Buch in der Hand.

»Aber Frau Heynitz, unsere allererste Dichterpreisträgerin im München des 20. Jahrhunderts ... der, dessen Name auf dem Ihnen liebsten Buch, das Sie vor unserm Apparat lesen, zu entziffern sein wird, kann ab Erscheinung Ihres Bildes in der ›Dame‹ eine neue Auflage erleben können, ja, dürfen ... Bedenken Sie es, Ihr Bild, Ihr Name, der Dichterpreis fördern Andre ...«

»Die zwei mir herzliebsten Namen brauchen die Förderung nicht«.

»... aber doch den Dichterpreis nach Ihnen ...«

»Sie sind tot, ... beide bald hundert Jahre ...«

»Aber Ihr Name, ihr Name?«

»Wilhelm von Kügelgen und Adalbert Stifter ...«

»Kenne ich leider beide nicht ...«

Ohne Clemens, ohne Feder, Papier oder Buch in der Hand, oder beiden Händen, erscheint Cor in Westermanns Monatsheften, in der Gartenlaube, Neue Linie, Feuerreiter, Die Woche, Universum, St. Michael, Junge Front ...

Cor ist es gleich: je mehr gedruckt wird in Worten und Bildern, umso schneller vergißt sichs und macht sich nur als viele Altpapierzentner bezahlt ...

*

Der Preis ist zum »Preisgeben« da!

Cor eilt durch Minka, aller Befragten Wünsche nicht der Reihe nach, sondern wie auf einmal zu erfüllen.

Erzgebirge sämtlichen Kindern, ein bezauberndes Püppchen für die kinderliebe Wewe, Ditha hatte richtig befiederte Hühnerchen und Gänschen ersehnt (wer sucht, findet), Cor hat Ditha Hühnchen, Gänschen und Entchen, mit fremden Federn geziert, in Besitz gebracht, Bettwäsche erhielt Käthe Mairock (aber nicht Paradekissenbezüge waren dabei). Für Constanze erstand Cor vier einen halben Meter graue japanische Seide bei

Kübler. Gretzki hatte den Wunsch danach nicht mündlich ausgesprochen, auch nicht schriftlich, wie es Alphabetschützen auf dem weihnachtlichen Wunschzettel tun. Immer neu wiederholte sie Cor: »Was ich mir wünsche? Nichts! Wozu auch … muß ich mir erst überlegen …«

Aber Cornelie liest ebenso wie von den Lippen den Augen ab …

»Also bitte: viereinhalb Meter von diesem Stoff! Und den Ledergürtel hier links in der Vitrine unterm Regal noch dazu.«

*

Ein nicht leichtes Paket, in schönem Antiquariat Ackermann'schem Packpapier und doppelt festem Bindfaden bekleidet und geschnürt, brachte Cor für Clemens mit sich nach Haus.

Und was nahm sich Clemens daraus hervor? Görres, Böhmer, Döllinger, Baader, ach, Namen sind hier für Dr. Friedrich Fuchs wahrlich nicht Schall und Rauch … Ja, Dr. Friedrich Fuchs wurden hier unausgesprochene Wünsche erfüllt … Clemens hat hier nichts zu wünschen gehabt, sich nicht einmal was überlegt …

*

Dies arme Geschichtchen aber gehört wohl doch noch mit zur Verleihung vom Dichterpreis an Cornelie Heynitz (als weibliche Dichterin noch nicht gleichberechtigt mit den Männern, statt dreitausend Mark … zweitausend … doch die sind immerhin auch kein Nichts).

*

Straßenbahnschaffner Aloys Binder soll's auf dem eigenen Sterbebette berichtet, erzählt haben, als wiederhole er aus der Erinnerung ein vor zweiundsiebzig Jahren mit gespitzten Ohren vernommenes Märchen:

»Immer fuhr ich damals im zweiten Wagen der 4 und kannte *sie* gut vom Sehn, manchmal und besser vom Reden mitsammen.

Ganz und gar überbaut von Paketen, Tüten und so, ohne und mit Griff zum Tragen, saß *sie* im Eck. Und ich sagte: Bis Weihnachten fehlt's noch an acht Monaten oder doch an siebeneinhalb.«

Und *sie*, als wäre ich ein Bübchen, kein erwachsener Mann:

›Haben Sie Kinder?‹ – ›Nein, wir haben keine Kinder gekriegt.‹

Sie schaut mich mittrauernd an, und ich begreife, daß sich's trauernd doch lächeln läßt. Mit einemmal hab ich's begriffen. *Sie* aber greift in der Tragtüten eine hinein, ohne daß dies Paketriesengebirg' ins Rutschen kam, drückt mir ein Spanschächtelchen während der Fahrt in die Pfote. Denk', sie spendiert mir einen Schneeberger, und fahre mit der Hand schier fröhlich darüber unter der Nase vorbei. Hat *sie's* an Resten vom letzten versteckten Schnupf gemerkt, daß ich schnupfen, nicht rauchen tu', wie schon mein Ahn? Und sie, immer noch lächelnd und ernst zugleich, nein, da sagt man besser: dunkel und hell, sagt zu mir hinauf, sie sitzt ja, ich muß ja stehn: ›Machen Sie's aber erst auf, wenn Sie zuhause sind. Und mir bitte, bitte ja nicht böse sein, daß ich so kindisch gewesen bin. Ich habe nur denken müssen, es könne Sie doch einmal ein klein bißchen freun ...‹

Und zu Haus mach ich's auf, Schlag acht Uhr am selben Tag, nein, Abend. Zenzi sitzt mir gegenüber am Tisch mit dem Wachstuch drauf. Läßt das Stopfei mit meinem Socken drüber plötzlich zu Boden fallen, Nadel und Faden hingen dran fest.

Und dann stellten wir zwei mitsammen zehn Schäflein auf, Holzschäflein, ein Hündchen, den Hirten mit langem Stab, er hat ihn ohne Hände gehalten, eins hielt eben am andern fest ... sechs Gatter, vier Eschenbäume (wie sollten es andre sein – ist nicht das Kreuz unsers Herrn aus Eschenholz, hat unser Schulpater Egino gesagt, nicht aus Eichen, Linden oder gar Birken, die sind zu schwach dafür, Gottes Sohn zu tragen).

Viele, viele Abende haben wir zwei, meine treue Zenzi und ich, die Schachtel mitsammen aufgemacht, ausgepackt, die Schäflein aufgestellt auf dem Wachstuchtisch in die Blümchen und Sternchen vom Muster hinein. Haben sie weiden lassen, und Hirt und Gatter und Eschenbäume waren immer dabei und sind uns beiden immer schöner geworden.

Gebt mir die Schachtel mit in den Sarg ... Ich werde sie droben hinhalten: Herre, allerhöchste Dreifaltigkeit! Hat doch Gott selber gesagt: Werd' wieder Kind, dann gehörst du hier herein, Amen!

Die Zenzi, sie ist ja schon tot, stellt dann gewißlich alles wieder dort drüben, dort droben mit mir auf. Nur nicht mehr auf dem Wachstuchtisch, nein, in ein Moosbeetchen vom Paradies!«

(Allelujawiese hat dies Peer Heynitz einst, leise lachend, genannt ...)

Irgendein Andrer aber hat's irgendwo niedergeschrieben, und Cor hat es danach gedruckt erschaut: jeder findet sein Paradies so, wie er sich's selber hoffend verdient ...

*

Cor steht wieder am Stachus gegenüber vom Nornenbrunnen und wartet auf ihre 4. Seit »Die besorgte Frage« hier auf der Warteinsel vor dem Justizpalais in Cornelie aufgetaucht ist, sich in Worte kleidete und bald danach, ausgewählt von Helene Raff, in den »Münchener Neuesten« hat reden dürfen, sind fast zwei Jahre vorübergegangen, (nein, liegen, von unseren Füßen niedergestampft, auf Rücken und zweitem Gesicht.)

Die 4 muß wieder einmal Verspätung haben. Uhr, Uhr, ja du Uhr am Spucknapfturm und -stecken dort drüben, dahinten, sag mir doch bitte, was zählt die Zeit?

Ist's wirklich zwei Jahre her, Unsinn, ist's gestern gewesen, und hat sich an diesem Standort die »Besorgte Frage« gemacht, gemeldet?

Der Turm, der dir zu Häupten steht,
Fängt wie ein Zweig zu schwanken an,
Wenn jetzt die Erde untergeht …

Cornelie blickt vom schwankenden Turm ihrer alten Reime zum Spucknapfturm: Uhr, Uhr, welche Zeit hast du und ich mit dir?

Und siehe, er schwankt, schwankt wahrhaftig: Cor, Cor, fall' mir nicht selber um, wie ich's tue!

Sturmleer, windstill, von der Mittagssonne erwärmt, ist's allüberall. Cor geht mit einemmale der Atem aus. Nicht sie schwankt, wie sie erst meinte: der Turm drüben schwankt wirklich, wahrhaftig, und ist mit einemmal nicht mehr über den Baumwipfeln zu sehn, ist nicht mehr da.

Um Cor aber, vor, Cor, hinter Cor hervor, an ihr vorbei stürzen Menschen. Erst viele, dann gilt keine Zahl mehr für alle: dorthin, nach dort drüben, dort hinten, wo der Turm doch eben geschwankt hat und nun nicht mehr zugegen ist.

Hat ihn die Erde der Sonnenstraße verschluckt?

Und Cornelie Heynitz fühlt sich mitgerissen an ihren äußeren Armen und Händen und dem ganzen Herzen im Leib.

Dann stehn alle, alle, steht Alles: o All: Greise, Männer, Knaben, Frauen, Damen, kleine Mädchen, ja, auch Hunde, ohne und an der Leine, und Cor, mit jedem einig und doch zugleich unerbittlich allein, vor einem Riesenkordon der blauuniformierten Polizei:

»Zurück, zurück, daß kein Ziegel sie trifft, kein Brocken, kein Stein, Sie sehen es ja: St. Matthäus wird umgelegt, zu ebenem Boden gemacht, Adolf Hitler, unser geliebter Führer, braucht diese Stelle zum Parkplatz seiner Räder und Wagen, seiner gewaltigen Verkehrsmöglichkeit in spe … Alles zurück, zurück …«

Die Faschingszeitung der »Münchener Neuesten« nennt sich unter eignem Gelächter »Die Kuhhaut«.

Gute und schlechte Witze, kurze oder lange, volle oder leere, werden darin präsentiert.

*

Cor sitzt im Kaffee Gröbel und schreibt die letzten Zeilen der »Übermacht«, darin ja auch als Erkenntnis und darum Bekenntnis steht:

Da Sein Scheiden
Klagt: Es ist vollbracht,
Weh von Galle –
Lieb' im Leiden
Hat allein die Macht
Über Alle!

… da fegt Cor eine irdische zeitliche Zeitung den Füllfederhalter aus der Hand und den, noch nicht bis zum unteren Rand ganz beschriebenen gelblichen Kanzleibogen, die untere Grenze voran, über den Schoß.

»Die Kuhhaut, die Kuhhaut … lesen Sie's, Fräulein! Lachen Sie! Klatschen Sie in die Hände, und alles umsonst: Herr Cafetier (der Zeitungsjunge spricht es aus als Kaffeetier) Gröbel hat zwanzig Exemplare verlangt, engagiert und bezahlt für seine Gäste!«

Der muntere Zeitungsjunge wirft eine der zwanzig »Kuhhäute« auf Cornelies Marmeltisch, kehrt ihr nun, sowohl Cor wie der Kuhhaut, den Rükken zu und ist weg, fort, abhanden gekommen.

Cornelie hebt eine der letzten Seiten ihrer »Übermacht« und den Federhalter vom Schoß fort.

Der letztere, eben der Füllfederhalter, hat willenlos einen Klecks direkt auf das Wörtlein »Leiden« gespuckt, gemacht, der ist nur klein, er trocknet von selbst.

Cor ordnet all das ihre in die Mappe hinein und durchblättert danach der frischen »Kuhhaut« die Seiten (oder sind's Muskeln, Venen und Sehnen … o du blutlose Anatomie!)

Und Cor liest mit einemmal, als Überschrift von drei folgenden Strophen:

»Besorgte Frage«

Wie kommt ihr Gedicht in die »Kuhhaut« hinein? Doch über der Überschrift steht als Verfasser des ganzen nicht »Cornelie Heynitz« sondern

Horror Keinwitz

Dem folgt:

Besorgte Frage

Die aber lautet gedruckt und stinkt noch nach Druckerschwärze:

Wenn jetzt der Wind ganz anders weht,
Und alles fängt zu schwanken an,
Und deine »Dichtkunst« nicht mehr »geht«,
Was tust du dann?

Die du uns immer gotisch frommst,
O fauler Zimt von Anbeginn,
Glaubst du, daß du in' Himmel kommst,
Statt »sonst wohin«?

Du, die sich blind geborgen noch
Im Feuilleton der Neusten weiß,
Glaubst du, du kriegtest heute noch
Den Dichterpreis?
E. R.

Wer ist E. R.? Der …

Wurde es Cor vor diesem verzerrten Spiegelbild schwarz vor den Augen, druckerschwärzeschwarz? Doch im Sitzen fällt sich nicht gleich in Ohnmacht.

*

Krr Krr sagte später: »Ich war wohl farbenblind, denn heutigentags gilt braun nicht mehr als *einzige* Farbe der deutschen Welt.«

»Fragten Sie, fragten Sie nie, wer diese gefälschte ›besorgte Frage‹ verfaßt hat und wider Sie drucken ließ? E. R., der …?«

»Wozu auch? Derjenige, der es getan, muß die ›Besorgte Frage‹ doch an sich selber stellen: Wie konntest du dieses nur tun, oder du wußtest nicht was du tust.«

»Lassen Sie mich's Ihnen ins Ohr sagen … ich weiß ihn!«

»Ich bin eine unheilige Taube, keine geschwätzige Elster …«

»Nun, wenn Sie alles auch ohne Hören verstehn, so vernehmen Sie's. Mir ist, Sie sollten es wissen, dank Ihrer Augen auf meinem Mund: bei dem da, er hat seinen ganzen Namen nicht drunter gesetzt, haben Sie rot zu sehen, doch mit 'nem h hinten an …«

»Eia … so ist denn auch rot braun geworden, und mit dem ›sonst wohin‹ Dachau gemeint.«

Und später setzte Cor noch hinzu: »Heute heißt's: braun gewesen … und alles Gewesene gilt nun nichts mehr«.

Siebenfältig

Wir sind im November 1946. Wir hungern zusammen, wir frieren zu-sammen, doch wie es in Wahrheit heißt: Liebe überwindet alles, so auch dies …

Wenn Liebe selbst den Tod überwand, warum nicht das weit Geringere: Hunger, Frieren und die Frage: wie komme ich füßlings durch Eis, Frost, Ferne und das Geröll verxbombter Gebäude, auf pappenen Nachkriegssohlen bis Großhesselohe hin und von dort wieder nach Minka retour, fünf Pfund Kartoffeln und einen Schragen Holz für menschliche Mägen und als Atzung des runden, winzigen, türenlosen Eisenöfchens (zweiundfünfzig cm hoch, für jede Woche im Jahr also ein cm, welch eine Höhe!) zu holen, zu bringen?

Cor hat es fertig gebracht. Hätte sie vorher gewußt, wie hart es gewesen ist, sie hätte dies Unternehmen niemals gewagt.

Nochmals: Wir sind im November 1946.

Man könnte schon ein wenig im Hausgarten verweilen, welcher die Amei-senburg umgibt. Es wäre, so um Mittag herum, dort schon bedeutend wärmer als im Haus. Doch überm Garten ist der sichtbare Himmel als Dach nicht das Wahre. Die Sonne scheint ihre zehn Minuten oder gar zwölf, dann graupelt's, schneit's, regnet's, perlicke, perlacke …

So sind denn alle Füchse, nebst Frau und Mutter Cornelie Heynitz in der großen Wohnstube in gedrängter Art beisammen. Jeder der Sieben (sollten es die sieben Schwaben sein?) tut was er soll oder gar selber will, soweit es nur möglich ist, und zehrt zugleich noch dankbar vom gestern Mittag erloschenen Brand durch die vier großhesseloher Holzscheitlein im offenen, henkellosen »Feuerhafen«, wie Cor das eiserne einzige Heizungsmöbel im großen Haus meist zu nennen beliebt.

Clemens fingert durch die Anmerkungszettelwirtschaft, nein, sortiert sie zur Neuauflage des »Unsterblichen Lebens« beim Eugen Diederich Verlag. Er tut dies unter Beihilfe zweier Pappkartondeckel, die er über seine Knie gelegt hat, o zweibeiniger Tisch! Er selbst sitzt dabei und dazu im Sessel, der Arche Noah, die hat vier Beine. Das ganze macht also ein Tischlein »bedeck' dich«, wie in Maikäfergestalt aus, denn sechs Beine hat's, oder gibt es sich als ein Herrgottskäferlein aus?

Vor dieser Arche Noah steht das grünbezogene Schemelchen. Doch diesmal sitzt nicht Cornelie drauf, Clemens ihre letzten Gedichte auswendig aufzusagen, Aussage von immer demselben, doch immerdar neu Neuestem: ich kam zur Welt, dich, Clemens, zu lieben, deine Kinder und alle meine Nächsten dazu, und Ihn in euch Allen drin …

Andi sitzt auf dem Schemelchen, er zerriß dort absichtlich einen Nachkriegsbindfaden (der läßt sich ohne Kraftverbrauch leicht aus jeder Bindung bringen, ja, am leichtesten aus der Bindung mit sich selbst), streifte die Glasperlchen davon in einen alten Tassenkopf (henkellos geworden, wie der Feuerhafer ja immer war) und zieht diese durchlochten Perlchen in neuer Anordnung auf einen frischen Nachkriegsfaden. Für einen Sechsjährigen ein zu kindisches Tun oder Spiel … (aber tun das nicht auch die Erwachsenen meist ebenso, nur auf anderen Fäden und mit Perlen in anderer Gestalt?)

Peter sitzt und liest, als wolle er in einer einzigen Stunde, was ihm in drei Jahren Gefangenschaft zu lernen nicht möglich war, nachholen, und über zertretenen Trauben in der Kelter stehend, künftigen Wein bereiten. O Pittegrilli! und warst selber ein Traubenbeerlein in der Kelter vom Mutterschoß!

Esther, sie wird nicht mehr Wewe gerufen, nicht einmal in Gedanken so angeredet … stopft gerade einen Haufen Socken: die vom Vater und die von beiden Brüdern. Die weiblichen Strümpfe stopfen ihre Besitzerinnen selber, das gilt, auch ohne Kenntnis der weitverzweigten Jurisprudenz, als unumstößliches Gesetz. Was Esther beim Stopfen aber gedacht hat, verraten die kunstvollen Stopfer niemals und niemandem, ist das gut oder schade?

Judith sitzt auf den Dielen auf ihren gekreuzten Beinen: botanisch, ja zoologisch, etwa gar mathematisch zugleich beschäftigt. Mäuse gingen an die Samentütchen, zernagten vielfach das alte Papier. Künftige Kapuzinerkresse, Rittersporn, Akelei, Wicken, Portulak, Feuerbohnen und Lacherbsen sind ernsthaft durcheinandergeraten. Als Blüten gäben sie einen zauberhaften Strauß, als Samenkörnlein aber ein Chaos winziger, doch greifbarer Schatten, welche Judith Antonia Fuchs in kleinwinzigen Hüglein auf der Dielenplanke vor sich ordnet und abzählt (wie ein Spielbankvorsitzender zu Nizza oder Monaco den Verlust oder Gewinn), während Ursula, Üle gerufen, am Fenstertischchen auf dem schönsten Empirestuhl hockend (von der Auer Dult 1931 durch Cor für 1,50 Mark nachhause geschleppt, nein, von solcher Last schier siebenfach beflügelt), mit Spucke und flüssigen Restchen eines Fläschchens Gummi arabicum kleine Zeitungstütchen verfertigt, den künftigen Blumenflor in Samengestalt, von

Ditha geordnet, in sich aufzunehmen (nachdem Peter deutsch und lateinischen Namen der da hineinzugebenden Samen über dem Zeitungsdruck schriftlich mitgeteilt haben wird).

Cor, Nele, einst Dallala oder gar Krr Krr aber sitzt der stopfenden Esther gegenüber am achteckigen Kirschbaumtisch über der Revision ihrer Autorenkorrektur, gerade eben beim siebten Bogen ihres Romans »Die Uhr«, erfunden und gleichzeitig niedergeschrieben vor eineinhalb Jahren in St. Märgen, hoch über Freiburg im Breisgau, nun vom Bühler Verlag zu Baden-Baden verlegt.

Manchmal blickt Cor zu Esthers Stopfnadel, mit schwarzem oder braunem Faden durchs Öhr gezogen, hinüber, und denkt: ist mein Schreibstift nicht auch solch Nadel über und in einem Strumpf mit dem hölzernen Stopfpilz, dem Glückspilz drin?

Da legt Esther eben alle ihre andere Beschäftigung als die: am Leben zu sein … auf den Tisch: »Es hat geklingelt! Ich gehe und mache auf! Wer da wohl zu uns kommt? Mög' es kein um Brot Bettelnder sein, denn wie sollten wir Sieben dem Achten noch etwas geben können?«

Wider den Wunsch der nun neunzehnjährigen Esther führt das Kind *doch* einen Bettler herein.

Es erscheint Kommerzienrat Carl Wiedenmayer (die Wiedenmayerstraße heißt nach seinem Großvater, nicht nach ihm), bittet, bettelt, ja fleht nicht um Brot, sondern (sämtliche Füchse blicken drob ebenso starr wie empört ihn und einander an, nur Cornelie Heynitz lächelt, als sei alles und jedes hier am rechten Platz oder Ort) um … o Frevel und Wunder und Infamie in einem … ein *EI*, ein richtiges, lebendes, frisches Ei, von lebendigem Huhn, Henne benamst, gelegt.

Dr. Friedrich Fuchs hat Herrn Kommerzienrat Wiedenmayer die Arche Noah erst geräumt, dann angeboten.

Den Melonenhut, vom grauhaarigen, immer kahler werdenden Haupt abgenommen und über den Griff der linken Sessellehne gestülpt, nein, gehängt, mit beiden behandschuhten Händen die dünngewordenen Hosenknie mit den Gebeinen darunter reibend, als wären es neuentdeckte, feuergebende Streichholzleisten der Schwefelholzschachtel, spricht der Herr Kommerzienrat, von unten nach oben in der aufgestandenen Cor Gesicht, nein, in ihre zwei grauen Augen hinein: »Ach, meine allerbeste Frau Heynitz, haben Sie für mich, nein, meine Gattin Liane, ein Ei …«

Alle sind aufgestanden. Clemens steht neben Cor. Peter, Esther, Judith, Ursula und Andreas stoßen einander an mit Köpfen, Schultern und Ellenbogen, die hintere Lehne der Arche Noah überragend (wie es Marionetten übern Bühnenrand unter sich tun), nun auch mit Armen und Händen gestikulierend, es fehlt nur noch, daß jeder der Fünf eins der zwei Beine über die untere Planke dieses lustigen Poccitheaters überschwingt und zappeln läßt.

Clemens bewegt sich nicht neben Cor, Cor auch hält sich erschreckend still. Sollte sie des Kommerzienrats Frage, nein, verlangende Bitte, nicht richtig verstanden haben?

»Ein Ei, begreifen Sie doch, oder nicht: ein Ei!«

Fast streng blickt Herr Kommerzienrat die erblaßte Cornelie Heynitz an und reibt seine Hände nun an einander vor Zufriedenheit, als wäre ihm das Gewünschte schon zugesagt, also gewiß.

Ein Ei? ... – In der heutigen Nachkriegswelt ein richtiges Ei?

»Mutter, Mutter, schau uns alle Fünf an, hier im Rücken von diesem Kommerzienrat Wiedenmayer! Du darfst unsern kostbaren Besitz beileib' nicht verraten, verkaufen ...«

Was setzte doch Kommerzienrat Wiedenmayer, in der Arche Noah thronend, die Fünf als Kulissenzauber hinter sich, eben dazu?

Dieses: »Ich bezahle es auch nach besten Kräften, Madame ...«

»Madame« hat er gesagt! Ist das Cor erhöhend oder erniedrigend?

Peter, Esther, Judith, Ursula und Andreas verdrehn hinter und über dem fürnehmen Bettler zweimal fünf, also zehn Augen, und rufen ohne Stimmen (was nur bei Cornelie möglich und zu verstehn ist): Mutter, Mutter, Mutter, wir wissen, wir haben es, dieses eine, einzige Ei! Doch ob verschoben oder verkauft als Leihgabe spielt es keine Rolle! Es hat nichts mit diesem alten Menschen zu schaffen, dieses, unser einziges Ei ... Gott seidank: Cornelie Heynitz, Vaters Frau, unsere dichtende, malende, bildhauernde, uns alle liebende Mutter hat uns begriffen, verstanden!

»Nein, nein, Herr Kommerzienrat: das einzige Ei, das wir hier im Hause behergen, ist unverkäuflich ... «

Die zehn Kinderaugen (doch ist Peter denn noch ein Kind?) flammen, ja lodern, um jählings auszulöschen, als sei es in fünffachem Tod ...

»... doch wir wollen es Ihnen gern überlassen, es Ihnen für Ihre Gemahlin schenken ...«

Schenken? Schenken? Fünf Zeigefinger hinterm Sesselrücken der Arche Noah, über dem immer kahlerwerdenden Schädel des Herrn Kommerzienrats Wiedenmayer, stechen, nein, bohren sich in fünf rechte Schläfen: Mutter, Mutter, wie kannst du so dumm sein, dem da unser einziges Ei zu überlassen, zu schenken, zu opfern ... und dann »*WIR*« zu sagen, wenn doch keins von uns mitmacht? Oder redest du von dir selbst wie ein Kaiser, König, Großherzog, Fürstliche Hoheit, nein, als Heiliger Vater, der Papst ...?

»Dank, Dank, tausendfachen Dank! Denn ich möchte doch meiner Liane einen Geburtstagskuchen backen lassen! Sie wird fünfundsiebzig … Sie müssen wissen, aber dürfen's nicht weitersagen: Liane gibt sich, zweifelsohne gewiß berechtigt, für zehn bis fünfzehn Jahre jünger aus! Einst, so noch jetzt im handgeschriebenen Rezept, mußten für diesen Kuchen neun Eier her, heute … ich weiß nicht wie lange, etwa auch morgen noch, muß *ein* Ei für alle Neun dienen …«

Nele hat dies nicht verstehen, nicht hören, also ablesen können, sie ist nicht mehr im Raum zu sehen. Dennoch sind's Sieben, die im Wohnzimmer der Renatastraße 59a versammelt sind: Dr. Friedrich Fuchs, Cor's Clemens, seine von ihm gezeugten fünf Kinder, und der Kommerzienrat Wiedenmayer …

Sechs der Sieben stehn … nur der Kommerzienrat, Lianes Gemahl, sitzt (möge es doch im Gefängnis sein, deuten sich's Peter, Judith und Ursula hinterrücks an, Esther und Andreas sind scheint's zu alt und zu jung für solch gedankliche Untat, schier einem Mord nicht unähnlich).

Da nun kommt Cornelie, Dichterin, Malerin, Bildhauerin, Ehefrau, Mutter von Fünfen, Menschenkind und (bei Gott) Christ, zur Flurtür wieder herein, nicht durch die Tür vom Damenzimmer oder der Bibliothek …

Und hält zwischen Daumen und Zeigefinger, so weiß wie Schnee, Unschuld und erstes Kinderzähnlein, an Christoph Columbus' größte Wundertat erinnernd, ja, mahnend *ein* Ei …

Wem? Dem Herrn Kommerzienrat Carl Wiedenmayer (der einmal, wie Christoph Columbus zweimal, und einmal auch Cor und Clemens mit C beginnt), *hin* …

»Hier! Ich schenke es durch Sie, Herr Kommerzienrat, gerne, *sehr* gern, Ihrer Frau, nein: Frau Kommerzienrätin! Ich wickle es Ihnen in dies ausrangierte, denn schon korrigierte Fahnenblatt meiner ›Uhr‹ ein … Nein, nein, ganz gewiß, ich brauche das Papier hier nicht mehr …«

In Gottes Namen mag die Korrekturfahne von deren gesamt »Die Uhr« bildenden achtzig Stück dem Kommerzienrat überlassen werden! Aber das Ei, unser einziges Ei, und wir sollten's nicht für *uns* behalten? Wäre es faul, selbst durch die Schale stinkend faul, wir rissen's der Mutter fort, und schmissen es dem da unter uns Stehenden sitzend an den immer kahler werdenden Kopf!

»Aber, Herr Kommerzienrat, stecken Sie's vorsichtig hier in Ihre Tasche vom Rock! Sind auch keine Schlüssel darin? Nachkriegseierschalen sind meistens überaus dünn, Kalkmangel, verstehn Sie, auch bei den Hühnern … Nur ein Taschentuch, Herr Kommerzienrat? Das gibt ein schützendes Nest hier für die Fahne und Ihr Ei darin. Und dazu noch dies … (sagt es

Cor zum Kommerzienrat oder zu den Fünfen hinter und über ihm, die sie in Gottes Namen empfangen, getragen, geboren hat): Ein alter Spruch sagt zudem und zu dem (hört man den Unterschied von zwei Worten in einem Wort wohl an?): Was in Gottes Namen geschenkt, verschenkt wird, gibt Er siebenfältig zurück ...«

»*Siebenfältig* ...« Cor wiederholt es weit, weit lauter, als sie's selbst beim Straßenlärm im Gespräch mit einem Begleiter oder einer Begleiterin unternimmt, denn Herrn Kommerzienrat Carl Wiedenmayer hat das Alter schwerhörig gemacht (noch nicht ganz (Gans) taub ...).

*

»Bums« hat die Haustür, von Peter Fuchs in ihr eigenes Schloß geworfen, gesagt, gemacht, ja, gezürnt.

Clemens sitzt wieder in der Arche Noah, in zwei Kartondeckeln Anmerkungen zum »Unsterblichen Leben« dritter Auflage bei Eugen Diederich ordnend ...

Cor aber steht wehrlos von fünf, *seinen* Kindern, umringt, nein, drohend umtost.

»Du, du mit deinem siebenfach oder ›siebenfältig‹ als Wunder in Gottes Namen geschehn! Glaubst du denn wirklich an diesen unsinnigen Spruch? Sieben, sieben, sieben, sieben, sieben ... weißt du denn nichts von der bösen Sieben? Oder dachtest du an die sieben Zwerglein, um das scheintote Schneewittchen im gläsernen Sarg rundherum?«

»Es gibt aber auch sieben Sakramente ...« bringt Cornelie, ihre Untat entschuldigend, diesmal mehr als leise hervor.

»Beichte, Weihe, Ehe, Taufe, Kommunion, Firmung, Letzte Ölung« zitiert der drei Jahre gefangengelegene Peter, »Pittegrilli« von einst, in seiner Mutter immer blasserwerdendes Angesicht hinein ... »Doch wie das alles mit unserm allerletzten Ei zusammenbringen? Dem mag höchstens die Beichte, also Buße und die letzte Ölung gelten! Nicht aber Kommunion, Firmung, Priesterweihe, Taufe ... oder gar Ehe!«

»Es ist doch seiner Frau zum Geburtstagskuchen erbettelt, geschenkt worden ... Und siebenfältig wird es in Gottes Namen ...«

»Pah! Puh! dies, dein törichtes ›siebenfältig‹, dein kindisches Wunder! Ach, Mutter, was du nicht alles glaubst, gewiß auch, daß diese Legende wirklich wahr sei, die russische, die du uns neulich erzählt hast, beim, nein, nach dem Abendbrot: fünf Kartoffeln mit Margarine durch sieben Münder und Mägen geteilt, um uns satter zu machen als wir's sein konnten ... ach Du lieber Gott!«

»Welche Legende?« fragt Cor, immer noch stehend vor den sechs wieder Sitzenden gleich einer Abgeklagten vor der Hälfte der Geschworenen. Immer noch blickt sie tapfer, doch nun auch traurig dazu, als verkörpere sie die lateinische Klage: trista usque ad mortem …

»Himmel, du willst es wohl nicht mehr wissen! Ich behielt es haargenau! Ich habe das beste Gedächtnis von uns Allen (wen meint Peter damit?), stünde ich sonst auf dem Weg zum Firn, ein großer Historiker zu werden?« (Peter Fuchs hat die Größe von 1,78 …)

Und der wieder sitzende Peter berichtet, vergessend, daß seine Mutter noch stehenbleibt:

»Der Mönch Nikolajewitsch im Kloster zu … den Namen davon sprachst du so undeutlich aus … ward mit einemmal als Retter aus hunderterlei Leibes- und Seelennöten bekannt. Kranke, Krüppel, Lahme, Zweifelnde, Hoffnungslose stürmten die Klosterpforte: ›Hilf mir, steh mir bei, heiliger Nikolai!‹ Er bat: ›Nennt mich den ärgsten Sünder …‹ – ›So hilf, du ärgster Sünder, uns noch weit Ärgeren als du bist!‹ (Peter spricht es mit hartem P, scharfem S …)

Und er half, half, rettete, heilte jeden!

Dem Abt aber des Kloster zu … du wirst seinen Namen nicht richtig buchstabiert haben … ward der Ansturm der räudigen Welt doch zuviel. Er ließ die Klosterpforte von innen verriegeln. Die Rotte stürmte die ehrwürdigen, darum morschen Mauern. Was tun? Der Abt ließ den unseligen Seligmacher, den heiligmäßigen Nikolaus, schwören, er werde seine Kraft, Wunder zu wirken, nicht mehr, bei was es auch sei, verwenden, in Gebrauch, Verbrauch nehmen lassen, und solcherlei.

Vor seinem irdischen Obern knieend, die Stirn an dessen rechte Sandalenspitze gepreßt, leistete der Wundermönch Nikolai den geforderten Eid: ich werde Keinem ab heute zur Hilfe kommen!

Er half allerdings selbst, die zerstörten Mauern wieder zusammenmörteln. Stand danach in der offenen Klosterpforte alleiniger als allein, die rechte Hand in den linken Kuttenärmel gesteckt, die linke Hand in den rechten Ärmel vom härenen Habit, sein brauner Bart soll ja sichtbar darüber weggewachsen sein, Mutter! Du sagtest ja selbst: als wenn aus Moos mit einemmal ein Trauerweidenwipfel geworden sei …

Und der Mönch Nikolai sagte zu jedem der Rettungerflehenden: ich kann niemand mehr helfen, ich kann nicht, ich kann nicht … (ich darf nicht … seufzte er nie, es wäre Verrat an seinem Obern, dem unduldsamen Abt, gewesen).

Das Meer der Hilfesuchenden ist verebbt. Wohl kam noch ein Bächlein, dann nur noch ein Krüglein voll Wasser, wie ein Löffel voll Tränen soll es am Ende gewesen sein, dann nichts mehr, nichts …

Der Abt und die Brüder waren mehr als zufrieden: sie sangen, beteten, knieten, fasteten, schliefen auf ihren Brettern ganz ungestört.

Dann aber riß dieses ein: unerwartet großer und starker Sturmwind hatte vom Klosterkirchenturm viele Ziegel entfernt. Der Dachdecker Jusuf Petrowitsch wurde vom Dorf hinauf in die Klausur befohlen.

Hoch, hoch droben umkniete er die äußerste Spitze vom Turm, langte sich von innen her neue Ziegel heraus, füllte die Lücken ebenso sorgsam wie fest, griff wieder zum Vorrat hinein, sang dazu, die Worte vernahmen die Klosterbewohner in der Tiefe nicht mehr genau. Ein Turmfalke umkreiste ihn, die Mittagssonne stach mächtig, ob auf den Falken oder den Petrowitsch oder beide zugleich, das wurde niemals erkannt.

Der Falke stieß im Flug den Jusuf Petrowitsch mit dem starken, schier steinernen Kopf zwischen die Augen.

Eine Sekunde lang erblindete der dachdeckende Mann.

Jusuf Petrowitsch verlor das Gleichgewicht. Er flog ohne Flügel aus der Höhe zur Tiefe. Jusuf ahnte den allernächsten Tod auf dieser Erdenwelt als den seinigen. Er sah im Absturz durch die Mittagsluft den Mönch Nikolai im Klostergarten Portulak und Geranien gießen. Er schrie: ›Mönch Nikolai, heiliger Nikolai, hilf mir, rette mich vor dem Tod!‹

Dem aus der sich verkürzenden Höhe angerufenen Nikolai ist die Gießkanne entfallen. Er selbst warf seinen Kopf hintenüber. Er schrie zu Jusuf hinan: ›Bleib droben, bleib droben … ich laufe, den Abt zu bitten, daß der dies eine einzige Mal sein Verbot zur Erlaubnis macht …‹

Jusuf Petrowitsch blieb in der Luft ohne Bewegung. Hielt er sich an der Luft fest, hielt die ihn an sich gepreßt?

Der Mönch Nikolai aber raste blindlings zum Abt, riß ihn zum Zellenfenster: ›Sehet, mein Vater, dort oben am Himmel den Jusuf hangen, von gleich drei Falken umkreist! Erlaubt mir, dies eine, einzige Mal, zu helfen, zu retten!‹

›In Go-Got-tes-tesna-na-men …‹ stotterte der Abt, ›tu also noch einmal, was du nicht lassen kannst …‹

Und Nikolai jagte untern Turm: ›Hör' doch, du da droben: Halte dich nicht mehr an der Luft in der Luft! Laß dich fallen, sinken, bleib dabei schön am Leben, ohne dir irgendwo wehe zu tun!‹

Wie ein Wölkchen, nein, eine Seifenblase, von der Sonne auf den Strohhalm der Zeit gepustet, sank Jusuf Petrowitsch aus der Turmhöhe herab, herunter. Auf die Turmschwelle, dem heiligen Nikolai vor die nackten Füße. Ist nicht geplatzt, hat nicht einmal eine Wunde wie vom Flohbiß davongetragen. Ist wie ein Kindlein auf dem Sandberg seiner Spiele gesessen. Hat gelacht, hat in die Hände gepatscht, als sage er auf russisch handfest: back-backe-Kuchen, der Bäcker hat gerufen: ich muß haben sieben Sachen …

So hätte der Mönch Nikolai mit eingeholter Erlaubnis vom Abt den Jusuf herabsinken lassen, wie einen Federflaum von des Falken Brust …

Ach, ach … Und du, Mutter, glaubst gewiß nicht nur an siebenfält'gen Ersatz des verschenkten, sondern gar an den geretteten Fall zwischen Himmel und Erde, Sonne und Sand! Aber womöglich hast *du* diese Legende selber ersonnen, erdacht, erfunden …«

»Dies nicht … nein!«

»Aber bist womöglich imstande, daran zu glauben …«

»Ja, ich glaube …« antwortete Cor. Das »daran« verschweigt oder vergaß sie, wie Peter den Namen des Orts, wo das Kloster gelegen hat, auch nicht behielt. Ihre Augen strahlen, ihre Mundwinkel senken sich, oft sind Lächeln und Weinen eines bei Cor …

Alle fünf Kinder von Clemens klatschen in die Hände, wie es Jusuf Petrowitsch vor des heiligen Nikolai nackten Füßen getan haben soll. Peter (einundzwanzig), Esther (bald zwanzig), Judith Antonia (fünfzehn), Ursula Theresia (zwölf), Andreas Konrad Prosper (sechs) machen in Begeisterung back-backe-Kuchen, Andreas am stärksten, am lautesten.

Wem gilt der Beifall? Jusuf Petrowitsch, dem Mönch Nikolai, dem gnädigen Abt oder Cors Torheit, Neles Kindischgebliebensein oder gar Dallalas bodenloser Phantasterei?

»Setz' dich zu mir!« sagt Clemens. Er zieht Cor am rechten Blusenärmel vom schon viele Male gestopften Vorkriegs-, nund Nachkriegsdirndlkleid in die Arche Noah (als was für ein Paar Tierlein retten sie sich vor der Sündflut?).

Bedenke doch, Cor … sagt er lautlos, nur mit Cornelie kann man so reden … Kindergelächter birgt noch keinen Hohn, sind doch die, welche den Herrn an der Geißelsäule verlachten, keine Kinder mehr gewesen … o du, meine kindliche Cor!

*

Für uns Menschen auf dieser Welt sind achtzehn Stunden vergangen, seit diese Geschichte vom willig in Gottes Namen von Cor geopferten Ei geschah. Vor Gott war's gewiß nur ein Atemhauch.

Der Briefbote hatte geschellt. Peter, wenn auch unwirsch: »Immer werde ich in der Weltgeschichte gestört …« (wodurch? Eben durch nichts als Geschichte, Geschichten, Historien, aus denen die Weltgeschichte zunimmt, bis sie an eigener Schwere, der Leere, zusammenbricht).

Peter öffnet dem Scheller. Pittegrilli empfängt ein sorgsam verschnürtes

Päckchen. Schließt hinter dem, um ein Päckchen erleichterten Boten die Tür. Gibt das Päckchen Esther: »Ist nur für Mutter, nicht mich …« Esther, beim Kochenmüssen beschäftigt, gibt es Judith. Judith, mit dem Petersilienhackbügel tätig, gab es an Üle. Üle will ihre Gedanken nicht an dies Päckchen binden und drängt es Andreas auf: »Für die Mutter, nicht mich, nicht dich …«

»Da, Mutter! Dein Name steht draufgeschrieben, unsere Stadt, unsere Straße, unsere Hausnummer, aber das a haben sie weggelassen! Heb' mir den Bindfaden auf! Dann kann ich neu mit Esther's altem Diabolo spielen, das keine Schnur mehr hat … Denk' an mich, Mutter, vergiß mich hier nicht …«

»Nie und nirgends!«

»Gans« allein gelassen, öffnet Cornelie das kleine Paket. Obendrauf, nach Abhebung des Deckels ein Brieflein:

> Sehr geliebte Cornelie Heynitz!
> Sie kennen uns nicht, aber wir kennen Sie gut:
> »Amei«, »Der Major«, »Yves«, »Die Übermacht«,
> doch aufzuzählen ist hier nicht das Wahre.
> Möge unsre kleine Gabe in der heutigen Welt
> und Zeit eine winzige Freude bereiten und unzerbrochen in Ihre Hände fallen (etwa wie Jusuf
> Petrowitsch aus der Luft, ein ganzes Weilchen in
> ihr an ihr hangend, mit Erlaubnis vom Abt dem
> heiligen Nikolai vor die Füße).
> Das wünscht mehr wie sehr
> Ihre Familie Dlugosch

Den, diesen Namen jetzt zu entziffern, haben Cor's Augen keine äußere Kraft mehr. Ihre Finger, denn Hände bewegen und lösen einige Schnüre, dann Papierchen …

Cor sieht vor sich, unter sich, sieben kleinste, sorgsam mit echtem Seidenpapier umwickelte Päckchen.

Cor »entwickelt« das erste, das zweite, das dritte, das vierte, fünfte, sechste, siebente wie im Traum.

Cor erwacht: sieben schöne, große, weiße, heile Eier liegen Cor im von blauer Dirndlschürze überkleideten Schoß …

»In Gottes Namen Verschenktes gibt Er siebenfältig zurück …« sagt Cor ähnlich dem Kindchen Dallala zu ihren Fünfen.

Clemens steht hinter ihr. »Wir selber sind Sieben, und statt einem für Alle ward nun jedem von uns ein vollkommenes Ei!«

Peter äugt auf die Siebenfältigkeit in der Mutter geraffter Schürze (dunkelblau ist die und hundertfach oder gar tausendfältig weiß bekreuzt, besternt, Kreuz und Stern sind hier gleich). Dann sagt er seufzend und doch wie empört: »Warum hast du dem Kommerzienrat Wiedenmayer nicht drei Eier geschenkt, drei, denn dann hätten wir einundzwanzig ...«

*

Noch dies, weiß nicht warum ... Doch mir ist, es müsse so sein:
Im »Knospengrund« (»Cor für Clemens«) steht auch unter vielen andern Versen, gedruckt vor just dreimal sieben Jahren und eins (so wird Cor's Ehe bald mündig sein!), auf Seite 77 ein Gedicht, nein, »Gesang« mit der ahnungsreichen Überschrift (als Titel auch für dies, unser Kapitel genommen, ergriffen ...):

Siebenfältig

Meine Hände nimm zum Beet
Und mein Herz zum Ackergrunde,
Und das Lied aus meinem Munde
Nächtlich dir zu Füßen steht,
Gleich dem Baume,
Der im Traume
Dir ein Blühn ins Antlitz weht.

Meine Zeit erfüllt sich bald,
Siebenfältig ward mein Freuen,
Ohne Zagen und Bereuen,
Wie ein Vogellied im Wald.
Schnee fällt nieder,
Frost kam wieder,
Doch mir macht kein Winter kalt.

Lobe ich doch Nacht für Nacht,
Ohne Worte, nur mit Lächeln,
Unter ernster Flügel Fächeln,
Daß mich unser Herr gemacht.
Nur die Wangen
Netzt ein Bangen:
Große Tränen, süß und sacht.

*

Deodat

An alles haben wir gedacht, o Kind!
Die Wiege steht bereit, das alte Spind
Ist jung geworden unterm Schnee der Linnen.
An alles dachten wir, an eines nicht:
Es könne dich, du kleines Licht, das Licht
Ob Sonne, Mond und Sternen liebgewinnen.

Die größte Liebe liebt am stillsten, Kind!
Zart, wie die ersten deiner Haare sind,
Hat sie dich fortgelächelt, eh' wir weinen,
So weinen, daß es deine Locken strählt.
Die Vögel singen hier, kein Engel zählt
Die Küsse, die dort Lieb' und Liebling einen.

An alles haben wir gedacht, o Kind –
Du Blinder siehst, wir Sehenden sind blind –
Nur nicht an dies: wir sind die armen Reben,
Die Traube reift für ihres Gärtners Hand.
Voll süßer Wahrheit hast du schon erkannt:
Mehr als dies Leben ist das ew'ge Leben.

… dies ist Anfang und Ende zugleich, Ende und Neubeginn, ist wie ein Ring, ein unzerbrochener, an geliebter Hand … damit meine ich die ganze nun geschehende Geschichte unterm Namen, siehe oben: Deodat.

Deodat

Cor kommt eben von Hans Zöller, dem alten Gipsformator, der, im weißen Kittel, mit, in der heutigen Welt nicht mehr beliebten Brille, in Blech gefaßt, dem weißgrauen strenggestutzten Schnurbärtchen dreinschaut, wie ein Chirurg vor gut dreißig Jahren. Von solchem aber hat August Bier gesagt, Bier, der große:

»Ich habe den Eindruck, die dauernd ausgeübte Chirurgie müsse den Menschen so verdummen, daß er zu nichts Besserem, also anderem, zu gebrauchen sei ...«

Bedeutet dies Kränkung oder Lob?

»Wir ...« Zöller spricht stets majestätisch von sich ... »kommen also morgen gegen neun Uhr in Ihr Atelier, Ihre letzte Gruppe (es war nicht die letzte, Cor starb ja nicht ...) zu gipsen. Wie hoch ungefähr?«

»Zwei Meter zehn, Herr Zöller!«

»Und wie breit, wie tief?«

»Oh, das hab' ich nicht ausgemessen! Wohl nicht breiter, als ich selbst davor auf der Leiter herumgeklettert bin, die Leiter selbst ist achtzig cm und hat elf Sprossen«! (Immer noch zählt Cor Heynitz Stufen und Sprossen, ob sie diese erstmals hinauf- oder hinuntergeht, bleibt ihr gleich.)

»Gut, gut, Frau Heynitz, wir kommen, auch wenn es nur mein erster Gehilfe ist, mit beiden Gesellen und dem notwendigen Material. Sie haben doch eine Wasserleitung?«

»Gewiß!«

Diese Unterredung liegt hinter Cornelie.

Vor ihr liegt in diesem Augenblick das kleine Kind Üle in der Bauernwiege aus Hundham (für vier Mark fünfzig, acht Tage nach der Hochzeit am 24.9.1924, und von Clemens und Cor, aller Welt sichtbar und diese zu dunklen Gedanken verführend, unverpackt von der Barerstraße in die Kaulbachstraße 62a so sorgsam getragen, als läge schon etwas Lebenswertes darin).

Üle, das ist Ursula Theresia, kräht zu ihrer Mutter hinan, ja schlägt schon die Fäustchen in ihre ihr zugeneigten offenen Hände hinein, als wisse diese Kleine, wenn auch noch wortlos, das Spielliedchen schier ohne Reim:

Da hast du 'nen Taler,
Geh auf den Markt,
Kauf dir ein Kälbchen
Und ein Kuh,
Auch ein Schweinchen dazu,
Schweinchen hat Schwänzchen,
Das macht dideldideldänzchen ...

Dideldideldänzchen machen auch beide Zeigefinger von Cor in die winzigen Handflächen von Üle.

Üle kräht noch verstärkt und wirft dabei das Bäuchelchen wie ein Bällchen in die Luft.

»Üle, mein Kindchen, sein Kindchen, unser Kindchen ...« sagt Cor, und lächelt dabei so sehr, daß es wie ein einziger luftiger, an sich selbst entfalteter Schleier über die bewohnte Bauernwiege fällt, nein, sinkt, und von Üles Atem bewegt, freudiglich auf dem kleinen Kind liegenbleibt.

Da nun wird der Schleier jählings gerafft, ja zerrissen, zerschlissen, zerstückt, entrückt:

Constanze hat von hinten her Cornelies linke Schulter etwas gröblich berührt, nein, angestochen. Das nun erschreckt ... Kann weiland Gretzki denn immer noch nicht begreifen: daß es sich bei Cor *so* nicht »schickt«, genauso wenig, wie Jahrzehnte hernach der Vermerk an den Trambahnlängsseiten zu München: von hinten einsteigen. In beiden Fällen hieße es besser: von vorn!

Cor muß sich umdrehn: »Was ist passiert, Constanze?« An Constanzes von Unmut errötetem Gesicht muß das von Cornelie erbleichen.

»Du warst wieder einmal nicht da, wenn etwas Wichtiges ist (nicht ›ißt‹), es wurde telefoniert: du sollst sofort in die Klinik kommen ...«

»In welche Klinik, zu wem? Sag's schnell, schnell!«

Und Ida Elisabeth Constantine Goretzki sagt erhaben, also langsam und selbst für nur Sehende dunkel betont: »Die in der Werneckestraße, die Nummer wurde mir nicht genannt ... Frau Thesi Vanselow hätte das Kind ...«

»Mein Patenkind ist da! Ein Mädchen? Ein Bübchen?«

»Das wirst du ja selber dort sehn, Frieda rief mich vom Telephonieren weg, sie weiß wieder einmal nicht, wie man Nudelauflauf mit Schinken und Käse für euch kocht, zubereitet! Sie will unbelehrbar bleiben, wie sie den Käse mit den Nudeln zusammendreht, den Schinken oben darauf, ich mußte in die Küche hinaus ...«

»Eßt für mich mit, Constanze! Versteh': ich zieh' mich rasch um, mein weißes Kleid … Ein neuer Mensch darf in diesem Hausrock nicht begrüßt und bewundert werden! Genau acht Wochen nach Üle! Nach Thesi Vanselow's Patenkind nun das meine, es wird gewißlich ein kleiner Junge sein«

*

»Ja, ein kleiner Junge … aber … Man hat mich am Telephon nicht ausreden lassen … hängte ab. Er ist tot! Zwei, drei Minuten nur am Leben! Wurde noch eben getauft … Dann war's für immer aus …«

»Und seine Mutter?«

»Liegt zum Glück noch besinnungslos …«

»Und das kleine Kind?«

»Hier, bitte! Im Abstellraum … Gehn Sie nur hinein, oder fürchten Sie Leichen?«

»Nein …«

»Sehn Sie das rote Licht hinter Ihnen? (Cor hat nur zwei Augen nach vorn …) Ich werde auf Zimmer neun dringlich verlangt. Zwillinge, wissen Sie! Schon zum dritten Mal in einer halben Stunde nach mir hier verlangt … Aber machen Sie die Türe hinter sich zu!«

Die weltliche Schwester (nicht von Cor) ist auf und davon geflogen.

Cor macht besagte Türe vor sich auf, hinter sich zu. So steht sie im Abstellraum vor dem wohl auch dort abgestellten, von der Mode auch im Möbelhandwerk überholten »Wickeltisch« und hebt den winzigen Ableger in die Ewigkeit an die eigene Brust unterm weißen Festgewand, das sie rasch zur Freudenfeier zu Hause angezogen hat … Lange, lange, auch eine Ewigkeit lang, ist es her.

Cor's Herz schlägt, ihr selbst ungewollt zu verspüren. Des Kindes Herz klopft nicht darein.

»Für immer aus« … wer darf dies sagen! Gilt »immer« für ewig, so hat es mit »aus« nichts zu tun.

Das kleine Kind, fürwahr ein Knabe, am Herzen von Cor schier andächtig gebettet, ist nackend (wie das Kind in der Krippe im Stall zu Bethlehem).

Cor ergreift von einem aufgestapelten Bündel Leinen neben dem ausrangierten Wickeltisch auf einem blechernen Tischlein (sollte dies ein Gartentisch sein?) das oberste Stück. Entfaltet es an seiner eigenen Schwere, und wickelt das tote Leiblein darein, wie in Windeln.

Cornelie ist, der ausrangierte Wickeltisch sei darob sichtbar zufrieden: so werd' ich doch noch einmal wieder gebraucht … Ha, du da, Cornelie Heynitz, wenn ich der Krippentrog wäre, so bist du der Esel davor …

Unbeweglich, also vollkommen still, liegt nun die kleine Leiche von Cor wie in den Krippentrog gelegt, auf dem Wickeltisch.

Die Schulterchen, das Hälschen, das Häuptlein sind über dem gefatschten Körperchen offenbar gebleiben. Sind nicht rot, nicht rosig, nein, fast so weiß wie das Windeltuch. O wie schön ist das Kind, o wie schön!

Trotz der Kleinheit des Angesichts sieht es sich an wie ein Jünglingsgesicht im Schlaf nach bestandenem olympischen Sieg, seit über dreitausend Jahren. Liegt unbeweglich und doch wie lebend auf einem antiken, marmelnen Tempelrelief …

*

»Wo liegt Frau Thesi Vanselow?«

»Zweiter Stock, Zimmer elf! Doch wo wollen Sie hin? Her mit dem Toten da!«

»Die Mutter soll ihren Sohn bei Gott sehn!«

»Unser Professor Bartsch verbietet das streng! *Jedesmal* wird es verboten! Wir Schwestern befolgen strikt das Verbot. Wozu auch dagegen aufstehn? Tot bleibt tot und bringt schließlich die noch lebende Wöchnerin auch noch um. Gehn Sie alleine hinauf, zweiter Stock links numero elf! Ich leg' das da wieder dorthin, wo Sie's gefunden haben! Wach ist sie nun endlich wieder, *ich* bin die Hebamme Ämilie Popp. Mit Ä geschrieben, vorne dran Ä! Ich wäre lieber auf Clothilde getauft. Aber meine Patin wollte mir *ihren* Namen geben! Immerhin mit Ä vornedran …«

Als habe Ämilie Popp Cors beide Arme zerfetzt (doch sie bluten nicht durch die Ärmel vom weißen Kleid, sind nur leer), flieht Cor über einundzwanzig Treppenstufen hinan vor Ämilie Popp, nicht Clothilde, wie vor höllischen Flammen.

Und nun steht sie, nein, kniet schon am weißen Klinikbett der Patin von ihrem Kinde, von Üle … und blickt in die verzerrten Züge der kinderlosen Mutter empor.

»Cor, Cor, sie sagen Alle: ich darf es nicht sehn! Wo haben sie's hingetragen? Ich will, ich muß es sehn, seine Händchen mit meinen Lippen berühren … Cor, Cor, suche es, bringe es mir …«

Seit Üle's Taufe auf Thesi Vanselow's Armen sagen Cor und Thesi sich Du. Bei den »gegenseitigen« Ehemännern ist es natürlich beim Sie geblieben …

»Und erschrick nicht, o Cor, vor meiner Mißgeburt!«

»Bei Gott: es ist keine Mißgeburt! Ich sah es ja schon für dich! Es ist wundersam schön. Es sieht sich wie ein antikes Jünglingsbildnis an!«

»Und man bringt ihn mir nicht? Ich will sterben, statt das mir gefallen zu lassen. Ich stehe auf, ich laufe selber und suche mein Kind!«

»Komm, bleibe, Thesi. Ich gehe, ihn dir zu holen (und sollte es mich auch mein Leben kosten, Clemens wird mit unsern Kindern unter Gottes Beistand geduldig sein), ich bringe ihn, meinen Patensohn! Du wirst ihn küssen, wirst seine dunklen Härlein strählen! Ihn neben dich legen lassen von mir ...«

(Leben gebiert den Tod, Tod aber zeugt das ewige Leben ...)

Schnell, schnell, Thesi soll ihren kleinen Erstgeborenen sehn ...

*

»Cornelie Heynitz, Cornelie Heynitz, wohin mit ihm, meinem Sohn ... O weh mir und Thesi, daß er nicht lebt ...«

»Lassen Sie mich, Asmus Vanselow, ich bringe ihn seiner Mutter, sie fleht darum, sie will lieber sterben, als ihn nicht gesehn zu haben.«

»Verbietet es Herr Professor Bartsch und die Hebamme Popp, so muß ich's als Dritter verbieten! Sie kennen sich hier in der medizinischen Ordnung nicht aus ...«

»Warum waren Sie nicht an Thesi's Bett, als sie erwachte?«

»Ich lief nur nach nebenan: für Thesi Blumen bestellen, zum Trost.«

»Ihren Sohn zu sehn, Herr Vanselow, gilt mehr, als ein ganzes Blumengeschäft um ihr Bett zu bauen! Lassen Sie uns Drei zu ihr hinauf!«

»Ich lasse Sie nicht ...«

»Gott segnet uns ja ...« Cornelie preßt die kleine Leiche nur fester an ihr Herz, als solle das tote Kind darunter Wohnung nehmen.

Das Gesicht vom beraubten Vater, dem Gatten von Thesi Vanselow, überrinnt Schweiß.

Jetzt sperrt er den Mund auf und ruft: »Frau Popp, Frau Popp, helfen sie mir: meine arme Frau ist Patin von *dieser* ihrem Kind. Sie selbst hier sollte Patin von unserm Kinde sein ... Nun aber ... mein Sagen nützt nichts ...«

»Ja, natürlich helf ich Ihnen, nicht nur Ihrer Frau! Hören Sie doch endlich, was man Ihnen sagt! Ich habe es Ihnen schon dauernd verboten, hier im Hause wird mir und dem Chef gehorcht! Sie sind wie ein einziger Widerspruch. Gegen größere als Sie ...«

(Nicht gegen Dich, großer Gott!)

»Ich bitte ja nicht für mich, ich bitte für dieses Kind und die, welche es trug und geboren hat ... Am meisten für dieses Kind!«

»Das geht Ihr Bitten gar nichts mehr an!«

»Aber begreifen Sie doch: seine Mutter glaubt, eine Mißgeburt werde vor ihr verhehlt ...«

»Das haben wir Alle ihr schon längst ausgeredet!«

»Der Kleine muß für sich selber sprechen! Tod redet oft besser als wir …«

»Zurück mit Ihnen! Zurück!« Drei Augenpaare, drei Händepaare, dreierlei Lippenpaare gebieten es Cor.

Ämilie Popp, der kinderlose Vater und nun Professor Bartsch selbst verstellen die Tür zu Thesi Vanselow, der Patin von Üle (… nicht immer sind aller guten Dinge drei!)

»Bringen Sie es zurück, zurück!«

Was heißt hier zurück? Zurück auf den Wickeltisch? Zurück in Thesi's verlassenen Schoß? Nein, zurück in Gottes durchbohrte Hand.

Cor mit, mit … (wie haben sie's wohl getauft? später erfuhr Cornlie: Asmus, nach seinem Vater) dem Knäblein Asmus auf den Armen, in den weißen Ärmeln vom weißen Feierkleid, wendet noch einmal den Kopf: »Sie werden es alle bereun, der Mutter Wunsch nicht erfüllt zu haben, Ihrer Frau flehendes Bitten, ja, Betteln …«

»Die Verantwortung trage ich schon dafür …«

»Ich auch …«

»Ich erst recht …«

Professor Bartsch eilt von der unaufgeschlossenen Tür zum Zimmer von Thesi Vanselow fort, Cor, mit dem Kind Asmus auf dem Arm, entlang. Er murmelt, doch Cor's Traurigkeit kann es durch rinnende Tränen hindurch doch verstehn:

»Herr bin ich hier im Haus! Sie aber wollen Hausfriedensbruch begehn!«

O Herr im Himmel: mit Dir, vor Dir wird's hier falsch gemacht! Falscher als falsch steht dicht beim Bösen!

*

Der abgestellte Wickeltisch im sogenannten Abstellraum trägt wieder die kleine Leiche.

Cor ist's, als wäre das kleine Menschengesicht beim vergeblichen Kampf von Cor gegen dreierlei Menschenmacht noch schöner, noch jünglingshafter geworden. So schön, nah und doch fern zugleich, daß man nie es zu küssen sich unterstehen darf.

Nur eins, dies: Was tun, was nur und nun tun?

*

Cor greift in die Kleidertasche: ja, das Portemonnaie steckt darin. Und, sacht geschüttelt von derselben Hand, die doch eben das tote Körperchen niederlegte, bekennt es: was in mir ist, wird schon reichen!

Nur schnell, nur *sofort* ... Herr im Himmel, was hier im Haus wider uns ist, mache DU blind!

Cor, unter dem ersten Baum, der nach der Werneckklinik gleich ihr am Straßenrand steht (bald wirst du gefällt werden, den Fußweg zu schmälern, der Fahrweg zu verbreitern) ... in seinem Wipfel erblickte Cor ein gesegnetes Vogelnest, von den zwei Alten umschwirrt ... hat ein Taxi, das ebenso leer wie langsam vorüberfuhr, zu sich gewinkt.

Den Chauffeur kennt sie nicht. *Der* Fahrer fuhr sie noch nie – (in fünfunddreißig Jahren kennt Cor von bald viertausend Taxifahrern gut über vierhundert) und steigt ein.

»Ja, ja: wohl als Kranzljungfer zur Hochzeit?«

»Nein! Bitte Thorwaldsenstraße 9 Und dann wieder hierher zurück, doch dann nicht mit mir alleine, nein, zu zweit!«

Cornelie sagt nicht: zu Hans Zöller, dem hier zu München berühmten Gipsformator. Das könnte dem Herrn Chauffeur irgendwo mißfallen, mindestens nachdenklich machen.

*

»Da sind Sie schon wieder, Frau Cornelie Heynitz! Bleibt es nicht dabei? Ich meine, stimmt was nicht mit dem, was wir vor kurzem ausgemacht haben? Warum sind Sie so festlich gekleidet, wie ich Sie noch niemals gesehn?«

»Mit mir stimmt's aber anderswo nicht (in China trägt man bei Trauer weiß, aber wir sind keine Chinesen ...) Kommen Sie mit mir, Herr Zöller! Aber gleich, gleich, *sofort* ! Ich werde auch alles, alles heimlich und gleich bezahlen ...«

»Heimlich? Wollen Sie was Unrechtes tun?«

»Nein, nichts als reines Recht! Nur: nehmen Sie genug Gips mit sich, Spachteln, Unterschiedsfarbe... Eine Wasserleitung ist dort im Abstellraum, ich sah es bestimmt!«

»Stürzt Ihre Plastik ein, mit Ihnen zusammen? Warum schwanken Sie so?«

»Es geht nicht mich an! Geben Sie mir nur die Hand, Herr Zöller!«

»Auf was? Ich soll ja mit Ihnen kommen, da wechselt man kein Adieu.«

»Mich nirgends zu verraten! Fahren Sie mit mir, einer Totenmaske zuliebe ...«

»Um Himmelwillen! Von Ihrem Gemahl? Ein plötzlicher Schlag?«

»Noch nicht, Herr Zöller, von einem Kinde, eben geboren, rasch getauft und dann DORT ...«

*

Gott ist wahrlich mit von dieser geheimen Partie! Es braucht nicht einmal das Klingeln! Die Kliniktür ist noch nicht ins Schloß gefallen, sondern besinnt sich in ihren Angeln: (ein zum wartenden Handkarren hinausgetragender Riesenkorb voll benützter Klinikwäsche jeden Formats hat wohl selbst eine Tür nachdenklich gemacht) Zöller und Cor flitzen schier wie Schulkinder, die sich verspätet haben, hinein.

*

Cor hält den Eimer mit rosa Gipspulver unter den fließenden Wasserhahn: leise, leise daß niemand dich rauschen hört!

Man braucht nur fünf Hände voll über das kleine Gesicht und die zwei Schulterchen (ohne sichtbare Flügel daran). Der rosa Gips ist getrocknet, der weiße darüber gehäuft ... Cor dient Zöller, wo sie nur kann und darf, lächelt und weint dabei zugleich.

Das von Cor Begehrte wäre vollbracht.

»Wunderbar schön ist dieses kleine Gesicht! Ich bedanke mich, daß Sie mich riefen! In die Auslagen dafür teilen wir uns, Frau Cor! Den Eimer da, die Schüssel hier wasche ich erst daheim! Doch da ein festgewordenes rosa Tröpfchen! Weg damit, herunter von Ihrem Hochzeitskleid!«

»Nein, nein, an mir lassen! Es darf nicht zu Boden fallen, uns dort zu verraten! Und nicht wahr, Sie getreuer Herr Zöller, der Kleine da sagt es niemand, daß ihm die Maske abgeformt ward?«

»Das spricht die Maske selbst für ihn aus ...«

*

»Und nun bitte, mein Herr Chauffeur: Kassensturz!«

»7, 20 Fräulein ...«

»Hier wären 8 Mark ... Nein, nichts herausgeben ...«

»Sie freuen sich aber mächtig in Ihrem weißen Kleid! Wohnen auch hier im Haus? Der alte Herr Ihr Großvater, Opapa?«

»Nein, nicht hier, nur so um die Ecke herum ...«

*

Dann: Nur da um diese Ecke herum! Und dann wohl noch um fünfzig andere Ecken! Alles zu Fuß bis zur Kratzerstraße in Gern.

Cor läuft freudig, so freudiglich, ja dankbar, als sei ein lebendes Kindlein vor dem Tode gerettet, bewahrt. O ja, ja: Gottes Wege sind wunderbar.

*

Zwei Tage danach, noch am Vormittag, holt Cornelie, (natürlich immer auf beiden Füßen, ob die sich über Straße und Trottoir von München bewegen oder, brav, wie einst in Schule und Unterricht bei Herrn Lutz nebeneinandergestellt, in der Trambahn gefahren werden, mit allem andern von und an Cor, mit dabei, auch ihre Gedanken ...) bei Herrn Hans Zöller die Totenmaske des kleinen Asmus ab. Da liegt das kleine gipserne Gesicht dem Negativ entronnen, auf einem der schweren Arbeitsambosse aus Holz, wie Cornelie sie nennt, neben dem letzten Gesicht eines alten Mannes.

»Herr Geheimrat Pohl ...« stellt Herr Zöller Cornelie diesen ihr Fremden vor. »Ein Schlaganfall, dann ein Herzschlag! Ich wurde im Familienauftrag im Auto des Toten von dessen Chauffeur geholt. Der sollte mir dann beim Guß helfen, beistehn, behilflich sein ... Er wollte und konnte nicht etwas Totes sehn oder gar berühren, nein, lieber selber als Leiche liegen! Ich habe Sie sehr vermißt, Frau Cor Heynitz! Wie ernsthaft Sie stehn, wie um zu vergleichen ...«

»Ja, das kleine Kind und der sehr alte Mann haben, darin einander ähnlich, sehr wenig Härlein. Wie viele Haare wachsen einem doch von zuerst bis zuletzt ... Und wie viele fallen aus! Und dann heißt es: Gott zählt unsere Haare ...

Aber das kleinwinzige Gesicht ist klüger, nein, besser gesagt: weiser ... im Ausdruck als Ihr Herr Geheimrat Pohl ...«

»Sie haben wieder einmal sehr recht ...«

»... und spricht mehr von der Ewigkeit, die es jetzt schauen darf ... als ...«

»Wie denn redet's zu Ihnen, Frau Cor? Es hat ja noch gar nicht ...«

»Doch, doch, es, es spricht wie, ja, wie Augen sprechen ...«

»Aber Frau Cor, ich bitte Sie: beide Augen sind zu!«

»Ach, lieber Herr Zöller, wenn meine Kinder schlafen, lese ich doch auch, was sie sind, ja, oft, was sie träumen, ab ... Doch haben Sie die Rechnung für mich schon geschrieben? Danke. Aber Herr Zöller, das ist viel zu wenig. Sie haben sich geirrt, da gehört noch eine Null hintennach ...«

»Sie haben mich auf Ihre Rechnung hin in dem Taxi geholt und hernach zurückgebracht! Dann haben Sie mir geholfen, wie mein erster Geselle.«

»Und nun das viele, viele echte weiße Seidenpapier um das kleine schöne Gesicht ... Dank, Dank!«

»Und nun bringen Sie es den betrübten Eltern zum Trost!«

»Heute noch nicht …«

»Ja, Sie haben das rechte Gefühl: es sollte besser noch trockener werden! Es ist noch zu feucht, zu leicht zerbrechbar. Sie werden es schon richtig machen, zur rechten Zeit. Man sagt ja: wenn die Zeit erfüllt ist. Sie kennen sich ja darin aus, ich sehe es oft mit Verwunderung an …«

*

Am Nachmittag desselben Tages aber, ziemlich gleich nach Tisch wird Asmus Vanselow auf dem Nordfriedhof begraben.

Wie Cor im dunkelsten Kleid, das sie hat, dazu ist's gar ein Winterkleid, im Juli unter der Mittagssonnen etwas beschwerlich zu tragen (doch Cors Sommerkleider sind für Begräbnisse viel zu hell und heiter), in das steinerne Aussegnungsrondell kommt, stehn die Eltern des beraubten Vaters, derselbige, drei Frauen und eine ältliche Dame schon etwas verloren und sich unnützvorkommend, herum.

Alle sind pechkohlrabenschwarz angezogen. Cornelie hat's in ihrem Kleid also nicht weit genug gebracht …

Durch das Tor zur sogenannten »Auslage« tritt ein Friedhofsbeamter herbei, und trägt wie ein solides Lebensmittelpaket ein Särglein unter dem Arm.

»Wer nimmt mir's ab? Ich habe noch viel anderes, Wichtigeres zu tun! Eine Bestattung erster Klasse folgt in knapp einer Viertelstunde! Wohin mit dem da?«

Cornelie streckt beide Arme aus und empfängt Asmus in seinem ersten und letzten Bett, vom Sargdächlein in Triangelform verborgen, verdeckt.

Ein alter Mann tritt vor Cornelie Heynitz, das Kreuz an langer Stange wie eine goldene unbewegliche Flagge tragend. Es hebt sich das Kreuz trotz seiner Wanderung so unbeweglich vom blauen Friedhofshimmel ab, daß sich ein junger, noch etwas beschwerlich und mühsam flatternder Sperling auf der linken Seite vom Querbalken niederläßt. Sein Schatten fällt auf das Särglein in Neles zwei vorgestreckten Armen. Es wird nicht schwerer davon, Schatten hat niemals Gewicht.

Und Cor trägt Sarg, Asmus' Leichlein darin und den Sperlingsschatten darauf hinter dem Holzkreuz her, und merkt nicht, daß nun ein Priester neben ihr geht und sich an ihrem, in den Himmel verlorenem Lächeln freut.

Dann sieht Cornelie Heynitz ein geöffnetes Stück Erde vor sich, kniet davor nieder und legt den kleinen Asmus in seiner verschlossenen Wiege behutsam hinein, hinab.

Der Sperlingsschatten ruht nicht mehr auf dem fichtenen Holz. Der Priester tritt vor den Kreuzbaum. Die alte Frau Beate Vanselow weint und tupft ihre Augen in einer Art rhythmischen Krampf.

Das weiße Taschentuch leuchtet durch den schwarzen, das Gesicht der Großmutter verhangenen Trauerflor.

Und Cor erblickt in sich, als könnte ihr Herz lautlos Antwort geben auf die sie allein bewegende Frage: Was mag Thesi gerade eben in der Klinik und ihrem vergeblichen Wochenbett tun?

Gedanken, Erinnerungen, Ahnen, Hoffen, Glauben und Lieben häufen sich in kaum einer halben Minute in Cor, daß, wollte, könnte, dürfte man sie niederschreiben (man brauchte dazu ein ganzes Jahr), es drei Bände geben würde, jeder Band so dick wie ein Bibelbuch … für alte Augen in großen Buchstaben und Antiqua oder Fraktur gedruckt.

Was bewegt Cor denn in sich immer noch, immer noch auf den Knien an des kleinen Asmus Vanselow noch offenem Gräblein?

Wie doch war's mit ihr und den Eltern des Kleinen, der da im Grabe liegt und dennoch hinüberging?

Nun: Cor hatte Asmus Vanselow, den Vater des nun toten Kindes, ja vor seiner Thesi kennengelernt, so »von ungefähr«. Die Wurzel dazu, davon läßt sich nichs mehr entdecken.

Er sah Cornelie Heynitz von ihren drei Kindern umgeben, er sagte: »Wie glücklich dürfen Sie sein … Ich aber und meine Frau haben ohne Kinder zu sein und zu bleiben …«

»Beim Himmel, warum dies, Herr Vanselow? Krankheit läßt sich, in Gottes Namen in richtige und gesegnete Hände gelegt, heilen.«

Es war im Englischen Garten. Auf einer Wiese spielten Cors Kinder auf wenig betretenem Weg reifen, Kreisel, Diabolo.

Cor und Asmus Vanselow gingen unter Gottes Sonne nebeneinander auf und nieder. Gewiß, es standen drei leere Bänke in einer Reihe gen Osten gewandt. Doch Cor und Asmus Vanselow wollten nicht niedersitzen, ach nein.

»O erlauben Sie mir, es Ihnen, nur Ihnen zu sagen. Es wird mir dann leichter … und bringe ich's meiner Thesi, von Ihren Augen angeschaut, mit mir nachhaus, bekommt sie mit einemmal Mut! Thesi, müssen Sie wissen, liebe Cornelie Heynitz, ich darf doch so sagen? … ist von jeher katholisch. Von jeher ist wohl zu verstehn: seit ihrer Taufe. Oder glauben Sie, unser Glaube lebe schon in uns im Mutterschoß? Ich aber bin von zu Haus aus ein Protestant. Und nun: in und aus Thesis siebzehntem Jahr nahm sie ein viel älterer Mann, Katholik von jeher, unter Anweisung und Vermittlung ihrer Mutter zum Weibe.

Nach drei Wochen lief sie ihm, zitternd vor so viel Unbegreiflichkeit, auf und davon.

Die Mutter schloß vor dieser Flucht sowohl ihr Herz und ihre Etagenhaustüre zu, ja, ab.

Eine sehr alte Tante, ledig und lustig … ob eins durch das andre bestand, weiß ich nicht … nahm Thesi als Gesellschafterin, wahrlich entzückt bei sich auf. Der verlassene Ehemann verweigerte seine Einwilligung, seine Erlaubnis zur Scheidung … der Scheidung durch den Tod konnte er sich dadurch jedoch nicht entziehn. Doch was wußte er, ob er alt, älter, am ältestem Thesi überlebe oder nicht.

Ich aber, ja, ich, niemand anders, war Mietstudent beim Tantchen Virginia Obst. Sie verhielt sich, was uns Beide betraf, als wäre sie blind, taub und gedankenlos wie ein Zaunpfahl, oder … zürnen Sie mir nicht …: eine Vogelscheuche. Es ging kein Wind, Virginia Obst bewegte sich nicht, die zwei armen Vögel auseinanderzuscheuchen. Ach, *Sie* haben Grund genug, hier zu lächeln!

Standesamtlich, mit unsern beiden Unterschriften versehn, gab ich Thesi mich und meinen Familiennamen. Aber ein Kind auf die natürliche Weise von mir zu empfangen, weigerte sie sich, weigert sich ohne End' …

Ach, Cornelie Heynitz, wie wäre es nun, beraten Sie mich, wenn ich zu Thesis Glauben nun überträte?«

»Es würde noch schlimmer sein, Herr Vanselow. Erst des ersten Eheherrn Tod würde erlauben und billigen, daß … Doch das erklären Ihnen ein Theolog', ein Jurist, ein Mediziner deutlich, nicht ich.«

»O Cornelie Heynitz, ich vertraue Ihnen hier als drei Fakultäten …«

»Nein, nein: wenn sie einem vertrauen wollen mit jedem Haar auf Ihrem Kopf, dann Gott allein, der unsere Haare zählt …«

»Vermögen Sie *das* zu glauben?«

»Glaube versetzt Berge …« Cor macht einen Schritt zurück, denn Peter's Kreiselpeitschchen schlug eben ihr den linken Fußknöchel beinahe wund.

»Mutter, du hast meinen tanzenden Kreisel ja fast in den Boden getreten …«

»Verzeih, Pittegrilli, doch Gottseidank, da tanzt er ja wieder!«

Asmus Vanselow und Cornelie Heynitz gehn weiter auf ihrem Weg. Nach einem Endchen Schweigsamkeit sagt Cor, als lese sie es aus einem gedruckten Formular oberster Behörden hervor: »Wissen Sie denn, was das Konkubinat vor den Leuten bedeutet? Ach unterstellen Sie alles dem, der uns erschaffen hat, ich bitte Sie inniglich: nicht mir!«

*

Und nach gut sieben Wochen (der Raum, der sie beide umgibt, ist Clemens seine Bibliothek) spricht Asmus Vanselow zu Cornelie: »Es ist nun allein *Ihre* Schuld: Thesi erwartet ein Kind … von mir …«

»Und aus Gottes durchbohrter Hand …« sagte Cornelie, ein wenig blaß wurde dabei ihr Gesicht.

»Und darf das Kind solcher Eltern die christliche Taufe empfangen?«

»Bei Gott: ja, ja, ja …«

»Aber Virginia Obst will gehört haben: unter unsern Umständen, nach den überstandenen ›andern‹, gibt sich keiner zum Taufpaten her!«

»Darf ich es sein? Und wenn Thesi Vanselow mag und will, das heißt: ohne Zwang, möchte sie Patin von unserm vierten Kind, Sie wissen, ich erwarte es (gesehn hat niemand diese Erwartung) so in zwei Monden, aber bitte nichts darüber berichten …«

»Die Taufpatenschaft meiner Frau?«

»Aber nein, über meine Erwartung.«

*

»Ach, so nahm uns Gott zur Strafe für all unsre Fehler das Kind, unsern kleinen Sohn!«

»In die wahre Gerechtigkeit, sehr lieber Herr Vanselow, haben wir uns nicht einzumischen, Seine Gedanken sind nicht unsre Gedanken und Sein Recht steht über all unserm Recht. Sie werden wiederum Vater werden …«

»Niemals wieder, niemals wieder!« Feuerröte und Totenblässe wechseln in Asmus Vanselow's Gesicht: »Thesi will nicht, will nicht: ›lieber sterben und niemals auferstehn, als noch einmal eine Mißgeburt …‹ O weh mir, weh mir: ich bereue wie nichts sonst in meinem vielschuldigen Leben, daß Sie, Cornelie Heynitz, den kleinen Asmus nicht zu Thesi hinauf gebracht haben!«

»Es wurde mir dreifach verboten: durch Professor Bartsch, durch Ämilie Popp, endlich durch Sie! Ihr Söhnlein war so schön, schöner als Sie und Ihre Thesi zusammen, schöner als unsre drei Kinder, ja, rechnen wir schon das vierte dazu. Ich habe es Thesi gesagt, beschworen, aber sie glaubte mir nicht.«

»Woran denken Sie, Cornelie Heynitz, mir ist, man höre Ihre Gedanken, auch wenn sie wortlos sind!«

»Thomas, der Jünger, wollte den Auferstandenen sehn und seine Wunden berühren … Warum hielten Sie Ihrer Gattin Hände und Augen von der

Berührung, dem Anblick des schönen, ja vollkommenen Kindes fern?«

»Ich bereue, ich bereue …Wäre das tote Kind noch über der Erde zugegen, ich legte es selbst in Thesi's Arme … Nun wird es in Verwesung übergegangen sein, schwerer beim Ansehn zu ertragen, als das Bild einer Mißgeburt …«

*

Nächtlicherweise liest Cor, das Bettfußende vom schlafenden Clemens am ihrigen, auf Plattdeutsch die Schnurre, die eine unter gut hundert andern vom »Bottermelkskettel«, dem Buttermilchkessel, und kommt gerade mit Lächeln wieder, wie schon oft, zum »un över een Kleens werdet Ihr mik nich sähn … un över een Kleenes werdet Ihr mik sähn …«

Warum kommt Cor diesmal von dieser Stelle nicht fort?

*

Am Abend vom nächsten Tag meldet Käthe an Cor: »Herr Vanselow möchte Sie sehn, Sie sprechen … ich glaub' fast bei mir, und muß es Ihnen bekennen: Frau Vanselow liegt im Sterben oder wäre schon tot!«

*

»Ich weiß nicht wohin, als noch zu Ihnen … Und doch: stören darf ich Sie nicht mit uns, Cornelie Heynitz!«

»Auch im Stören kann Segen blühn wie unter Nesseln ein Löwenzahnlicht …«

»Thesi will mich verlassen, anders, anders als sie einst den ihr fälschlich Angetrauten verließ …«

»Im Tode? Erkrankte sie schwer? Doch wie kam das?«

»Thesi ist körperlich so gesund wie noch nie. Aber im Herzen … wohnt da die Seele drin? … vollständig entzwei.

Hätten wir, hätte doch ich allein, ich, der Unselige, Sie mit dem kleinen Asmus doch vor Thesi hin gelassen! Ich bereue, ich bereue, ich bereue! Könnte ich nur für den Anblick des toten Kleinen mein durch mich selbst verdorbenes Leben lassen!«

»Nein! Nein: gestorben bezeugt man auf dieser Welt gar nichts mehr! Doch kommen Sie mit mir …«

»Wohin?«

»Hier diese Treppe hinauf: sechszehn Stufen! Hier herein, die Türe hinter uns zu, Herr Vanselow …«

»Nicht doch, nicht doch, was soll ich hier, was habe ich in Ihrem ehelichen Schlafzimmer zu suchen ...«

»Um zu finden, Herr Vanselow!«

»Ja, ja: da finde ich zwei Himmelbetten, Fuß an Fuß, Dach an Dach ... Das erste Mal, daß ich nicht vor einem Doppelbett stehe: Doch was soll ich? Sagen Sie mir, was soll ich!«

»Ziehn Sie bitte hier aus der alten Kommode die oberste Schublade auf!«

»Es geht nicht gut, meine Hände zittern ...«

»Ich helfe Ihnen, dann geht es ganz leicht! Da sehn Sie hier zwischen den Wäschestapeln, (meine Nachthemden dürfen Sie aber nicht verstören: das Bündel im seidenen Tuch! Nehmen Sie es hervor! Legen Sie es vor sich auf die Kommode ... Vorsicht!«

»Für seine Kleinheit ist's schwer, erschreckend schwer ... Wäre Gold darin?«

»Mehr wie Gold! ...«

»Gold für mich ...«

»Lassen Sie es nicht fallen! Öffnen Sie's, die vier seidenen Zipfel sind nur schwach verknotet ...«

Und mit einemmal nach Sekundenkürze oder Dauer eines Atemzugs der Ewigkeit liegt Asmus Vanselow's Angesicht an Neles Schulter. Heiße Tränen durchdringen brennend, doch flammenlos über Cors Herzen (nicht unter dem Herzen) Cornelies linnenes Kleid.

Zwischen vier aufgeschlagenen Zipfeln des Seidentuchs, auf dem seidenen Quadrat und wie von der Seide gerahmt, liegt die Maske des toten Kindes, dem Erdentageslicht nach langer, langer Zeit andächtig preisgegeben, schöner als schön, weise, wahrlich verklärt ...

»Falten Sie mein Tuch nun wieder zusammen! Nicht diese Seide nehmen! Gebrauchen Sie hier für sich mein eigenes Taschentuch! Falten Sie *das* auseinander!

Und hier nach Gebauch in Ihre Tasche damit! Nehmen Sie's nur für immer mit sich! Gehn wir! Ich habe unten noch Seidenpapier und einen Deckel- und Henkelkorb ... beides wartete immer auf Sie!«

*

»Und nun bringen Sie's Ihrer Frau, Üles Patin. Sie können ja zu ihr sagen: diese unmögliche Cor hat mir für dich einen Korb gegeben ... Und sie blickt dann nicht von Sorgen verhaftet hinein ...

Alles Gute fortan für Sie, Thesi und ... Ach ja, wir sind im Herbst, nicht im April, doch Sie gehn nun ganz genau, als hätten Sie ein volles Dutzend schöngefärbter Ostereier gefunden und trügen es im Henkelkörbchen in Ihre Kammer, Thesi zu ...«

»Ostereier, Ostereier ...«

»Bedenken Sie: Christnacht und Ostern leben mitsammen, sind nicht Zweie, sind Eines durchs ganze Jahr ...«

*

Neun Monde und vierzehn Tage sind nach diesem Osterfest im Herbst 1938 vergangen.

Cornelie geht die Treppe der Privatklinik Eisenreich, Ecke Schnackstraße und Kaulbachstraße – einst ging sie täglich, oft mehrere Male, dort vorbei und entlang – langsam hinauf, schier wie eine Nonne zur Einkleidung vor dem Klosteraltar.

Und Cornelie hält beide Arme äußerlich von sich gestreckt und doch zugleich fest an sich gezogen. Dies bringt das kostbare Tragendürfen mit sich.

Cor trägt kein totes Kind in Linnen gehüllt.

Cor trägt auch kein Särglein und den Schatten eines Sperlings darauf.

Cor trägt den lebenden kleinen, vor acht Tagen hier im Haus in der Schnackstraße (nahe dem sichtbaren Siegestor ... wieviel unsichtbare Siegestore gibt's wohl seit Anfang der Erdenwelt?) geborenen Sohn von Asmus und Thesi Vanselow über zweiundvierzig Stufen (irgendetwas in Cor zählt wider ihr Wollen und Wissen *alle* ihr bislang unbekannten, nun zu beschreitenden Treppenstufen) hinauf in das Hauskapellchen zur vorgerüsteten Taufe.

Hinter ihr geht des Knäbleins Vater, dessen Vater und dessen Frau, welche den Vater des Kleinen empfangen, getragen, gebar.

Neben Beiden geht auch die He...bamme, wie Dallala einst diesen Namen und Beruf zu Hagenau, ja, auch in Uelzen ahnungslos ausgesprochen und darum verlacht, verhöhnt worden ist.

Irene Hubermoos (nicht Ämilie Popp aus der Werneckestraße!) drängt sich ein wenig von den Großeltern fort zur Taufpatin hin. Sozusagen ist sie ja hier die zweite Hauptperson.

Doch was hört Irene Hubermoos noch dicht vor dem Eintritt in dies Kapellchen und zum geöffneten Taufbecken hin, neben sich?

Das Taufkindlein schläft wundersüß auf den Armen der jungen Frau. (Daß diese wirklich schon vier Kinder haben soll, das älteste sogar schon dreizehn Jahre alt! Die Wöchnerin hat sich gewiß beim Erzählen verzählt ...) Doch wiederum dieser Hauch, dieser Seufzer, in einige Worte gebannt: »Bitte, gütig sein! Stützen Sie mich!«

Die weise Frau blickt vom schlafenden Kindlein der bald Pate gewordenen Frau ins Gesicht: schneeweiß ist's bis in die Lippen herunter ...

»Ist er Ihnen zu schwer? Die Treppe zu steil? Lassen Sie unsern Täufling nicht fallen!«

»Vergebung! Es geht schon wieder!« spricht Cor.

Und nun hält sie den Kleinen in frischen und neuen Windeln, Spitzen, Schleifen, Decken unter dem hier im Haus wohl schon hunert Mal gebrauchten »Taufhemdelein« vor den Augen des Priesters wiederum fest wie ein neugeborener Leib seine junge Seele.

»Sie brauchen mich also nicht mehr?«

»Nein, ich danke Ihnen vielmals ...« sagt Cornelie Heynitz leise, doch klar.

Ihre Lippen sind wieder rot, wenn auch nicht von solcher Röte, wie die lebt, darein sich das kleine Gesicht in Cors linker Armbeuge schreit.

Hat die Nennung des Teufels und Cor's Schwur: Satan für Alexander Vanselow fortan tödlich zu bekämpfen, des Kindes Geschrei erweckt oder die Kälte des geweihten Wassers auf der winzigen Stirn und im spärlichen Flaum?

*

Und nun geht es wieder die Treppe hinab: eine Stufe dem linken Fuß, die nächste Stufe dem rechten Fuß ...

Nun wird Cor das Kindlein, gleich Thesi im Wochenbett in die Arme über den leeren Schoß unter der vollen Brust betten.

Die folgende Stufe wartet auf Neles linken Fuß, die nächste auf Neles rechten. Rechter Fuß! Linker Fuß! Rechter Fuß ... aber so kann es nicht weitergehn ...

Beide Füße von Cornelie halten zwillingshaft auf einer gemeinsamen Stufe zusammen ...

Ach, ach, Gott im Himmel, bist Du nicht nahe? Warum muß die weise Frau immer rechts von Cornelie gehn? Cor dürfte den kleinen Alexander, mit einem Arm an sich gepreßt, gerafft, wie besiegelt halten und mit der andern, mit der andern Hand das Treppengeländer aus geputztem Messing umgreifen und daran sicher in die Tiefe herniedergehn.

Das Glasdach vom Treppenhaus läßt verborgene Sonne sehn ... Alexander im Taufkissen hält wieder Mäulchen und Augen geschlossen. Cors äußere Augen halten sie wie zwei Arme fest auf ihrem Patensohn.

Neles innere Augen aber sehn, groß und brennend wie aufgerissen: in mir, wieder unter dem Herzen, nahm sich werdende Saat Erdreich und Wärme zum Aufenthalt.

Mir in den Armen, mir über dem Herzen trag' ich Thesi's nun getauftes Kind … in mir aber, o Herz unter meinem Herzen, ein Geschwister von Peter, Esther, Judith und Ursula Fuchs, Clemens' zweiten Sohn oder viertes Töchterlein.

Doch Cor weiß so genau, wie daß sie lebt, noch nicht starb: es ist Clemens' zweiter Sohn, den sie trägt.

*

Ja, ja, es war der zweite Knabe von und für Clemens, von und für Cor, genau neun Monate weniger fünf Tage nach diesem Tauftag wurde Andreas Konrad Prosper im Himmelbett Cors geboren.

*

Ja, ja, gewiß: Cor hat ihre neue Fruchtbarkeit fast schon am fünften Tag nach der Empfängnis erkannt.

Doch wo hat Cor empfangen?

Zu Mösern, hoch überm Inntal, auf niederem, harten Herbergslager, beide offenen Auge durchs offene Fenster in den erglühenden Berghimmel geboten … Und der Morgenstern nahm sie in sich auf.

Halte die Ohren steif …

Wer es und zu wem er es sagte, kommt erst, ja, lebt dann so ziemlich mitten der Kugel drin … etwa wie ein Kirschen- oder Pfirschenkern mit dem Fruchtfleisch um sich her zustande kommt, so zustande, daß, wenn man den Kern nur in die Erde legt und mit Erde bedeckt, ein Baum daraus werden kann (nur Begrabensein bringt ja Frucht …), mit vielen Kirschen oder Pfirschen im Laub, und in jeder Kirsche oder Pfirsche ruht ein gesegneter Kern.

Pfirsche ist dasselbe, was man sonstwo einen Pfirsich nennt, in der Mehrzahl Pfirsiche – aber in Cor's Kinderleben nahm man Pfirschen in den Mund (auch ohne in sie zu beißen).

*

Cor hebt in feierlich-langsamem Einhergehen die Augen, obschon dabei dieselben in ihrem Gesicht bleiben und verharren, empor, und hängt ihre Blicke gut dreißig Schritte von sich selber entfernt an den durch von ihr ungeschauten vier Kirchendienern getragenen Baldachin.

Der lebt und schwebt und erhebt uns heute, just eben in der Fronleichnamsprozession zu Königswinter am Rhein.

Die vormittägliche Sommersonne scheint auf und über den Baldachin, darunter unser ewiger Herr als kleine weiße Hostie, in einen vergoldeten Schrein gebannt, zum nächsten Altar getragen wird (fast wie ein Leichnam zum Felsengrab, um am dritten Tage für ewiglich aufzuerstehen).

Der Baldachin ist aus einem seidenen Laken gebildet, das aber ist von vier breiten weißen Seidenstreifen eingefaßt, die hängen vom länglichen Quadrat, fast ist's ein Rechteck, des Baldachinhimmels herab. Von sehr weit her mag es wie ein kostbarer deckelloser, umgestülpter Kasten aussehn, von unsichtbaren Händen ein Stück des Himmels auf die Erdenwelt auszuschütten.

Immer da, wo zwei kürzere und zwei längere Streifen zusammenkommen, ist ein säulenhaft gedrechselter und vergüldeter Stab.

Auf Erden sind diese vier kostbaren Stäbe je von den vier Baldachinträgerm mit beiden Händen umfaßt, gehalten und getragen.

Im Himmel aber sind ins offene Ende (oder ist's der Anfang?) der köstlichen Säulen weiße Straußfederbüschel wie Blumensträuße in einen Krug gesteckt. Wasser brauchen die Straußfedersträuße ja nicht …

Das Dach vom Baldachin ist vor lauter Straußfedergewölk nicht zu erschaun. Nur der die Hostie tragende Priester könnte dies weißseidene Dach im Aufblick zum Himmel sehn. Doch er blickt nicht in diesen Himmel, sondern das Allerheiligste ehrfürchtig an.

Über das Baldachindach schwirren und schweben Rheinschwalben auf's Lieblichste.

Cor erblickt sie, und ihr ist, die blauen geflügelten Leiberchen wären wie Noten zu Beethovens Neunter Sinfonie.

Auf dem rückwärtsliegenden schmalen Streifen vom Baldachin gehn Cornelies Augen, die grauen, mit dem rostroten Rand um die Pupillen, ohne sich unter den Lidern und Brauen und Wimpern hin und her zu bewegen, wanderlustig dahin. Ach ja: alle vier Streifen, dort zum nächsten Altar wandelnd, sind wunderlieblich mit goldenen und siebenfarbenen Fäden bestickt und also bebildert.

Das Bild nun, das Cor voranschwebt und dem sie nachfolgt, zeigt den Einzug unseres Herrn am Palmentag zu Jerusalem. Er reitet ebenso kindlich wie majestätisch auf einer Eselin. Große grüne Palmenbäume stehn an der Straße, die über Jerusalem nach Golgatha führt. Am gestickten farbenen Straßenrand aber knien Menschenscharen. Sie breiten ihre Mäntel und Tücher mit Palmenzweigen gemischt vor der Eselin kleinen Hufen aus. Warum dies? Ei, daß kein Straßenstaub der, die Gottes Sohn trägt, die Hufe beschmutzen kann.

Neben Cornelie geht Clemens. Er schaut just seine Cor von der Seite an und folgt ihren Blicken mit den seinigen. Ah, ah, das Palmeneselein dort vor uns, dort oben, hat's ihr angetan, wie ehemals schon, doch da noch unsichtbar in ihrer Seele, bis sie's in die, nun schon acht Jahre alten Verse im »Passional« gebracht hat, hat bringen dürfen, die lauten ja lautlos so:

Das Füllen der Eselin

Es hängt noch seiner Mutter an
Und geht auf hohen Beinen,
Die Engel aber weinen,
Durchspringt es den erfreuten Plan.

Es äugt die Straße weit hinaus
Und reibt sich an den Latten,
Der Palmbaum gibt im Schatten
Mit einem frischen Blätterstrauß.

Mit seinen kleinen Hufen
Wird es die Blätter niedergehn,
Die noch so hell im Himmel wehn,
Gleich klaren Freudenrufen.

Und wird doch schmerzlich klagen,
Vor volle Krippe hingestellt,
Weil es den milden Herrn der Welt
Zu seinem Tod getragen.

Schon nahn ihm Schritt und Zügel,
Die Palme rauscht voll Ängstlichkeit –
Das Eslein aber geht schon weit,
Geleitet durch die Hügel.

Ob Cornelie wohl gerade eben in sich kindlich stolz ist … wegen dem alten Gedicht vom Eselein?

O nein: wegen dem gestickten, über allen Nachfolgern des Herrn herrlich leuchtenden Baldachinbild vom Palmsonntag über alle Zeiten hinweg!

Denn ach, Cor, einst Dallala, heut auch noch manchmal Nele, hat alle vier breiten Streifenbilder vom Baldachin in der *dafür* natürlichen Größe ersonnen, entworfen, sie gezeichnet, bemalt, viele Linien vergoldet und im letzten Jahr in großen Rollen nach Königswinter gesandt, damit Antonie Wilich das von ihr an Gott im Himmel und dem Prälaten von Königswinter am Rhein versprochene Zelt der Heiligkeit besticken könne.

Nein, nein, Cornelie ist nicht stolz, kann niemals stolz sein. Wozu Gott den Einfall, die Geduld, die Ausdauer und solcherlei gibt, das ist doch nicht aus unserer Hand, ist aus der Seinen.

Gott selber kennt keinen Stolz (Stolz kommt vom Teufel her, woher sonst?), und da Er in Seinem Sohn am Palmentag auf dem Eselein ritt, das der Menschen Lob und Verherrlichung mit den grauen Hufen niedertrat, blickte Er nicht stolz, sondern wie die fleischgewordene Ergebung drein, Ergebung in die Ihn erwartende Gefangennahme, Marter, Kreuzigung, Sterben, Grablegung und Besiegelung, Versiegelung des Todes …

Doch hinter Gott unterm Baldachin hergehend, ein weißes Schleiertuch über die Haare und rechts und links je einem Drittel des Gesichts gelegt, ist eine Frau, nein, eine Dame, stolz wie ein Kind, das sein erstes Paar selbstgestrickte Strümpfe dem Herrn Schuldirektor zu dessen Namenstag verehrend vor- und darreichen darf.

Eine Dame? Ja, Antonie Wilich, die fromme Gemahlin des reichen Herrn Hugo Wilich zu Königswinter am Rhein.

Toni Wilich hat bei Cornelie die vier Baldachinbilder bestellt, hat das

Erhaltene, hoch nach oben gerundet, bezahlt, aufs allerschönste, feinste, unter eigener Freude (nicht Leiden) begonnen, beendet, und nun »gestiftet«. Dann aber hat sie Cor mit Clemens zu sich in »mein Reich« gebeten (nicht gebettet), und unter der handschriftlichen Unterschrift: ganz (Gans) Ihre Toni ... noch geschrieben: und wenn es Ihnen gefällt, kommen Sie zu mir zu dritt, das heißt: bringen Sie Ihren Ältesten, er ist doch Peter getauft, mit. Er wird dann auch am 29. Juni mit gefeiert, mein braver Chauffeur Schwarz heißt ja Peter wie Er ...

Er ist zufällig und gedankenlos großgeschrieben, als wäre Peter Fuchs, Cornelie Heynitzens erstgeborenes Kind, ein winziges Stückchen, nein, Stäublein von Ihm, der ewigen Ewigkeit.

So ist denn Peter nach Königswinter mitgenommen, mitgekommen.

Zu dritt, wie Toni Wilich es vorschlug, wären sie nun hier.

Und doch sind es nicht drei, sondern vier: Cor birgt ja in sich ihr drittes Kind.

Jetzt wären wir im Juli 1930 ... »es« wird so zur heiligen Nacht ins äußere Leben kommen, zum Rand der Krippe voll Heu und voll Stroh, darein Gottes Söhnlein gebettet liegt.

Peter ist vier Jahre neun Monate alt »und sehr wohlerzogen«, sagt Hugo Wilich zu seiner Frau Antonie, Mutter von sieben erwachsenen Kindern ... »man braucht in nichts zu bereuen, daß dieser Peter mit seinen Eltern zu uns kam«.

Und ein Stündchen später spricht Hugo Wilich, seine grauen gestutzten »hartknochigen Schläfenhaare« wie ein Nagelbürstchen für seine rechte Hand gebrauchend, zu seiner Frau: »Du, Toni, laß mir den Peter Fuchs rufen, ich will mit ihm am Rhein ein Stündchen spazierengehen, will ihm beibringen, wie man Steine übers Wasser hüpfen läßt, *ein* Wurf kann *zwanzig* Sprünge erzeugen. Den Peter wird es freuen, dabei zu sehn, wie Roger hinterher schwimmt, und, gar einen Stein im Maul, zurückkommt, mir seine Beute vor die Füße zu legen, wie deine Siamelise neulich dir die tote Maus vor die Füße vom Stickrahmentisch ...«

Alle im Haus, Garten und die Wege darin, daraus und darein sind freundlich zu Peter Fuchs, manchmal noch Pittegrilli genannt, gerufen. Am freundlichsten aber ist zu ihm Peter Schwarz, der große »mittelalterliche« Chauffeur der Wilich's. Mittelalterlich? Im Mittelalter hat es doch keine Automobile gegeben.

Nun: Peter Schwarz hat schon graue Haare, ist ein Junggeselle (ein Hagestolz) und wird beides in einer Person bleiben. Dennoch entbehrt Peter Schwarz die Wilich'schen Kinder. Alle verließen, als Mädchen mit einem Manne, als Männer mit einer Dame, das Haus hier am Rhein.

Dem Schwarz (Pittegrilli fragt Cor: »Warum heißt er Schwarz, wenn er so viel weiß?«) hielt Frau Antonie Wilich eine ganze Programmliste, nicht gedruckt, doch nachdrücklich hergesagt, vor:

Zoo in Bonn
Konditorei zu Godesberg
Ruine Drachenfels

dort hat es Peter am meisten, am besten gefallen, denn, während »Tante Toni« und Mutter hintereinander den Felsweg hinangestiegen sind, ritt Pittegrilli, in hohem, sicherem Sattel sitzend, auf einem Maulesel voran, geführt von einem Rheinbauernbuben, der blies dazu auf einem papierumwickelten Kamm das Lied von der Lorelei, das Heinrich Heine gedichtet hat ... und weil er ein Jude war, wurde das Lied vier Jahre später in Deutschland, (der Bräune erlegen, ohne tot zu sein) zu singen, zu drucken verboten ... es zu lesen, ließ sich nicht überwachen (Dummheit trägt die stärkste Rüstung und wird niemals tödlich umgelegt ... oh).

Dann ist noch Fräulein Monsi da, moderne Kammerfrau, also schier Freundin von Toni Wilich. Sie hat an Cor »'nen Narren gefressen«, wie man so sagt, hat so fünfundsechzig Jahre auf dem Buckel (den sie aber sichtbar nicht hat), dazu aber ein Kinderherz, und sucht mit der kleinen Dallala-Cor zu spielen auf vielerlei Art: mit Gedankenmarmeln, Heiterkeitsball, Reifen vom Lebensbericht, Krokett aus Räubergeschichten, Diabolo mit Rätseln, welche Cor, Fräulein Monsi zuliebe, nicht so schnell löst, wie sich's doch geben würde.

Und *sie* ist es, welche Cornelie bittet: »Bleiben Sie noch zwei Tage länger bei uns (also auch bei mir) und reisen Sie dann Dr. Friedrich Fuchs hinterher! Was wollen, sollen Sie so arg lange in Heidelberg tun? Pittegrilli hat dort weder einen Garten am Rhein, nicht mich und noch weniger Schwarz ...«

Ja, Schwarz selbst hat gebeten: »Ach, Frau Cor, gönnen Sie mir Ihren Peter noch zwei Tage länger ...«

Und Clemens zu Cor, diesen »Fall« betreffend: »Sag' ja, dreimal ja! ...«

Die Universität in Heidelberg hatte Clemens zu einem ernsthaften Vortrag über »Die Minderheit des katholischen Glaubens« eingeladen, nein: ersucht, gebeten (sogar mit nicht zu mäßigem Honorar).

*

»Herr Doktor, ich fahre Sie zur Eilzugstation nach Bonn! Frau Cor fährt mit uns und winkt Ihnen im abfahrenden Zug dann nach: »In zwei Tagen komme ich zu dir nach Heidelberg!« – Ich bringe sie dann wieder hierher und hab', mich freut's schon, nicht den leeren Wagen hinter mir, von Bonn nach Königswinter zurück.«

*

Und doch kam es beinah dazu, oder: fast soweit: leerer Wagenfond hinter Hugo und Antonie Wilich's Chauffeur Peter Schwarz ... obschon doch Cornelie dorten saß.

*

Nun, Cor packte den kleine Extrakoffer, ihr von Toni Wilich geliehn: »Ach, Cor, bringt mich Schwarz im Herbst über dein München ins Engadin, nehme ich das Köfferchen leer wieder mit! Es gehört in meine Koffergarnitur, die nun, außer ihm, ebenso leer wie erwartungsvoll auf unserm Vorboden steht.«

Leer, leer ... das einsilbige Wörtlein und sein Begriff »leer« wurde erstaunlich oft, denn vollkommen gedankenlos im Wilich'schen Haus ausgesprochen. »Gedankenlos« heißt: es wird nichts dabei gedacht oder bedacht, ja, nur geahnt.

*

Peter Schwarz fährt Clemens und Cor zur Abreise ihrer Hälfte, nämlich von Dr. Friedrich Fuchs, also nach Bonn.

Sie sitzen im sogenannten Fond nebeneinander. Cor, wie bei ihr üblich, links von ihrem Gemahl.

»Und ihr kommt dann (Clemens meint Cor und sein in ihr verborgen wachsendes Kind) mit Pittegrilli am dritten Tag zu mir nach ›Heidelberg, du feine, du Stadt an Ehren reich‹. Ich zeige, erkläre es euch. Übern Sonntag bleiben wir dort, und dann geht es wieder nachhause« (fast, ja, beinahe, wäre dies für immer ohne Cornelie geschehn ... gelangte sie doch inzwischen in's wahre Zuhause, der Insel im grenzenlosen ewigen Meer ... als ein Schifflein mit winzigem Fahrgast an Bord ... Gelten wohl werdende Menschengeschöpflein in der gestorbenen Frau, ihrer Mutter, Drüben schon so viel, wie hier auf Erden erst nach der Geburt?).

Am äußeren Bonner Bahnhöflein, fast dörflich mutet es an, hängt ein altes, mit frischer Kreide beschriebenes schwarzes Brett: Zug von Amsterdam 37 Minuten Verspätung.

Clemens geht geruhsam nach dieser Lesung an den Schalter, löst und bezahlt sein Billett, nimmt auch ein Bahnsteigkärtchen für Cor, also für »euch«, und tritt wieder zu Nele, die bei Antonie Wilich's Leihköfferchen steht, auf den sonnigen Bahnhofsplatz.

»Wo ist Schwarz?«

»Dort drüben! Es ist ihm hier zu heiß, viel zu heiß ... Aber Clemens, komm doch du eben mit mir dort hinüber: Bonn ist gewiß kinderliebender als andere Städte! Baut da ein ganzes Fenster voll Spielsachen auf.«

Cor trägt das Köfferchen, Clemens die verschiedenartigen Billetts wie ein Puppenfächerlein vor den kleinen Laden. Und beide schauen die Auslage an. 37 Minuten Verspätung erlauben diese geruhsame Vergnüglichkeit.

»O Clemens, Clemens. Schau doch den kleinen drolligen Hund mit hangenden Öhrlein, und Steiffknopf im einen Ohr drin! Dort, nicht da! Auf dem Baukasten sitzt er und blickt den Schlüssel vom Nähkästchen neben sich an.«

»Meine Cor, wollt *ihr* ihn vielleicht haben ... wie einst unsern ›Justus lieb' ich‹?«

»Wir nicht, nein, wir nicht, es nicht und ich nicht! Aber für Peter als Gruß: Vater hat unterwegs so getreu an dich gedacht ...« (gilt nicht Treue beim Hunde gar sehr?)

Cor hat das Wilich'sche Köfferchen neben sich auf dem Bonner Bahnhofsplatz in ihren eigenen Schatten, den die pralle Sonne wirft, hingestellt, und hält dazu die verschiedenartigen Billetts als zusammengelegten Puppenfächer zwischen Daumen und Zeigefinger fest.

»Halt sie für mich, verliere mir aber keins! Ich kaufe drinnen dein, das Hündchen, du meine Cor!«

Schon sitzt das kleine Spielzeug nicht mehr vorn hinterm Ladenglas.

Von hinten her, zwischen zwei Teddybären, einem Nußknacker, einem Elefanten und drei Äffchen, alle Tiere mit Steiffknopf sichtbar im Ohr, hatte eine welke Frauenhand, besät mit Wintersprossen, wie Cornelie die Altersfleckchen benennt, ihn ergriffen, entrückt und an seinen leeren Platz einen mächtigen Herrgottskäfer niedergesetzt. Herrgotts- oder Marienkäfer haben keine sichtbaren Ohren, so ist der Steiffknopf in einem der Fühler des Himmelsboten dort eingepreßt. Kann man mit gestanztem Fühler noch fühlen?

Cor draußen blickt nachdenklich zu Steiffs Knopf im Fühler vom Herrgottskäferlein drinnen drein.

»Da hast du für unsern Sohn Pittegrilli seines Vaters getreuen Gruß! Laß ihn noch in der Tüte! Fahrt ihr dann nach Königswinter retour, pack' ihn dir aus und find ihm einen recht schönen Namen aus den hunderten, die du liebst! Doch schau auf die Uhr dort, wir müssen auf unsern Bahnsteig … Der Zug kommt in sieben Minuten, dreißig sind hin (dreißig Jahre ist Cornelie alt).«

»Lebe wohl, Clemens, lebe wohl …«

»Am dritten Tag dann, meine Cor …«

*

Schwarz hat während der langen Verspätungszeit im Schatten der beiden Abtrittsställchen vom Bahnhof zu Bonn das schwarze Verdeck vom schwarzen Benz um- und eingelegt. Dem Schatten der Abörtchen hat sich auch der Schatten einer schönen alten Esche, die seitlich steht, gemischt.

Nun fährt Schwarz im schwarzen Auto, mit herabgelassenem schwarzen Verdeck, aus dem gµemengten Schatten heraus, beim besonnten Bahnhofsausgang vor.

Der Zug mit Clemens darin ist schon lange gen Süden davon. Schwarz öffnet eine der beiden Türen von seinem schwarzen Automobil und lädt Cornelie ein, hinter ihm auf dem, von Clemens nicht mehr besessenen Polster, Platz zu nehmen. Denn vorn neben Schwarz, dem bezahlten Chauffeur, darf niemand, der Herrschaft Angehörender, sitzen und sich dahinfahren lassen … Das gehört sich nicht, schickt sich nicht in der heutigen Welt, nein …

»Ohne aufgestelltes Verdeck wird der Sommerwind milder um Ihre Ohren wehn, das wird Ihnen gefallen … wird gut tun!«

»Sehr, sehr, Herr Schwarz, sehr!« (Alle guten Dinge sind drei).

Wie weit mag Clemens nun sein? Am dritten Tag bin ich nicht mehr von ihm getrennt …

Der Sommerwind spielt mit Cors Haaren so emsiglich, daß er sie fast aus den zwei hochgebundenen Seitenzöpfen löst. Auf ihren Knien, die sind nebeneinander gestellt, hält Cor Vaters Gruß für Pittegrilli schön fest.

Die Tüte, darin das Hundchen Bonn verließ, liegt leer auf dem Platz neben Cor, woselbst sie noch vor einer Stunde neben Clemens vor der Trennung gesessen, geheim auch schon getrauert hat: bald muß ich ohne dich sein …

Der Fahrwind weht und spielt immer kräftiglicher.

»Halt die Ohren steif, Fabian!« sagt Cornelie zu Pittegrillis Geschenk vom Vater, Abschiedsgeschenk … »Fabian« schickt sich als Name gut für das kleine, langhaarige Plüschgetier.

Und in Cor selbst, auf deren Knien Fabian, auch ohne ihre Bitte zu verstehn, die Ohren steif hält, Schwänzchen und die vier Pfoten dazu, tönt, noch notenlos, schon lautlos gesungen, das Hündchen Fabian als dies Lied:

Wie das Hündlein seinem Herrn,
Folge du getreu dem deinen,
Wird er wandernd klein und fern,
Laufe von den Schwellensteinen,
Dich mit seinem Schritt zu einen,
Wie der Tag dem Morgenstern.

Wie der Herr sein Hündchen pflegt,
Wird der HERR auch dein gedenken,
Auf dein armes Haupt gelegt,
Wird sich Seine Hand dir schenken,
Schenken, schenken ...
Eile, Hündchen, unentwegt!

*

Schwarz fährt gut und sicher. Doch sollte es schneller sein? Er hat dort drüben, nun schon wieder hinter sich, auf der Dorfkirchturmuhr die Dauer der Verspätung vom Eilzug Amsterdam – Basel erblickt: über eine halbe Stunde! Herr und Frau Wilich, Fräulein Monsi (wie ihr wirklicher Vor- und Familienname lautet, wird sie bald selbst nicht mehr wissen), Pittegrilli und das gesamte Hauspersonal, außer ihm, Peter Schwarz ... müssen mit dem Essensbeginn warten. Dennoch: Schwarz im schwarzen Auto schlägt niemals ein Eiltempo ein und an. Etwa irgendwas, irgendwen zu überholen, eine Kurve zu durchschneiden, oder mit dem Flugschatten von einem Storch über sich ein Wettrennen abzuhalten ... nein ...

»Nun sind wir bald zuhause ...« sagt er mit halbgewendetem Angesicht unter der schwarzen Schirmmütze zu Cornelie und Fabian hinter sich »dort«. Das Dach des Wilich'schen Hauses blickt schon über noch entfernte Fliederhecken. Der Flieder dort ist schon längst verblüht.

Nun kommt es zur Überfahrt der acht Paar Schienen der Eisenbahn. Die weiß- und rotgeringelte Schranke steht noch kerzengerade empor in die schwer durchsonnte Luft, fast wie ein Wegweiser, ein erhobener Zeigefinger, ins ewige Himmelreich ...

Da aber braust ein Expreßzug gedankenschneller von Süden nach Norden heran.

O Gott allüberall, Jesus, Maria! O kleiner Bub Pittegrilli: Tod verschone Cornelie Heynitz hinter mir und das Hündchen auf ihren Knien!

Und Schwarzens Engel riß das Steuer an sich: das schwarze Auto überfliegt mit einemmale, wie im letzten Atemzug eines fallenden Kriegers, sämtliche Schienenpaare.

Cors Nackenhaar unterm Florentiner wird vom Zugwind, den der Zug gebiert, höllisch gerauft, das Hutband unter Cornelies Kind spaltet sich in zwei Fetzen …

Nun ist der Hut hinter Cors Haupt in nichts als Zermalmung übergegangen.

Flocken, nein, Büschel ausgerissener Haare von Cor schweben durch die Luft wie Lichter des Löwenzahns, nur ohne jegliche Saat …

»Es ist geschafft!« Schwarz ist weißer noch als der Tod. Da aber saust die zweite Schranke wie ein Richtschwert herab, Cornelie Heynitz zu enthaupten.

Das von Cors Knien abgestürzte Hündlein, Steiff-Knopf im Ohr, mit Namen »Fabian« aufzuheben, bückte sich Nele in dieser Sekunde vor. Die zu spät herabgedonnerte Schranke schlägt den inneren Verdeckrahmen ab, in Späne, Splitter, ja, schwefellose Schwefelhölzchen – statt Cornelies Haupt.

Schwarz hält an … zittert, zittert und zittert in Seele und Leib.

Aber das Auto steht unbeweglich in Straßenmitte.

Cor, ohne Hut (für immer ohne *diesen*) sitzt, ohne sich anzulehnen und hält Fabian fest, noch fester mit letzter oder neugeborener Kraft. Drückt ihn an sich, drückt ihn selber … und spürt durch alle fünf Fingerspitzen der rechten Hand: Vaters Abschiedsgruß an Pittegrilli sagt zärtlich in und aus sich, wie, als ob er kein künstliches vierbeiniges Hündlein, sondern ein von Gott erschaffenes zweibeiniges Vögelchen sei: Piep-piep …

*

»Da, Pittegrilli, da hast du's! Vaters Gruß, bis wir am dritten Tag wieder beisammen sind.«

Cor lächelt, Schwarz aber, hinter ihr, weint.

*

»Und ihm, unserm ›es‹ dir im Schoß, ist das Herz nicht dran stehen geblieben, o meine Cor?«

»Nein, Clemens, nein! Gott hat dies nicht gewollt! Wenn du willst, kannst du unter meinem armen Herzen das seinige klopfen hören, nein, fühlen … Fühlen ist mehr, viel mehr als das allerfeinste Gehör …«

Am runden Tisch

Mein ist die Rache, redet Gott …

Doch kann eins von den unsrigen Gott reden hören?

O ja!

Wie, wo, wann denn?

In einem verdorrt scheinenden Baum oder Busch! Vögel bauen darin ihr Nest, obschon der Wipfel erstorben schien.

O ahnendes Vertrauen … denn das dürre Astwerk schlug aus, grünte, erblühte, trug tausendfältige Frucht. Und die alten und jungen Vögel sangen und zwitscherten »Dank« …

*

Und Gott redet tonlos aus eines toten Kindes Gesicht. Lächelnd blickt es uns weiser, als das eines oder einer Alten … in erlaubtem Triumph der für ewig erlangten Welt, hoch über der verlassenen Erde.

*

Und Gott redet aus einer vom Schmetterling verlassenen Puppe, welche sich eine häßliche Raupe erbaut hat … o ja …

*

Und Gott redet aus dem zunehmenden, dem abnehmenden Mond.

*

Und Gott redet aus einem leeren Schneckenhaus, in dem ein kleines Kind am Brunnen Wasser geschöpft, um im Wasser dieser seltsamen Vase ein verdorrt gefundenes Gänseblümchen wieder erfrischt blühend gen Himmel zu schaun.

*

Und Gott redet, redet … Nur ein Tausendstel davon aufzuschreiben, was

Er geredet hat, es gäbe ein Buch, zehnmal so dick wie beide vereinten Testamente, das alte, das neue …

*

Mein ist die Rache, redet Gott …

*

Seit einer Stunde sitzen sie nun im kleinen, gen Westen gewandten Eßzimmer am runden Tisch.

Ihre Häupter sehn drein, wie von Jahrtausenden den inneren und äußeren Scheitel beschwert.

Kronen, Tiaren, Mitren, ja selbst die Dornenkrone unseres aller Herrn sind nicht so schwer, *so* schwer, wie das, was diese Drei da am runden Tisch tragen sollen, müssen, und nicht ablegen dürfen.

Eben herrscht Schweigen, denn es hört, sieht und denkt diese Drei schon gesprochenen Worten und Überlegungen nach.

Und Cornelie Heynitz sagt sehr leise, schier wie zu sich allein … und dies in der eigenenen Sterbestunde (*ein* Tropfen, rinnend übern Rand eines zu hoch gefüllten Kruges mag ähnlich sein): »Sicherlich war der Gasttisch in der Herberge zu Emmaus auch rund. Bei runden Tischen scheidet keine Ecke die Sitzenden von einander, jeder Widerspruch wird klein und vergeht. Ja … und wie zu Emmaus sind auch wir Drei …«

»Mit Ihm sind wir vier« berichtigt Dr. Friedrich Fuchs, und legt seine rechte Hand auf die linke von Cor, seiner Frau.

Will er damit sich selbst berichtigen: nicht vier, sondern drei: Er, jener, und dann wir, zwei, die eines geworden sind und eins bleiben?

Wer ist »jener«, der dritte im Bund von Ihm und ihnen, Clemens und Cor?

Er nennt sich Hans Scholl, sitzt am runden Tisch Cornelie näher zur rechten Hand, als Dr. Friedrich Fuchs Cor zur Linken am runden Tisch, Clemens sitzt Hans Scholl gegenüber im kleinen Eßzimmer gen Westen, wo bald die Sonne für heute untergeht.

Der Kaffee in den drei Tassen hier auf dem schöngedeckten runden Tisch (in jeder Tasse steht der Kaffee in anderer Höhe, doch keine Tasse ist leer) ist schon sehr lange kalt. Auf jedem der drei echten alten Empireteller (den schönsten davon hat Cor auf der letzten Dult vor diesem Krieg für achtzig Pfennig erworben) liegt ein Hörnchen, ein gebackenes, ungesüßtes, so unversehrt, als sei es in der Auslage einer Bäckerei nach Feierabend vergessen worden.

Das Trinkenwollen, das Essenmögen bleibt den Dreien am runden Tisch im Zimmer gen Sonnenuntergang wie erwürgt, also tot.

Clemens umgreift Cors linke Hand fester, als wolle er wortlos sagen: verlaß mich nicht, verlaß mich nicht, selbst nicht in deinen Gedanken! Halte dich an mir, halte zu mir und nicht zu dem männlichen Knaben Hans Scholl, so daß ich nicht nur ihm, sondern auch dir widersprechen muß. O Gott, der uns gewollt und geschaffen hat, zum wievielten Mal widerspreche ich nun in diesem einen einzigen Fall?

Als sei der runde Tisch mit einemmal nicht mehr rund, sondern in vier Kanten mit vier scharfen und strengen Ecken verwandelt, stößt Dr. Friedrich Fuchs sein Gegenüber, seinen eigenen Teller mit dem unangegriffenen Hörnchen von sich fort, noch mehr der Tischmitte zu, achtlos darauf, daß hierbei das Milchkännchen kippen könnte und Cornelies Beistand bedarf, nicht umzufallen und die Milch über das Linnentuch mit der polierten Tischplatte unter sich zu ergießen.

Scherzen will Dr. Friedrich Fuchs, zu scherzen versuchen, und dennoch klingt es todesernst: »Denn dies da wäre ja nicht die Milch der guten Denkungsart, o mein junger Hans Scholl!«

»Aber vom Quell der Wahrheit!« antwortet der Knabe, »von der wahren Wahrheit bestimmt!«

»Was ist Wahrheit?« setzt Cornelie hinzu, im blassen Gesicht dunkel vor Leid, das wie verkohlt in ihr liegt.

»Bedenken Sie doch, Dr. Friedrich Fuchs, bedenken Sie: straflos ermorden zu dieser Stunde zehntausend Brüder die Brüder unter der Bezeichnung: Feind den Feind. O Unrecht, Unrecht, Unheil, nie abzuwägen! Und ich darf und soll ihn dafür nicht töten (ihn kleiner als klein geschrieben, kleiner denn ein Sandkorn am Meer). Ihn, den Schoßhund des Bösen! Und soll ihn nicht erwürgen, erschießen, erstechen ... Vergiften ist nur ein Instrument in der Feigheit Hand ...«

»Es geht nicht um einen Schoßhund des Bösen, Hans Scholl!«

»Um was sonst?«

»Um einen Pestbazillus ...«

»Wie nennt sich diese Pest? Etwa Größenwahn, Irrsinn, Blindheit, Taubheit, Kinderlähmung? Ja, Koch, Virchow, o auch mein lieber Semmelweis setzten alle ihr Leben ein, die Bazillen des Siechtums zu töten, zuerst zu erkennen ... Wurden gelobt, gepriesen ...«

»Zuerst aber verachtet, verhöhnt, geschmäht, ja, seelisch bespien!«

»O Dr. Friedrich Fuchs, Sie, Ihr, unser gesamtes Christentum untersagen uns Allen, Adolf Hitler noch vor dem Weltgericht am Jüngsten Tag hinzurichten ...«

»Cor, meine Cor, was schüttelst du deinen Kopf?«

»Weil, weil … (Hans Scholl weiß, daß wir es erwarten …) das werdende Kind schier wider deine Meinung, deine Behauptung zu springen beliebt.

Wie wenn Gottes Stimme, da in, aus Hans Scholl oder einem seinesgleichen befiehlt: gib dein Leben für deine Brüder! Geh' hin und vernichte den Mann des Unheils noch heute: ihn, der wider mich ist bis in seine letzten Gedanken hinein …«

»Cor, Cor, wie willst du Gottes Stimme von deiner eigenen unterscheiden?«

Cornelie, Cor, Nele, Dallala, Krr Krr schweigt.

Hans Scholl, dieser Knabe in Feldgrau, greift wie in wilder Verzweiflung das Hörnchen vom Teller fort und zum jungen Mund herauf. Und schon ist's vertilgt, verzehrt, verschwunden.

»Ja, wenn Hitler nur so ein Hörnchen wäre, Hans Scholl … Da, nehmen Sie meines auch …«

»Und meines …« bietet Cor ihres an. »Ich mache unsern Kaffee noch einmal heiß … «

»Bitte, nein, bitte, nein! Ich will nichts trinken, ich kann nichts trinken! Ich möchte die ganze Welt verschlingen, und berste ich auch daran auseinander in Millionen Atome … Nur noch einmal, Cor Heynitz … ich kann Sie nicht anders anreden, vergeben Sie mir: Sie auch sind und bleiben dabei: einer von uns muß hingehn, Hitler zu töten, auf welche Weise ist gleich …«

»Cor, Cor … du aber bist meine Frau, bist getauft, empfängst Ihn im weißen Brot und sprichst trotzdem hier nicht: Dein Wille geschehe im Himmel, auf Erden, ja: an mir selbst …«

»Und an Hans Scholl …« setzt Cornelie hinzu. »Ach, Clemens, Clemens, sollen wir hier sitzen, die leeren Hände im Schoß?«

»Faltet, die leeren Hände! Du, Sie alle Beide …«

Cor sieht Hans Scholl, Hans Scholl die hoffende Nele an … und ihren Clemens danach.

Wie aus einem aufgeschlagenen Buch vor sich bringt dieser langsam, wie ein Schülerlein den Befehl des Schulmeisters folgend: »Du sollst nicht töten …« hervor.

Drei gesenkte Häupter sind überm runden Tisch.

Cor hebt ihren Kopf wider Clemens seinen und den von Hans Scholl zugleich: »Verzeih mir, vergib mir, Clemens, *ich* würde es tun, ja tun, wenn ich alleiniger wäre als Gottes Sohn nach der Versuchung: Er ging in die Wüste zu den Tieren, und die Engel dienten Ihm. Ohne die Tiere, ohne einen Engel, verlassener als verlassen, verachteter als verachtet, würde *ich* es tun, wissend, nach dieser Tat werde ich unter tausend Foltern mit meinem Tode bestraft. Werde hingerichtet, erhängt, verbrannt, erschossen, alles zugleich, ich, ich ganz (Gans) allein. So aber habe ich dich, die Kinder, das Kind hier im Schoß, und ihr alle müßtet mit mir sterben … Nur so darf ich's um euretwillen nicht tun.

Sie aber, Hans Scholl, haben Kameraden, haben Eltern, Geschwister, vielleicht eine Braut … Alle würden mit Ihnen ergriffen werden, ohne Gericht und Urteil getötet … Ich erkenne, weh, ich erkenne: sein Leben ist keines der vielen Ihrigen wert …«

»Ich aber bin unwert genug …«

»Gott wiegt unsern Wert, wir selbst vermögen es nicht einmal untereinander …«

»Gott im Himmel und Gott am Kreuz: was soll ich denn tun, ja, tun!«

Clemens ließ seine rechte Hand nicht von der linken seines Weibes los, nun reicht er über den runden Tisch und den leeren Empireteller seine Linke der leeren Rechten des Knaben hin.

Es sieht sich wie ein Triangel an … Wo ist das Stäblein, den Triangel zu schlagen, zum Tönen zu bringen … welch einer Musik?

Clemens aber spricht … (Cor braucht nicht nach seinem Munde zu sehn, ihre Seele liest es der seinigen ab): »Was tun? Alles sich selbst voran, in Seine Hände geben! Es verlangt dies mehr Todesmut, als ein Mord …«

»In wessen Hände, in welche?« Wie schon vor der Mauer mit gebundenen Händen stehend, um rücklings erschossen zu werden, blickt der Knabe Hans Scholl zu Dr. Friedrich Fuchs hinüber (der Tisch ist ja wiederum rund, hat keine Ecken mehr).

Cor aber hat Clemens begriffen: Ergebung in Gottes Willen hinein ist mehr, viel mehr verlangt, als Ergebung unter dem Richtschwert der Welt, die in nichts andrem denn Unrecht lebt. Cor legt nun ihre linke Hand über die rechte von Clemens, der sie sich doch noch eben entzogen hatte, die rechte auf die linke vom Knaben Scholl (zweiundzwanzig muß er wohl alt sein, sie selbst ist vierzig geworden und Clemens immer neun Jahre älter als sie geblieben).

Wie von ihrem Herzen lautlos und doch wie in Posaunendröhnen gebeten, legt Scholl die eigene Rechte in die offene Linke des Hausherrn hinein, der Tisch ist ja wiederum rund.

Sechs Hände wohnen gemeinsam wie in einer einzigen Hand, wie sechs Vögel in einem Nest, und diese einzige Hand ist durchbohrt.

Und zugleich bewegen sich drei Paar Lippen … und wie von einem Munde gesprochen tönt es fast tonlos über den runden Tisch, als wiederholten drei Kinder, was ihnen ein Engel eben gesagt, einerlei, ob sie es verstanden haben oder noch nicht verstehn: »Mein ist die Rache, redet Gott …«

Weil es wundervoll schmeckt ...

»Was ist das? Was ist das? Was ist das?«

Clemens, Ida Elisabeth Constantine, Pittegrilli, Wewe und die nun dreijährige Ditha blicken vom runden Eßtisch auf und hin zum großen Tablett, das Käthe Mairock hereinbringt, also alle zusammen schauen sowohl hinüber als auch empor.

Wie von den Blicken beschwert, läßt Käthe Mairock die große Zinnplatte schier auf die mit Linnen gedeckte Tischplatte fallen.

Folglich blicken Clemens und Constanze, weil sie als Erwachsene auf ihren Stühlen sitzen, auf die Last dieser Zinnplatte herab. Gleichfalls tun dies die Kinder, weil sie alle drei aufgesprungen sind. Käthe Mairock ging wortlos, erleichtert, die Tür hinter sich schließend, wieder hinaus, befindet sich also hinweg.

»Was ist das? Wozu das? Wofür?«

»Daß du es ißt ...« sagt Cornelie in Dithas Augen hinein, riesengroße und nun noch größer, weil sie weit aufgerissen sind.

»Essen? Ja, wie fängt man das an?« Peter, nur noch selten Pittegrilli angeredet, greift sich in die überaus dichten, noch immer gelockten, aber nicht mehr goldenen Haare hinein, als ließe sich darin eine gute Antwort ergreifen, erfassen, herausraufen, und stolz in der Runde nun präsentieren.

»So setzt euch doch erst wieder hin!« tadelt Gadda, und nestelt das verschobene Lätzchen (von Omi Heynitz in Uelzen auf Kanevas mit roten Kreuzstichen, deren Zahl ist gewißlich Million, mit Häschen und Hähnchen bestickt ... ja, Omi kann was, hat Peter daraus erkannt ...) an Dithas Hals wieder zurecht und wirft gleichzeitig dem Peter übern Tisch den gehörnten Tadel zu: »Auf Stühlen wird nicht gekniet ...«

»Aber doch: in Italien knien sie auf Stühlen, Vater hat es gesagt ...«

»Und im Münster von Straßburg auch, Mutter hat es erzählt, bist du denn selbst nie dort im Münster gewesen, Gadda?«

Constanze zählt just in sich ab, wie oft sie im Münster war, ohne auf einem Stuhl gekniet zu haben, ist sie doch protestantisch, nein, evangelisch.

Ehe sie aber hörbar die gefundene Zahl zitiert, ruft Peter mit erhobener

Stimme und kniet nicht mehr auf seinem Stuhl, sondern sitzt daselbst: »Ach Mutter, Mutter, wo kommt das da auf unserer Zinnplatte her?«

»Vom Märchenbaum ...« Cornelie errötet unter den fragenden Augen von Clemens, ihrem Eheherrn, und den drei Kindern.

Gadda, Gretzki, Detti, Ida Elisabeth Constantine Goretzki (wieviele Namen vereinigen sich in Constanze!) hält ihre abgenommene Brille über den noch leeren Flachteller und putzt die zwei Gläserchen mit einem der vier Zipfel der Serviette über ihrem jungfräulichen Schoß.

Im vergangenen Juli hat Constanze das zweiundfünfzigste Lebensjahr erlangt und ist höchlich gefeiert worden, wie's ihr gebührt. Das ihr dabei von Ditha dargebrachte Brillenputzlederlein hat sie aber seither verlegt.

»Käthe hat das ja noch viel zu heiß hereingebracht und da auf den Tisch gesetzt. Mein Augenglas ist vom Dampf da unmäßig dick beschlagen ...«

»Es muß aber heiß sein, aus siedendem Wasser gehoben, getaucht ...«

»Und uns allen den Mund verbrennen, Krr Krr! Und dann wozu, und warum?«

»Weil es wundervoll schmeckt! Da, mit euren Tellern zu mir! Hier hat jeder sein Krönchen, sein grünes, sein ohne Blumen duftendes! Und nun nimmt sich jeder hier von der frischen Butter ein Stück ... Nicht so wenig, Clemens, gut doppelt so viel! Und nun mach' ich euch allen Alles vor!«

»Ohne Messer und Gabel?«

»Ja, nur zwei Finger braucht es, und dann unsern Mund!«

Cor Heynitz will niemals und keinem zum Vorbild dienen. Doch diesmal muß sie es tun, muß es sein.

Mit Daumen und Zeigefinger zieht sie aus dem dampfenden, duftenden Blätterkrönchen auf ihrem Flachteller (die Suppenteller, die gemuldeten, nun geleerten (nicht gelehrten), spült Käthe Mairock gewiß nebenan in der Küche und legt sie auf den hölzernen Rost: tropft ab, tropft ab, regnet allesamt in die Tiefe!), streift mit dessen unterm Ende (Wurzel hat's nicht) über ihr Butterstückchen. Die Hitze des Blättchens schmilzt das gute und reine Fett über seinen unteren Rand.

Cor bringt's zum Munde, zieht es fest durch die oberen, unteren Zähne, zeigt das am eigenen Ende sichtbar beraubte Blatt dem versammelten Staunen vor, und legt es auf ihren Teller neben das Krönchen hin.

»Ha, man sieht ja daran ganz genau, wie deine Zähne stehn ...«

Peter Fuchs will Historiker werden ... »aber das, was du dir abgegrast hast, schmeckt's wirklich gut?«

»Sehr! Du muß es nun selber versuchen!«

Und alle um den runden Tisch versuchen es, dies seltsame Geschehen Cornelie als Eheweib und Mutter in einer Person nachzutun: Daumen und

Zeigefinger … ein Blättchen dunkles Grün, Permanentgrün … dies mit dem untersten Ende über die Butter streichen … erwartungsvoll nun zum Munde damit … zwischen zwei Zahnreihen gehapst (schon das alleine macht mächtig Spaß).

*

Auf fünf Tellern häufen sich abgegraste oder abgeerntete Blättchen: hier in Reihen und aufeinander gelegt, da zu Paaren oder Drillingen, oder auch zu Häufchen. Es sieht sich überaus possierlich an.

Nur auf Constanzes Teller bleibt das dampfende Krönchen kompakt, und das Stückchen Butter daneben schmilzt von ganz allein durch die Nähe der heißen Krone.

»Wundervoll!« sagt Pittegrilli.

»Himmlisch!« säuselt Wewe.

»Furchtbar gut!« behauptet Judith Antonia, Ditha gerufen, und wedelt mit einem der durch ihre blanken Zähnchen gezogenen Blättchen, als einem Wimpel der Lust, über ihr eigenes Köpfchen hin und her.

»Und das gerade habe ich noch niemals bis eben zu essen gekriegt!« meint Clemens, »Jammerschade, es schmeckt feiner und gehaltvoller als Spargel, Champignon und …«

»Was bessres gibt es nit …«

Peter singt, Wewe stimmt ein, Gadda aber gebietet Stille, bevor Dithas Stimmchen sich mit den beiden andern vereint.

»Man hört sich ja selber nicht mehr! Denkt doch auch an *mich*! Gebt mir den Spinat dort herüber! Ich kann mich an das da, so umständlich im Gebrauch, nie im Leben, meinem Leben gewöhnen!«

»So gib es der Käthe in die Küche hinaus, sie bringt dir zu deinem Spinat einen neuen Teller!« schlägt Peter Fuchs unverstört vor, »sie wird es sicher gut leiden mögen! Schade, daß jeder nur eins hat …«

»Für Käthe in die Küche hinaus?! Niemals! Sie ist (nicht ißt) viel zu ungebildet dafür. Vielleicht esse ich's doch selber, wenn es erst kalt ist …«

»Dann hast du nichts mehr davon, Constanze!« Peter grinst unehrerbietig …

»Gib es doch *mir* …« sagt Clemens … »da hab ich's! Constanzes Teller wäre spinatbereit … Cor, Cor, wo nur hast du es her und wie ist sein Name?«

»Artischocken vom Viktualienmarkt!

Zier- und Gemüsepflanze … Ich sah es nach vielen, vielen Jahren dort zum ersten Mal wieder. Mußte, mußte es kaufen, ich konnte nicht anders!

Ihr alle solltet euch so, wie ich mich einst, daran freuen, über den Schellenkönig weg, das tut ihr ja auch!«

»Freut euch alleine, wo gar nichts zu loben ist!« unterbricht Constanze Cornelie und löscht damit deren Lächeln aus. Finster hat sich Ida Elisabeth Constantine erhoben: »Dies Ganze da, euer Zähnefletschen, unnötiger Butterverbrauch ... Mir ist nicht gut! Ich ziehe mich besser zurück (nicht aus)! Guten Appetit mit einander und aneinander ... ich gehe!«

Die Eßzimmertüre klirrt in ihr schlüsselloses Schloß zurück.

»Nicht einmal die Birnen hat Gadda abgewartet« wundert sich Peter ... »sie ist, ist, o Mutter, ganz wie diese Fasern da in meiner Artischocke ...«

»In meiner auch!«

»Meiner auch!«

»Die man nicht essen kann!« unterrichtet nun Cor die von Constanze verlassene Tafelrunde, Peter schob deren leeren Stuhl mit der Faust hinter sich, und rückte damit seiner Schwester Wewe ein gutes Stück näher. Er vernimmt seiner Mutter klare Stimme erwartungsvoll: »Streift die Fasern hier alle ab, diese Fäden, als wäre es der Kopf von einem Pilzhut! Tut es zwischen die abgekämmten Blätter ... Und nun zeige ich euch, wie man den Artischockenboden ißt: diesmal mit Messer und Gabel, dir Ditha, mach' ich's zurecht ... beim nächsten Mal, kannst du's alleine!«

*

Sechs Artischockenböden wurden verzehrt. Der Kinder Zufriedenheit, ja schier Dankbarkeit, hebt die Böden zum Himmel auf.

»Ach, Mutter, Mutter, du hast richtig recht behalten mit deinem Märchenbaum! Wenn wir dann bei den Birnen sind, mußt du uns mehr davon erzählen. Doch erst laßt mich zählen wieviel Blätter meine Artischocke gehabt: sechsundzwanzig, neunundzwanzig, vierunddreißig ... und was das Hübscheste ist, das Schönste: je kleiner, zarter, leichter die einzelnen Blätter werden, umso violetter sind ihre Spitzen, als hätten sie sich an einem blühenden Veilchen angesteckt ...«

»O ... ach ...«

»Ich aber habe achtunddreißig Blätter abgenagt ...«

»Gewetzt ...«

»Geeggt ...«

Judith Antonia aber beschwört mit drei Fingern ihrer kleinen Hand, daß sie tausend Veilchen abgepflückt habe.

»Du kannst ja noch gar noch zählen ...«

»Mutter zählt nun für mich ...«

»Nein, Mutter, ich schäle mir meine Birne selbst, das ist vornehmer, du aber erzählst uns nun die Geschichte vom ›Märchenbaum‹! Bitte, bitte! Vater sagt mit Augen auch bitte! Immer tust du ja, wenn der Vater und was er will, ... Ich werde auch einmal Eheherr sein!«

»Ich auch!« versichert und behauptet Judith Antonia ...

»Darfst nicht Eheherr sein, nur Eheweib werden ...« korrigiert Peter Fuchs, der künft'ge Historiker. Und Cornelie Heynitz beginnt:

»Es war einmal ... so fangen alle richtigen Märchen an ... daß ich von Hagenau nach Uelzen kam. Mitgenommen natürlich, nicht von allein, wie so im Traum, oft bin ich träumend in Uelzen gewesen und war doch in Hagenau ... ja, manchmal sogar träumend im Himmelreich, und war doch noch nicht tot.

Ich war wohl vier Jahre alt. Älter nicht, eher ein wenig jünger. Dallala hieß ich noch.

Dallala mußte wie stets, um nicht untätig, also unnütz zu sein in Großmutters, für Dallala schier unendlichem Garten, die Wege harken, die zwei Verandasteinböden fegen ... und dies mit Rechen und Besen der großen Leute, der Erwachsenen. So haben mich meine ›Diener‹ gewaltig überragt, waren doch ihre Stiele nochmal so lang, also groß, wie ich.

Und wie nun alles zurecht war, die großen Leute hielten Mittagsschlaf im Mühlenhaus, meiner Kleinheit und Verlassenheit mächtig fern, ging ich den geharkten Sandweg die alte Stadtmauer entlang, die andre Gartenmauer war aus Lattenholz, denn ein Zaun, am Mühlenbachufer, dem einen der beiden Ufer, errichtet.

Den Besen hatte ich in der zweiten Veranda gelassen, stolz, daß auch ich mal eins in die Ecke stellen konnte, wie man es immerfort mit mir selber tat. Den Rechen aber hielt ich, wenn mühsam, geschultert, auf daß ich alle meine Spuren hinter mir im Sand auslöschen könne, wenn ich den ja sonst umsonst geharkten Weg wieder zum Gartentor in den Hof hineingegangen sei.

Der Rechen war schwer, ward immer schwerer. Ich wurde ja immer müder.

Die Mittagssonne stach auf mich ein. Der Schweiß rann mir über beide Augenlider, ich ward wie blind.

Ich legte den Rechen ab, hätte er mich neben sich gezogen, er wäre längelang doppelt so groß gewesen wie Dallala. Er war mir böse, daß ich mich von ihm trennte. Er zeigte alle Zähne nach oben. Wäre ich hineingefallen, hätt' er mir wehe getan.

Mit beiden Händen rieb ich die blinden Augen. Da sah ich wieder. Ging, mein Sehersein prüfend, einige Schrittchen in den geharkten Sandweg hinein.

Ja, ich sah wieder die ganze Welt und ... sah vor mir den himmlischen Märchenbaum.

Hinter ihm ist die alte Stadtmauer gestanden (im Jahr drauf hat man sie frisch geweißt, da war sie nimmermehr schön ...) Davon hob er sich ab wie von altem orangenem Gobelingrund, nein, einem goldenen ... ein vielwipfliger Palmenbaum.

Kleine Disteln, von den armen Eseln besonders geliebt als ihr tägliches Brot, von dem sie sicherlich sagen: gib's mir heute ... haben dieselbe Blätterform, wie da der Märchenbaum in Riesengröße besaß.

Viele blaugrüne Wedel sah ich. Weil sie mir feierlich vorkamen, sagt' ich: Märchenbaum, Märchenbaum, was bist du so fromm!

Starke blaugrüne Schäfte sah ich, wie lebendige Besenstiele, denen die Distelwedel entsprossen sind.

Und da und dort, zum Zählen war mir alles zu märchenhaft, eine Krone, eine auch blaugrüne Krone, die untersten Kronen hätten auf mein Köpfchen gepaßt. Je höher es im Märchenbaum stieg, umso kleiner sind die Kronen geworden, meine kleinste Puppe hätten sie schließlich geziert.

Die oberste Krone aber, in den Sommerhimmel von unten nach oben getaucht, sie blühte. Blühte kornblumenblau. Es sah sich so wundervoll an, diese kleine, für mich große, blaue Welle am Himmelsstrand.

Und ich dummes Ding, ich, ich das gerufene Dallala, unterhielt mich nun, mit mir selbst ganz allein, durch die Frage: Was ist schöner, eine sehr große goldene Krone, oder weit besser: eine kleine aber lebende, denn blühende Krone zu sein?

Man hat mich dann schlafend, tief unter meinem Märchenbaum geborgen, finden müssen.

Da die Großeltern zum Kaffeetrinken von der ersten zur zweiten Veranda mit großem Verwandtengefolge daherzogen, war der Weg bis dahin geharkt. Doch von der zweiten Veranda weiter fort, immer geradeaus, nicht zurück, lag der Sandweg von meinen Kindersohlen, Knopfstiefelchen mit niederen Hacken, in seiner Ordnung vollkommen zerstört.

Da suchte man mich denn als Sünder zum Tadeln und Schelten, ja!

Und fand meinen tiefen Schlaf unterm Märchenbaum, vom Schatten seiner Wedel geborgen, der Rechen aber, die Zähne offen nach oben, lag neben mir.

Großmutters Stimme riß mich wach: ›Fast hat Krr mit sich selbst meine schönste Artischocke hier abgeknickt. Eine nur wäre übrig geblieben ...‹ ›Doch dann hätte *ich* diese eine, beste Anna, noch vor deinem Artischokkenabendessen am Mittwoch zu zwölft für mich alleine gekocht, gesotten, gebutterbemmt, mir selber vorgesetzt. Ja, bekomme die da heute Abend, nimm sie nur für mich mit!‹

Ja, gewiß: Großvater Becker ist in der Hoffnung und Aussicht auf seine Artischockengelage-Vorläuferin recht guter Laune gewesen.

So bekam ich denn gar keine Strafe, und harkte, nach der Erweckung, auch all ihre und meine Spuren gar schön hinter uns allen fort. Diesmal lieblich belohnt durch mein Abschiedsgrüßenkönnen zum, aus sich selbst wie leuchtenden, ja, choralsingenden Märchenbaum ...«

»Ach, Mutter, Mutter, und bist du dann beim Artischockenessen am Mittwoch zu zwölft dabeigewesen?«

»Um Himmelswillen, nein, Pittegrilli, nein: dreizehn zu Tisch bringen nur Unglück herbei.

Doch in Straßburg, drüben, nah von *meinem* Hagenau, hab' ich, noch äußerlich hörend, zum ersten Mal, also die erste Artischocke ›gespeist‹ ... gegessen kann man, darf man bei solcher Krone vom Märchenbaum nimmermehr sagen.

Wißt, Kinder, es war bei Professor Freund, dem großen Arzt für die Frauen, und so für die Männer auch, vielleicht gar: erst recht.

Wie es kam? Die großen wußten's wohl selber nicht, ich war das einzige Kind unter zwanzig Gästen. Trug ein weißes Kleid, auf den Achseln zwei veilchenfarbene Schleifen. Ja, und sah sorgsam zu, wie die Erwachsenen rundherum Suppe und Fischlein aßen, verschluckte darum auch keine verlorene Gräte.

Und dann kamen die Artischocken herein, zahllose blaugrüne Kronen vom Märchenbaum.

Und siehe, da ward mir die Märchenkrone zum Märchenbuch. Seite um Seite habe ich umgelegt, jede zu mir gezogen, sie gekostet, also für mich ›gelesen‹.

Umso kleiner, kürzer die Seite, immer schöner die Geschichte darauf.

Dann, wie zwischen dem Reden dummer Leute vor einer gottseligen Predigt, teilte ich den zu einem festen Zelt gebündelten Fasernflaum, wie zerschnittenen Bast, oder Flechsen ähnlich: also weg damit, weg!

Und dann kam der Boden hervor, wie das Ende vom Märchen selbst: und wenn sie nicht gestorben sind, leben sie heute noch ...«

»Die Butter aber, Mutter, die Butter ...« (sollte Pittegrilli auch ein Dichter werden?).

»War mit dabei! Dallala aber hat natürlich gehörig achtggeben, daß es, selbst nicht auf meine Erwachsenenserviette, keinen Fettfleck gegeben hat ...«

Nur Begraben bringt Blühen hervor ...

»Wo bliebst du, Cornelie? Was begräbst du da ...« nur wenn Clemens ergrimmt ist, mindestens unwirsch, hängt er Cor in der Anrede noch zwei Silben und zweimal zwei Buchstaben, nebst gar noch einem fünften, an.

Cor kauert, (nicht kniet), genauso hutlos und mantellos wie sie vor einer guten oder bösen Viertelstunde den Geburtstagssalon bei Eugenie Fuchs, geborene Seyler aus Deidesheim, verlassen hatte (Nibelungenstraße 28 im dritten Stock links).

Und Cor häuft am Fuß vom Mauerpfahl, am Weg vom Haus Renatastraße 59a zur Straße hinaus, eine Handvoll dunkle, noch vom unlängst getauten Eis und Schnee feinste Erde auf die andre. Auch Trauerschwarz kann Freude bedeuten.

Clemens aber trägt Mantel und Hut: »Meine Mutter schickt mich her, dich zurückzuholen. Andreas schläft ja noch, und wenn er ausschlief, kann ihn Rosa anziehn, kämmen und zu uns hinüber bringen ...«

Cor lächelt von unten herauf in Clemens' Gesicht. So rankt sich eine Rebe am Stecken und Stab empor.

»Du verwechselst wohl wieder: ›hinüber zu meiner Mutter‹ mit *dem* hinüber (Clemens deutet in den märzlichen Himmel, von blühenden Haselzweigen verhangen, über sich und Cornelie hinaus).«

»Noch einmal: was begräbst du da? Einen toten Spatz, eine verstorbene Feldmaus? Damit hätte es Zeit gehabt ... meine Mutter zürnt über dein Wegbleiben ... übersieh das nicht!«

»Deine Mutter hat schöne Schuld dran! Deine Mutter hat's mir geschenkt! Willst du den leeren Blumentopf mit dir nehmen?«

»Dich, Cornelie, dich, mit und ohne den Blumentopf da. Ich weiß wirklich nicht, wie das alles zusammenhängt. Nur auf einmal warst du nicht mehr unter uns am Geburtstagstisch! Hat das bei dir noch immer mit der Sauce zu tun?«

*

Mit der Sauce?

Nun, Eugenie Fuchs feiert heut am 10. III. 1942 trotz Krieg und schon Lebensmittelknappheit, mindestens Bezugserschwernis bei bester Gesundheit ihren achtzigsten Geburtstag.

Zwölf Verwandte kamen auf Einladung hin, schriftlich oder mündlich »gebeten«! Und dies zur friedensähnlich gerüsteten Mahlzeit.

Emma, unter Assistenz von Fanny, Exzellenz von Kohl (Tante Blumenkohls) Hausmagd, hat *das* Essen gerüstet.

(»Mein Mädchen Emma reicht deiner Fanny niemals das Wasser ...« Cor hat dies, immer neu wiederholt, vielemale abgelesen, ablesen müssen, und in sich vor diesem Sandkorn den Fels des Widerspruchs aufgetürmt: gegen Emma-Afra's seelisches Zentnergewicht kommt Tante Blumenkohl ihrer Dienerin Grammschwere niemals auf!)

Es gab Pasteten mit Füllung, als hätten wir Frieden »im Himmel und auf Erden«, nicht Krieg.

Dann erschienen dreierlei Arten, Kartoffeln aufzutischen, dreierlei Gemüse und ein Braten vom Kalb.

Und wie von all diesem, auf zwölf verschiedene Weise der zwölf Gäste, (Eugenie, das achtzigjährige Geburtstagskind eingeschlossen) auf die Teller genommen, verteilt oder gehäuft war, verlangte Eugenie Fuchs, geborene Seyler aus Deidesheim:

»Ich *will* Sauce ...«

Doch, o weh und ach, die verlangte Sauce ist in der Küche zuzubereiten vergessen worden.

»Ich *will* aber Sauce« hat das Geburtstagskind mehrmals und erbittert immer lauter gefordert, ja, geschrien. »Ihr sollt und dürft ohne Sauce auch nicht bei mir essen! Legt Messer und Gabel nieder, sonst ist mein Geburtstagsfest hin ...

»Aber Mutter, beim Warten wird alles ja kalt ...«

»Und wenn es gefrieren sollte ... *ich* esse noch nicht! Ich *will* Sauce, wartet mit mir!«

Dennoch waren ohne Sauce elf Teller »nu doch« leergegessen, wie nun Emma die dampfende Sauce, selber im Gesicht schweißbedeckt, hereinträgt, gefolgt von Fanny, Tante Blumenkohls hochherrschaftlicher Dienerin, den vergessenen Saucenlöffel in der verarbeiteten Rechten schwingend.

Mit dem nun schöpfte sich Eugenie Fuchs als Erste (und Letzte zugleich) die von ihr verlangte, nun erlangte Sauce auf ihre noch vorhandenen, doch völlig erkalteten Herrlichkeiten, ohne auch nur einen Blick auf die leeren Teller rundum ohne ein Saucenrestchen zu tun. Sondern »unterhält« sich mit Messer, Gabel, Augen, Händen, Mund, Zunge und Zähnen darin, ausschließlich mit ihrer durch den Kampf eroberten Sauce allein. Läßt nur manchmal das Messer sinken und klopft sich sieghaft gegen die achtzigjährige Brust in schwarzseidener Bluse mit der Brosche, dem Hüglein aus durch Gold geeinigte Korallenperlen (o Welt, warum willst du nicht Eugenies Korallenbrosche gleichen), in die weiße Seidenschleife am Halskräglein gesteckt, nein, befestigt. Dann nimmt Eugenie das Messer wiederum auf.

Elf leergegessene Teller wurden schon abgetragen und durch noch leere Kristalltellerchen eifrig ersetzt. Einzig und allein Eugenie Fuchs verlangte noch zweimal nach Braten, Kartoffeln, Gemüse, für sie unterdessen in der Küche wiederum aufgewärmt, und beschloß dann jede Lieferung mit dem hartnäckigsten Schwur aller Schwüre, für alle rundum hörbar, nur nicht Cor: »Ich will Sauce! Ich will!«

*

»Aber nein, Clemens, es hat nichts mit der Sauce zu tun, auch nicht mit dem andern: ›da haben wir den Salat‹.

Ich habe nur die Zwiebel begraben. Und wenn sie im nächsten Frühling blüht, trage ich ihren Stengel deiner Mutter zu« (»hinüber« vermeidet Cornelie dem Sohn Eugenies ins Gesicht zu sagen), dann erhebt sie sich aus dem Kauern, nicht Knien.

»Die Zwiebel selbst aber, sie bleibt hier in der Erde, Clemens, von deinem Garten.«

»Es ist *unser* Garten, Cor!« Clemens hat sich aus dem Landstrich: »Cornelie« zu sagen, wieder entfernt.

»Und dann, Clemens, noch dies: du hast es wohl gar nicht gemerkt: zwölf waren wir doch und noch, als es drüben zum Kaffeetrinken kam. Deine Mutter aß noch an ihrer Charlotte russe (ich will Sauce, brauchte sie hier nicht mehr zu verlangen, die Vanillesauce war nicht vergessen worden).

Und da brachte Emma Großmutters Großneffen, den Lennich, herein, genauso uneingeladen war der, wie die Sauce vergessen ward. Wir sind mit einemmal dreizehn gewesen. Darum stand ich auf und ließ Mutters Lennich meinen Stuhl. Hab mich in der Küche beim Geschirrspülen verbergen wollen. Deine Mutter fürchtet diese Zahl, und Tante Blumenkohl ängstigt sich noch viel mehr davor und darüber. Doch wie ich vom Tisch schon weg war und der Herr Lennich statt meiner neben dir saß, ist das Unheil trotz allem schon geschehn ...«

»Aber Cor, Cor, das kommt nicht von der dreizehn, das kam alleine von Vetter Lennichs Ungeschick. Er reicht meiner Mutter den noch nicht ausgewickelten Geburtstagsgeschenkblumentopf. Mutter faßt ihn, den Topf, Lennichs Geschenk ... Er will durch die Blume sprechen, er reißt am Papier.

Das fällt zu Boden. Und der Stengel der wunderbarsten Hyazinthe, die ich jemals erlebt habe, stürzt abgeknickt hinterher ...«

»Und ich hob das Papier auf: in den Papierkorb damit! Ich hob den geknickten Stengel auf: kein Glöckchen zum Glück war entzwei! Ich tat den Stengel mit drei der grünen Lanzenblätter in Mutters ihr liebste Vase, (warum steht die nur immer im Schrank?), und vorher Wasser aus der Tischkanne vor Mutter hin und ...«

»Und stelltest dies Hyazinethenwunder vor Mutter hin und ...«

»... sie sagte (nein, schrie ...): wirf den Topf in den Kücheneimer ...«

»Du aber, meine Cor, antwortest beinah traurig: solch eine Zwiebel wirft man nicht fort!«

»Und deine Mutter redete gnädig: kannst sie behalten, aber bring sie mir erst aus den Augen fort! ...«

»Und bist mit der Zwiebel verschwunden und dieses hierher. Ich aber habe dich suchen müssen, als wärst du ein Osterei und ich erst fünf Jahre alt ... Komm also mit mir zurück ...«

»Ist euer Lennich noch da?«

»Der schon. Aber die Schwestern Werner sind beide fort, keine dreizehn mehr möglich ...«

»Doch nimmst du Andreas und mich nun mit, ist die Dreizehn wiederum rund! Ich weiß, was wir tun: geh du mit Andi nun zu Mutters Geburtstagskaffee, mich aber laß hier!«

»Warum, wozu, wie dich vor Mutter entschuldigen? An die Dreizehn dürfen wir sie nicht erinnern!«

»Über deinen Sohn Andreas vergißt sie auf mich ... Doch versteh: da ich die Zwiebel aus dem kurzen Grab im Blumentopf nahm und der Erde für immer einverleibt habe, eine Amsel saß bei mir und schaute ohne Angst dem freudiglichen Begräbnis zu ... schau, da sitzt dieselbe im Haselbusch und singt überm Zwiebelgrab! Es sieht sich an wie ein Lobgesang, als gäbe es nirgends ein Ende ...

Ja, und da fiel mir eine Geschichte ein, mit einemmal, wie das immer bei mir geschieht: von einer Zwiebel, einer Hyazinthenzwiebel ... Also geh du mit Andreas, er wird inzwischen wach geworden sein ... Ich zieh ihn euch an, mich aber laß: und ich sitze im Haus, wie die Schnecke in ihrem, strecke die Fühler aus und schreibe ›Die Zwiebel‹ auf oder nieder. Bis der Geburtstag zuende gefeiert ist, hab ich's fertig gedichtet, gedacht, gemacht. Ach, Clemens, ach: nur Begraben bringt Blühen hervor ...«

*

Andreas Konrad Prosper sitzt auf der Großmutter achtzigjährigem

Schoß. Eugenie nennt ihn ihr »Goldbubele«. Über Andis Empfang achtete die Großmutter nicht auf seines Vaters Entschuldigung seiner Frau, seiner Cor, Andis Mutter. Lüge ist keine dabei, wie er spricht: »Sie kommt wieder! Ein unerwarteter Berufsbesuch hält sie fest ...«

Andreas patscht in die Händchen, wie Beifall schon im voraus.

*

Cor aber sitzt »drüben« (wenn auch noch nicht Dort). Sie schreibt und schreibt hervor, was sich in ihr begraben ließ, während sie selber die entstengelte Zwiebel begrub.

*

Sehr bald danach ist ein Reclam-Bändchen dadurch und daraus geworden: »Die Zwiebel« – mit elf Tuschezeichnungen von Cornelies Hand.

Ja, ach ja: nur Begraben bringt Blühen hervor.

Auch die Geburtstagszwiebel selber blüht jedes Jahr in »unserm« Garten. Und Amseln singen über ihr die Weise vom Auferstehn.

Seltsam schön ist diese Hyazinthe, denn die Blütenglöckchen sind allesamt wie noch niemals zuvor zu sehn: tiefstes Karminrot, wie im Dunkel irdischer Trauer versenkt, und dies dennoch durchleuchtend.

Das Nachwort aber (»Über sich selbst«, wie verlangt worden ist, der »Zwiebel« hat Cor in Knüppelreimchen schier zu einem Gassenhäuerchen gebracht, danach wurde es auch gesetzt, gedruckt, und ist bis heute zu lesen, wenn's einer nur lesen will, (in dieser »Zwiebel«), nämlich so:

Bin selbst wohl eine Zwiebel ...
Von der steht in der Fibel:
Wenn du sie schneidest, weinst du gleich!
Ich möchte lieber machen
Am Lachen
Als an betrübten Tränen reich ...

Wert ohne Wert

So wären wir denn im Juni anno 1935.

Doch Gott hat ebensowenig einen Kalender, als Zeit in der Ewigkeit etwas gilt.

Pflanzen, Tiere, Sand, Erde und Meer und alle Gestirne gehorchen dem, was bei ihrer Erschaffung in sie gegeben ward.

Nur der Mensch blickt nach Daten um sich herum und reißt selbst bedruckte Blättchen vom liegenden oder hangenden oder stehenden Block. Streicht Zahlen in Notizbüchelchen an oder aus und webt sich so ein Lebenskleid, bis er's ablegen muß … oh …

Cor war wieder einmal sehr nah' diesem Ablegen vom irdischen Lebenskleid … Nun geht sie wieder auf den eigenen Füßen durch die Münchener Straßen und Tage, manchmal auch durch eine Nacht.

Doch wer dem Tode, wenn auch nur kurz, in die großen Augen gesehn (die gesamte Erdenwelt ist ein hartes Hühnerauge dagegen), blickt für ein Weilchen nachdenklicher als sonst drein.

*

Nochmals: es ist Juni 1935. Und wenn unbestreitbar gestern, den 7. VI. Clemens sein fünfundvierzigster Geburtstag war (Cor bringt dann immer Eugenie Fuchs, geborene Seyler aus Deidesheim, einen Blumenstrauß, weil sie ja dem Fritz nach Gott und ihrem Gatten als Dritten im Bunde das Leben geschenkt hat und somit Cor ihren Clemens und dem Clemens seine Cor), hätten wir den 8. Juni im Kalender (Morgen wird dies Blättchen abgerissen liegen, oder zerknüllt, irgendwo in die Luft geschnippt, zur Erde fallen, und der 9. Juni regiert durch vierundzwanzig Stunden, keine Minute länger).

Wie nun Cor, davon ein ganz gehöriges Stück entfernt, hinüber nach der beuhrten Litfaßsäule an der Kreuzung der Dachauer- und Leonrodstraße blickt (du bist wohl schon weitsichtig geboren …), ist's 11 Uhr 11 Minuten im Augenblick von einem einzigen Atemzug.

Cornelie Heynitz, ohne auch nur ein Partikel der Sonne zu sein, geht von Osten nach Westen und der Amei-senburg, dem Gartenhaus in der Renatastraße entgegen.

Für Andre geht sie sehr schnell, für sich selber den gewohnten Trott (o Reim du auf »Gott«!).

Die sich dem Mittag nähernde Junisonne steht über ihrem Dahingehn hoch in der Höhe, blendet sie also nicht.

Dennoch legt Cornelie die rechte Hand gegen beide Augen.

Blind kann Cor nicht gehn, auch nicht stehn, ohne zu schwanken oder gar umzufallen, o weh ... und dies seit bald dreißig Jahren. Und so läßt Nele den Augenparavent schier sogleich wieder fallen und gleicht mit einemmal in der Stadt München dem Roland zu Bremen:

stand er, ein Standbild,
standhaft und stumm ...

Gott! Wird da eben, rechts von Cor, nun gerade vor ihr, auf dem begrünten Rand vom Oberwiesenfeld ein Film gedreht, und gar ein Kriegsfilm, als ein abmahnendes Erinnern an den Weltkrieg von Cors 14. bis 18. Lebensjahr, Vater's Tod in sich schließend, als stäubchengroßen Stein im in die ganze Welt eingekitteten Mosaik?

Vom Wiesenrand in die Wiese hinein eilen feldgraue Soldaten, wie von Hunden gejagte Hunde (warum nicht Hasen oder gar Füchse, Schakale oder Leoparden?) durcheinander.

Etliche dieser Feldgrauen fallen, jeder auf andre Art, der da so auf die Brust, und jener hart auf den Rücken.

Was spielen sie nur? Etwa auf dem Felde der Ehre den Heldentod zu erleiden?

Aber das Oberwiesenfeld ist bestimmt kein Feld der Ehre, nicht einmal der Ähre! Ist Gras, von Unkraut durchsetzt: Löwenzahn, Lattich, Taubnessel (doch auch Männertreu und Ehrenpreis ist darunter, warum hat man diese botanisch dem Unkraut nur zugeteilt?)

Einer der feldgrauen Krieger läßt sich just auf die Nase stürzen und bleibt unbewegt liegen.

Sein nächster Nachbar fällt erst in die Knie und beugt sich dann längelang erst in die Leere und dann ins Unkraut hinein, als ziehe ihn das Gewicht vom Erdenrund als Nasenring in das All hinaus und hinweg.

Der dort aber hat sich ins Bild eines grauuniformierten Embryos versetzt und verkörpert: die Knie ans Kinn gezogen, dazwischen die Arme eingeklemmt ... die Hände als Fäuste gegen den Mund gepreßt. Und der und dieser dann dort ... Alle stellen sich tot, tot, tot.

Die sie überlebenden Krieger aber stürzen mit einemmal alle herbei, weiße Linnenbinden mit rotem Kreuz um den linken Uniformarm gezogen, mit 'ner einzigen Sicherheitsnadel festgesteckt.

Immer zwei sind's, immer ein Paar hintereinander, von einer langen Bahre, die sie zu tragen haben, getrennt.

Ha: Cornelie erkennt: die sich totstellenden Feldgrauen stellen nur Schwerverwundete vor.

Die tragenden Sanitäter vom Roten Kreuz setzen die Bahren nieder.

Sie heben die, sich schwerer als sie sind, Gebärdenden auf.

Etliche, ja die meisten, blinzeln sich lachend zu und tragen die Sterbenspielenden, die selber lachen, einem der drei Sanitätswagen entgegen, aus deren Fenstern die lachenden Angesichter von gut einem Dutzend Rotekreuzschwestern, jung, frisch, munter, ja vom Spiel mächtig erheitert, hinaussehn.

O Gott im Himmel und auf Erden: wer läßt, hier am Rand von der großen Wiese nur zu, daß filmende Leute lasterhaft lachende Kriegsspieler bildhaft herunterdrehn?

Cor möchte, und ginge sie dabei auch im Flammentod drauf oder auf, die Filmmaschine mit dem eigenen Kopf und beiden Fäusten zerschlagen, zertrümmern …

Doch keine Dreh- (nicht Dresch-) maschine ist für Cors Augen und Fäuste und die Stirn, dahinter Verzweiflung gärt, zu sehn, zu treffen, und zu vernichten. Wo nichts ist, gibt es nichts zu tun.

Ja, und nun stehn die noch nicht aufgelesenen Schwerverwundeten allesamt wie von den Toten wiederum auf.

Geleerte (nicht gelehrte) Bahren werden vor einen der Sanitätswagen (keine Lokomotive davor und keine Schienen darunter, auch keine Pferde angeschirrt, also wären die Wagen motorisiert) eine an die andre gelehnt. Die letzte von sieben Stück kippt dabei an sich selber hintenüber und drückt ein echtes Wiesenbirkenbäumchen schief. Ohne Wind bewegen sich alle seine Läublein, als zitterten sie vor Angst beim Anblick des lustig gespielten Kriegsgeschehns.

Aus der einen Waggontür halten die Rotkreuzschwestern den heranstapfenden, weder toten, noch verwundeten Feldgrauen Bier in Gläsern entgegen (als wäre jedes gefüllte Glas ein Eisernes Kreuz erster oder auch nur zweiter Klasse).

Cornelie aber tritt zwischen eine bierkredenzende weibliche und eine nach der Erquickung greifende männliche Hand.

Cors Gesicht aber schaut sich dabei an, wie eine Bahre, darauf die ganze Welt im Sterben, nach tausendfacher Verwundung unrettbar geworden, liegt.

»Was spielen Sie da auf der Wiese? Wo blei2bt Ihre Flimmermaschine, ja wo?«

»Junges Ding da: (Cornelie wird im August sechsunddreißig) wir ›spielen‹ nicht, wir üben ja schon den Ernst von und für den immer näher kommenden, unsern siegreichen Krieg, unserm geliebten Führer zu Ehre, Größe und Ruhm.

Aber hier, hier (können Sie mich noch sehn?): trinken Sie, trinken Sie. Auch Spatenbier hilft von einer nahenden Ohnmacht ab. Unter uns: Fräulein, Sie haben wohl Ihre Tage?«

(Cor hat vier lebende Kinder und vier verfehlte ...)

Die Rotkreuzschwesternhand steht leer in der Luft. Die ausgestreckte Rechte eines dazu getretenen feldgrauen Helden bleibt gleichfalls leer: zwischen den beiden Rechten auf dem Wiesengras voller Unkraut. In der Tiefe liegt ein Glas in etlichen plumpen Scherben, vom vergossenen Münchener Löwenbräu dunkel getauft ...

Das junge Mädchen ist nicht mehr zugegen.

So kann denn eine innere Ohnmacht außerhalb stehn, gehn, ja, wie ein letzter Atemzug unter allen Himmeln entfliehn. Doch wohin, ach, wohin und wofür?

*

»Meine Cor, du darfst nicht so still und so blaß zum Dichtenmüssen und Dichtendürfen in dein Kaffee Gröbel gehn!«

»Ach, Clemens, ich gehe zu mehr, viel mehr, als zu mir allein ›eigenem‹ Dichten fort ...«

»Mit so schwerer Mappe am Griff! Hat dir den die Lederei Rottenmayr über Nacht wieder angebracht, festgenäht und gar alles aufpoliert?«

»Nein, Flickschuster Viermöller tat's heute früh, als ich Peters neugesohlte Sandalen abgeholt habe ... Poliert ist es sowieso von meinem eigenen Händegriff ...«

Clemens lächelt, ob über den Handgriff oder den Flickschuster in der Jagdstraße. Dann fragt er mit vertieftem Lächeln: »Und was nahm er dafür aus deiner Hand?«

»Nichts als die Hand selbst, die aber drückte er sehr ...«

»Laß mich hineinsehn in deine Mappe! Welch ein Bündel unbeschriebenes Kanzleipapier! Dein Füllfederhalter! Und hier, doch wozu: das Nachfülltintenflakon!

Und dann sagst du: ich gehe nicht schreiben, und trägst dazu all dies mit dir davon! Wie das?«

»Ganz einfach: um 10 000 Unterschriften durch einen Tag zu sammeln, sie dann als Protest des Lebens gegen den Tod wie eine Fahne fliegen zu lassen ...«

»Ach, Cor, meine Cor! Laß wenigstens den Tintennachfüller hier! Mein armer Glaube an 10 000 Unterschriften, für was es auch nach und in deinem Sinn sei, ist schon tot, ach, ich glaube beim besten, betenden Willen nicht und nirgends daran …

*

Es ist der 9. Juni 1935, zwei Tage nach dem Geburtstag von Dr. Friedrich Fuchs, vor 45 Jahren zum ersten Mal eingesetzt, aufgetreten … und acht Tage nach Ursulas sichtbarem, doch ohne die kleinen Füße vollführtem Eintritt in diese Welt vor genau einem Jahr.

Cor hat die ganze vergangene Nacht nicht schlafen können, immer ein Dutzend lachende Rotkreuzschwestern vor den inneren Augen, (innere Augen sehn höher und tiefer und mehr, viel mehr als das äußere Augenpaar) dazu, eine Unmenge feldgrauer Soldaten, Bier in Gläsern … und dann die Worte: »Wir üben hier schon für den nächsten, den kommenden, nahenden, für uns siegreichen Krieg … dem geliebten Führer zulieb …«

Trotz der nächtlichen äußeren Finsternis war es Tag für Cornelie … jetzt ist es Tag um Cornelie und Finsternis füllt ihr Herz.

Clemens aber wiederholt, wenn auch von Cornelies Traurigkeit angesteckt: »Ach, Cor, meine einzige Cor: laß den Nachfüller hier und auch 98% von deinem gelben Kanzleipapier! Du wirst ja kaum 100 Unterschriften gegen den Krieg und für den Frieden erlangen, vielleicht auch 101, wenn meine Unterschrift etwas gilt!«

»Clemens, Clemens, aber was denkst du denn?«

Clemens schweigt ernst, das Lächeln verging ihm, Cor aber erinnert sich jählings an den vor gut 32 Jahren mitgesungenen volkstümlichen Gassenhauer der Kinderspiele von einst:

Denkst du denn, denkst du denn,
Mädchen wären teuer?
Zweie für 'nen Flederwisch
Und tausend für 'nen Dreier …

und sagt sachte: »da nimm denn du meinen Tintennachfüller hin! Leg' ihn drinnen auf meine Sekretärplatte! Das viele Papier aber laß mir in meiner Mappe! Doch wenn die Tinte ausgehn sollte, so läßt uns Gott gewiß ein Wunder geschehn: meine Feder füllt sich dann sicher von selber nach … geht es denn um nichts Andres, als um den Frieden auf Erden und den Menschen ein Wohlgefallen. Ach, Clemens, ich will doch hier in München alle Frauen, Mütter, Bräute, Schwestern, Töchter um ihre Unterschrift für den Frieden bitten … Keinen Mann … Männer haben das Herz hier auf einem anderen Fleck … du nicht, aber die andern wohl alle …«

Dr. Friedrich Fuchs hält das volle Fläschchen in seiner rechten Hand, blickt seine äußere Schwärze an, als berge sie rotes Blut.

Cor aber geht von Clemens immer weiter weg, den Gartenweg zur Straße hinaus. Der eine schöne Eichenholzflügel vom Straßentor schlägt gerade hinter ihr zu.

Sagt dieser Flügel wohl hinter Cornelie Heynitz her: o du Armes, willst du denn wirklich von der Welt ausgeschlossen sein?

*

Viele hundert Male gab sich Cornelie Heynitz für eine einzige Unterschrift her, für die eine unsichtbare Zeile: ich bin für den Frieden auf Erden, ich bin also wider den werdenwollenden Krieg …

Ist Krieg (von Menschen gezeugt), wohl ein Kind, das abzutreiben sehr große Sünde wäre? Nicht Sünde vor dem großen Gott selbst, doch vielleicht vor dem Stäubchen der Ewigkeit: unserm Gewissen?

Cornelie scheint jeder, jeglicher Krieg die berühmte Erbsünde zu sein, deren erstes Vergehn darin bestand: und Kain erschlug seinen Bruder Abel.

Nein, bei Gott: Krieg ist kein werdendes Kind im Schoß dieser Erdenwelt, aber der Frieden ist eines! Das arme Kind in der Krippe sprach es, manngeworden, ja aus: Meinen Frieden lasse ich euch …

*

Und nun hier einige Beeren der bittersten Traube, die Cornelie jemals in ihrem Leben durch bald sechsunddreißig Jahre hat essen, nein, schlucken müssen. Ach, ach, Gott im Himmel und Christi leeres Grab hier auf der Welt: wäre ich nur alleine und tausendfach stückweise daran gestorben, statt der Millionen Menschen, für die ich umsonst um den Frieden gebettelt hab'!

Mit der Mappe unterm Arm, Kanzleipapier und Füllfederhalter, verborgen im Ledersack, wie in einem Schulranzen tragend, betritt Cor das Kaffee Gröbel, darin sie oft wochenlang Tag für Tag … am Sonntag nur bleibt sie aus, also fern … ihre Prosa, somit von Constanze ungehindert, niederzuschreiben vermag.

Nicht durch die Türe tritt Cornelie Heynitz in eben den schönen, großen und doch heimeligen Raum zum Kaffeetrinken, Kuchenessen und eben Cor's Prosadichtung, sondern kommt direkt aus der Nymphenburgerstraße, Ecke Volkartstraße durchs Galaportal in den prunkvollen Konditoreiladen herein. Die etwas beschwerlich von ihr geöffnete Glastür sinkt hinter ihr nun von selbst in den Marmorrahmen zurück (die Tür ins Kaffee, man bekommt dort auch Tee, Schokolade, Alkoholisches und im Sommer mehrfarbiges Eis mit einfarbigem Schlagobers darauf, muß man selber hinter sich zuziehn, also schließen).

Siehe, mit schön toupiertem frischfarbenem Haar erhebt sich bei Cors Erscheinung Konditor Gröbels Schwiegertochter hinter der Kasse: »Beste Frau Heynitz, ich verehre Sie sehr! Kommen Sie heute denn nicht nach nebenan zum Schreiben? Soll ich Ihnen einen Tisch für Sie und Besucher bei Ihnen reservieren lassen? Eine Torte bestellen? Was wohl wollen Sie feiern, verraten Sie's mir ...«

»Nein, Frau Gröbel, vielen Dank! Ich wollte Ihnen nur etwas sagen, Sie fragen, Sie bitten, weil ...«

»Dann komm' ich aber Ihnen glücklicherweise zuvor! Wissen Sie denn schon das Allerallerneueste?«

»Daß morgen schon Mittwoch ist?«

»Das ist doch nicht neu, ist ja tausend Jahre alt oder noch mehr! Sie werden ja kindlicher wie Ihre Kleinen! Halten Sie sich hier fest, aber werfen Sie nicht meine Kasse herunter! Stellen Sie sich doch vor: es gibt Krieg, Krieg, Krieg ... Unter des geliebten Führers Fahnen (mit dem vierfach zerbrochenen Kreuz unseres wahren Führers und Herrn ...) werden wir alle Welt besiegen (zugrunde richten). Die Kolonien gehören uns wieder allein! Und wir hier im Kaffee Gröbel ... blicken Sie sich doch um, was wir doch alles haben und führen ... werden noch besseren Kaffee, köstlichere Torten und Kuchen zubereiten ...

Wird Ihnen schlecht? (gewiß wieder ein Kind im Anzug!) Setzen Sie sich ... Heil Hitler, Herr Geheimrat: ich muß Frau Heynitz, diese da, hinausbegleiten! So ohne Hut oder Sonnenschirm kann man durch die Juniglut doch nicht gehn ...«

*

Nun: Cornelie Heynitz fand auch ohne Begleitung der vor Siegeslust lodernden Konditorsfrau unter Schutz und Schirm ihres Engels allein ihren weiteren Weg im Kampf für den Frieden.

Doch jeder folgende Schritt, und wäre der auch kilometerlang, ist durch Dornen, Scherbenhaufen, Nesseln, ja, züngelnde Flammen vollkommen umsonst, ja, mehr als umsonst: bleibt ein Nichts.

Frau Professor Amalie Münch, sie unterschreibt sich, wenn sie überhaupt schreibt, mit Aimee ... den Titel Professor, ordentlicher, nicht außerordentlicher, hat sie sich angeheiratet ... selbst war sie vor der Hochzeit nur eine der sieben Töchter vom Löwenbräu ... auch im Horoskop ein

Löwe … kommt Cor, der Unterschriftensucherin (wo nichts ist, kann nichts werden …) auf dem für Cor rechten, Aimee aber linken Trottoir der Winthirstraße entgegen …

Hat Aimee Münch es eilig?

Fast wie ein wenig von etwas Unsichtbarem verwirrt, gibt sie ihre sommerlich zwirnbehandschuhte Rechte in Cornelies unbehandschuhte Hand, und drückt diese erstaunlich schwach …

»O Frau Professor, ich wollte Sie gerade bei sich zu Hause besuchen … heimsuchen …« setzt Cornelie, tief errötend an in ihre bislang allüberall vergeblichen Versuchen ernsthaft lächelnd hinzu.

»Und hätten mich leider nicht zu Hause getroffen! Was haben Sie mir sagen oder gar bringen wollen? Kann's hier auf der Straße nicht auch schon geschehn …? Doch verzeihn Sie, ich bin zu bewegt, zu begeistert! Ihnen sieht man's an, Sie wissen noch nicht … So darf ich Ihr Verkündigungsengel sein:

Gloria, Viktoria: es gibt Krieg! Seit gestern weiß ich's von meinem Alten (Universitätsprofessor Ferdinand Münch zählt, laut der letzten Feierstunde in der lorbeergeschmückten Aula der Universität, fünfzig Jahre – ist das in und außer der Ehe denn alt?) … Krieg, Krieg, glorreicher Sieg! Und unsere unverschuldete letzte Niederlage verwandelt der wahre, geliebte Führer in Sieg ohn' Ende …«

(Warum reimt sich wohl Krieg auf Sieg, Sieg auf Krieg? Sind beide ein Zwillingskinderpaar, wie Romulus und Remus unter der Wölfin, mit deren Milch, Milch des Bösen, gesäugt?)

»Ja, ja, mein Alter packte drum gestern Abend höchstselbst seine feldgraue Reserveleutnantuniform wieder aus. Helmut und Leo holten den Koffer vom Boden herunter. Mein Alter erklärte ja, unseres Hausmädchens Pfoten dürfen nichts daran berühren! Die Mottenkugeln hatten sich alle aufgelöst! Wir hingen die Uniform erst ein halben Stündchen auf unsern Küchenbalkon. Wir haben keinen nach vorn, sonst hätten wir brennende Kerzen daneben gestellt … ! Dann probierte mein Alter sie an (die unsichtbaren Kerzen oder die Uniform?). Stand vor uns, vor mir, dem Spiegel, den Söhnen, unsern zwei Buben. Da war es ein wenig zu eng! Doch so an die zehn Tage, höchstens zwei Wochen im Feld …: und alles paßt ihm wieder aufs Millimeter …

Er meinte zuerst: jetzt vor dem Feldzug einige Nähte auftrennen lassen und so … Ich tröstete ihn: nicht nötig: Siegen macht schlank … Helmut flehte Gott im Himmel und uns, seine Eltern, an, es möchte mit dem Krieg noch zwei Jährchen dauern! Er ist doch erst fünfzehn, so junge Freiwillige werden leider noch nicht akzeptiert. Leo weinte so bitterlich …«

Cor selbst und ihr Herz ziehn dem kleinen Leo Münch in Gedanken ein Kreuz über das Kindergesicht: von der Stirn auf das Kinn (Cor hat das Grübchen drin lieb), von Wange zu Wange (weint er doch, wie sie vor nun einundzwanzig Jahren, über des Kriegs Beginn im August 1914, daran auch Pius X. vor Schmerz und Trauer verschied: es hat ihm das Herz zerbrochen, und seine Augen brachen beide entzwei ...).

»Ja, warum blicken Sie so seltsam drein? Leo weinte so bitterlich. Ließ sich nicht trösten. Vergessen Sie doch nicht drauf: er kann ja nicht mit in unserm heiligen Heer hinaus, selbst nicht, wenn der Krieg sich ... o Unglück ... um fünf Jahre verspäten sollte. Leo wird heuer erst elf! Doch o weh: er hat von Geburt an ja einen Klumpfuß. Mit dem geht es nicht zum Siege. O mein armer Kleiner tut uns allen so leid!«

»Ja, Frau Professor, mir auch ...« antwortete Cornelie Heynitz.

Und schon verließ Krr Krr für immer, nein, nur bis zum Jüngsten Tag, dem letzten Gericht, ohne Handdruck Aimee Münch, die Gattin von ihrem Alten.

*

»Komisch, Ferdinand, diese Heynitz ... du kennst sie ja auch so ziemlich vom Sehen ... wurde vor mir in der Winthirstraße wie eine von dannen wandelnde Tote. Ich drehte mich darum mehrmals nach ihr um, ob sie nun umgefallen auf der Straße oder dem Fußweg liege? Das tat sie nicht. Nach mir aber kehrte sie sich nicht ein einzigesmal um ...«

»Kehrt ...«, ist Cornelie, einst Dallala, Nele, Krr Krr, etwa einem Besen verwandt? Soll man sie Base vom Besen nennen?

Vielleicht ... (Viel ist nicht leicht!).

*

Und nun steht Cornelie vor Waltraud Olbers.

Die ist gleich Cornelie keine Münchnerin. Ist aus Freiburg in Baden, wo Cor trotz ihrer zwei Jahre in Lahr niemals gewesen ist (doch bestimmt noch hinkommen wird).

Waltraud Olbers ist Frau, ist Tochter, ist Mutter, Schwester, einmal auch Braut gewesen. Waltraud Olbers' »Gesicht« sind zwei blaue Augen, fast ohne Wimpern und Brauen. Sie hat blondes, wie ohne Wasser doch verwaschenes Haar.

Überm durch wohl drei Monate altes Seidenschleifchen abgebundenen Kragen läuft Waltraud Olbers' Gesicht rötlich an. Das rotgeword'ne Gesicht, das weißgraue Schleifchen, die schwarze Alpakaschürze mit Schutzärmeln dran (als wäre Waltraud Olbers eine ABC-Schülerin zu

Hagenau vor nun dreißig Jahren), geben eine patriotische Farbenfolge preis: schwarz-weiß-rot ... (Doch wir sind hier in Bayern, nicht Deutschland oder gar Preußen ...)

Und Waltraud Olbers faßt, von Verzweiflung durchwühlt, Cor's Füllfederhalter, von Cor zum Niederschreiben zurecht geschraubt sagt (zuckende Schultern, zuckende Unterlippe, sich verkneifende Augen sprechen auch tonlos mit): »Ja, so will ich denn Ihren Frieden *doch* unterschreiben! Aber ich muß es mit meinem Mädchennamen tun! Denn wird meines Mannes Name hier auf Ihrer Liste gefunden, so verliert er für immer, ewig, seine Karriere ...«

Cornelies Füllfederspitze wird feucht, schier naß. Sie wird dicht unterm obersten Rand der ersten leeren Kanzleibogenseite niedergesetzt. Und ebenso langsam wie deutlich Buchstabe hinter Buchstabe: Waltraud Müller.

Sogar einen Punkt setzt die geborene Müllerin, eine Art Schlußpunkt dieses erschreckend grausamen, etwa tödlichen Falls.

Und Waltraud Olbers, geborene Müller, gibt Cornelie ihr Eigentum, den Füller, wieder in eig'ne Verwahrung.

Und Cor verschließt ihren Federhalter, wie man eine Schatzkammer, ein Safe, einen Tresor verschließt ...

Und Cor birgt das bis auf *eine* Unterschrift, nein, Überschrift, leergebliebene Blatt überm Blätterbündel, leer und unbeschrieben von A – Z, in ihrer Mappe: Kehre zurück, alles verziehn ...«

Und wieviel Unterschriften haben Sie nun für *Ihren* Frieden?« fragt Waltraud Olbers, geborene Müller, selbstzufrieden ob ihrer kühnen, waghalsigen Tat.

»Mit der Ihren, als einzige eins voran, können es am Ende 10 000 sein!«

Cornelie lächelt, wie eine Verstorbne im noch nicht zugenagelten Sarg.

Waltraud Olbers, geborene Müller, angeheiratete Blumengeschäftsinhaberin, blickt, wenn auch ohne großen Verstand, überaus stolz und, erlaubter Weise, recht eingebildet ins Blaue, dank ihrem blauen Augenpaar. Und die über den Begriff »Blumenfrau« erhabene Olbers wendet sich von Cor Heynitz, die ihre Mappe unterm Arm fest an sich drückt, zu einem eintretenden Kunden: »Was wünschen *Sie*?« (Cors Wünsche sind ja erfüllt)

»Zehn rote Rosen, Frau Olbers, von denen, ja die: meine Tochter verlobt sich heute Nachmittag um punkt viere mit einem der Führergetreusten im Schwarzen Corps ...«

Waltraud Olbers erblaßt. Sie blickt zu Cornelie hin, legt den vom Blumenbinden grobgewordenen Finger auf den erbleichenden Mund: verrate mich nicht! Verrate mich nicht! Ach, es könnte, auch unterm Mädchennamen, Otto's Karriere gekostet haben!

*

Cor verließ aufrecht, aber im Herzen zusammengebrochen, Olbers Blumengeschäft, neben der Lachner-Apotheke. Und hält in sich einen gesprochenen Satz, den sie, noch klein und unverständig, auf dem Hagenauer Markt, selbst noch hörend, vernahm. Ob aus Männermund oder Frauenmund, erinnert sich Cor nicht mehr: »Blumen helfen oft mehr und besser, als auch die teuerste Medizin, und wären die Blumen auch nur *ein* Gänseblümchen, *ein* Veilchen, oder ein Blättchen von Thymian ...«

*

Cornelie Heynitz versteht und begreift ihr Geschlecht nicht und nirgends mehr.

Als wäre es eine einzige Person, verlangt die Frauenschaft mit schier jubelnder Stimme nach Krieg! Krieg!

Krieg unter flatternden Fahnen (mit je einem vierfach zerbrochenen Kreuz auf weißem Felde, doch dies alles in einem Meer von trockenem Blut versenkt).

Und, ach: so viele Tränen, die über all dies zu fließen hätten, bringt Cor nicht aus sich alleine hervor. Nur ihre Stimme hat sich daran für eine Weile verändern müssen, ist noch leiser geworden, als sie von jeher war, »jeher« heißt: seit Cor nicht mehr singen, mitsingen kann und darf.

*

Wie Cor mit der von Papier so sehr schweren Mappe, doch an Unterschriften ist sie leerer als leer, nach Hause kommt, sagt Clemens, in der Tür zu seiner Bibliothek stehend: »Nun, meine arme Cor?«

»Nichts ... das heißt, wenn eine einzige Unterschrift, als Überschrift über das Nichts geschrieben, nicht doch vor Gott etwas gelten muß oder darf ...«

»Warum auch bist du gegangen: Blumen oder Pilze zu suchen, wo keine sind?«

»Ach, Clemens, heißt es denn nicht: liebe deinen Nächsten wie dich selbst?«

Clemens umfängt Cor: »Etwas will der Himmel dir sagen, zeigen, beweisen: Ich bin der dir Allernächste ...«

Meinte Clemens nun damit sich oder Gott selbst, der ihn und Cornelie zusammengeführt und vermählt hat?

*

Der äußere Krieg ist vorbei. Professor Ferdinand Münch und sein ältester Sohn Helmut sind gefallen. Leo mit seinem Klumpfuß erlag einem schweren Grippeanfall, den er durch kriegerische Unterernährung nicht zu besiegen vermocht …

Die Konditorei Gröbel »hielt« sich nicht. Durch den Krieg und Verlust von noch mehr Kolonien sind die Produktionen nicht besser, sondern schlechter geworden.

*

Und so allüberall! Und immer just da, wo Cornelie Heynitz um eine Unterschrift für den Frieden und gegen den Krieg seelisch gekniet, ja, sich gewunden hatte, wie ein zertretener Wurm.

*

Und nun als PS noch dies:

Dann, dann, Jahre nach dem verlorenen Krieg, ist dieses geschehn:

Cor fährt mit der Münchener Tram, vom Marienplatz ihrem Neuhausen zu.

Neben ihr sitzt ein zeitungslesender Mann. Oder war es ein Herr? (Woran nur lassen sich hier die gerechten Unterschiede erkennen?)

Cor's gedankenlose zwei Blicke, aus zwei Augen als ein Augenblick, gehn die fettgedruckte Überschrift einer Zeitungsspalte entlang:

Drei Millionen Unterschriften innerhalb von drei Tagen …

Cor erstarrt … (Man kann wohl doch auch im Sitzen sterben.)

Der Herr oder Mann neben ihr faltet eben sein Blatt zusammen, steckt es ein wie ein noch ungebrauchtes Schnupftuch.

Steht auf … macht sieben Schritte zum Ausgang, und ist nicht mehr neben Cor.

Leere links von Cor, Leere rechts von Cor, Leere in Cor: o du vollkommenes Nichts!

Noch vier Stationen, Cornelie Heynitz verläßt den stehenden Wagen.

Da fährt er dahin. Cor aber tritt zum Kiosk gegenüber der Lachner-Apotheke und Olbers' Blumengeschäft und Olbers' üppigen Blumengeschäft neben sich.

Was Cor bis eben noch niemals im Leben getan, tut sie nun: kauft für fünfzehn Pfennig aus zwanzigerlei Zeitungen *die* Zeitung, welche noch eben der Mann oder Herr neben ihr las.

Trägt sie unentfaltet nach Hause (wenn wir auf Erden überhaupt ein Zuhause haben).

Clemens ist nicht mehr da. Wo ist er? Etwa verreist? Mitnichten: heimgerufen worden, und diesem tonlosen Ruf gehorsam gefolgt.

»Clemens …« sagt Cor ohne Ton … auch die Stimmlosen werden vom Himmel her angehört … »Clemens, da lies Du es zum ersten Mal, ich lese es dabei zum zweitenmale …«

> Drei Millionen Unterschriften innerhalb von drei Tagen …

»Ja, lies Du mit mir, was nun weiter zu lesen, zu leben steht …«

Cornelie spürt sich nicht mehr ganz (Gans) allein. Spürt sie vielleicht ihren Engel neben sich:

> Drei Millionen Unterschriften innerhalb von drei Tagen …
> gewann der Tierschutzverein in Italien und Deutschland wider den Massenmord an den Singvögeln unterm italienischen Himmel. Somit werden und bleiben endlich die Bratpfannen der Leute zu Rom, Florenz, Mailand, nein, ganz Italien, von kleinen ermordeten Singvögeln leer …

Cornelies Hände zittern beide wie Espenlaub (warum zittert das Espenlaub?).

Diese Legende hier geht um bis zum heutigen Tag: Alle Bäume am Kreuzweg des Herrn verneigten sich tief vor Gottes Martyrium, vor dem, IHM, der sie erschaffen hat.

Nur die Espe, von Selbstsucht und darum Hochmut erfüllt, ist steil und steif in ihrer ganze Höhe verharrt, ja, soll in sich gelacht haben, wahrlich gelacht.

Darum nun ist das Verhängnis als Strafe über sie gekommen: zittere, zittere mit deinem Espenlaub, bis es im Herbst niederfiel, um im Frühling erneut zu zittern, zu zittern …)

Cors Engel stützt Cors zitternde Hände nicht. Immer mehr zittern sie.

Das Zeitungsblatt liegt knisternd am Boden von Clemens' schon 4 Jahre verlassener Bibliothek.

Aus Cornelies Mund aber kommt ein langgezogenes »oh«, als dringe der letzte Tropfen vom Blut unseres Herrn in eines kleinen Kindes weinend hingehaltenes Taschentuch: nimm mich auf!

*

Erzittern etwa Clemens' unsichtbare Hände im Himmel, mit den sichtbaren seines Weibes auf dieser Erdenwelt vereint?

Woran, worüber? Den drei Millionen Unterschriften …

Wert ohne Wert …

BILDTEIL

Abb. 1. Ruth Schaumann 1933.

Abb. 2. Curt Schaumann, 1872-1917.

Abb. 3. Elisabeth Schaumann, 1875-1954.

Abb. 4. Amei 1903.

Abb. 5. Curt Schaumann mit seinem Sohn Felix.

Abb. 6. Weihnachten 1905. Großmutter Anna Becker, Elisabeth Schaumann, Felix, Susanne, Ruth, Großvater Theodor Becker.

»Ja, da steht Cor, von keinem gestützt, und sucht sich selber zu halten. (...) Im linken Arm hält sie die neueste Puppe, gezwungenermaßen, denn ihr von Mami in eben den armen Arm hineingesteckt: daß Krr doch auf dem Bilde irgendwas besitzt.(...) Brüderchen auf dem Bild steht auch wie von dem Blitz versteint. Die Augen aufgerissen (vier Tage hernach werden sie zugedrückt sein und Felix wird nicht mehr stehen, sondern mit gefalteten Händchen liegen), in der rechten Hand hält er die Christnachtstrommel am Griff, ihr Schweinsblasendeckel blickt aus dem Bild ganz wie ein Vollmond, nein wie eine gerahmte Karlsbader Oplate (Vater bekam drei Pakete davon zur Heiligen Nacht) heraus.« (Arsenal 122f.)

Abb. 7. Ruth Schaumann 1908.

»Cor steht im Bilde im weißen schweizer Spitzenkleid, die schweren, offenen Haare wie einen Kreuzbalken über die rechte Schulter nach vorne gelegt. Die weiße Haarschleife oben drüber schwebend, wie zwei Flügel (doch ohne Taube oder gar Engel zwischen sich). (…) Durch über ein halbes Jahrhundert blieb im Bild alles, wie es gewesen ist. Cors Blick, aus beiden Augen gemeinsam, ist seitlich gerichtet, wie man es immer dann tut, wenn man das eigene Innere belauscht und betrachtet.« (Arsenal 293)

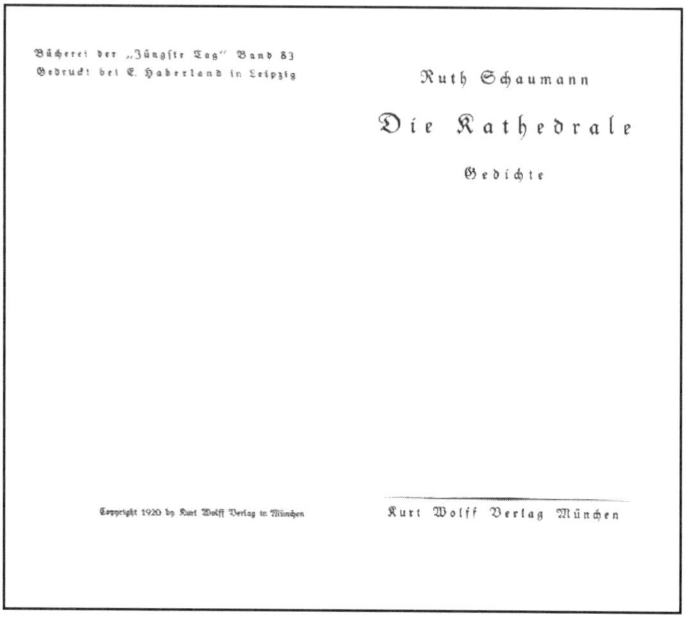

Bücherei der „Jüngste Tag" Band 83
Gedruckt bei E. Haberland in Leipzig

Ruth Schaumann

Die Kathedrale

Gedichte

Copyright 1920 by Kurt Wolff Verlag in München

Kurt Wolff Verlag München

Abb. 8. Deckblatt von »Die Kathedrale« 1920.

Abb. 9. Ruth Schaumann in den zehner Jahren.

Abb. 10. »Die Verkündigung«.

Abb. 11. Dr. Friedrich Fuchs und Ruth Schaumann 1924.

Abb. 12. »Die Vermählung«.

Abb. 13. Holzschnitt für ein Meßbuch.

Abb. 14. »St. Franziskus«.

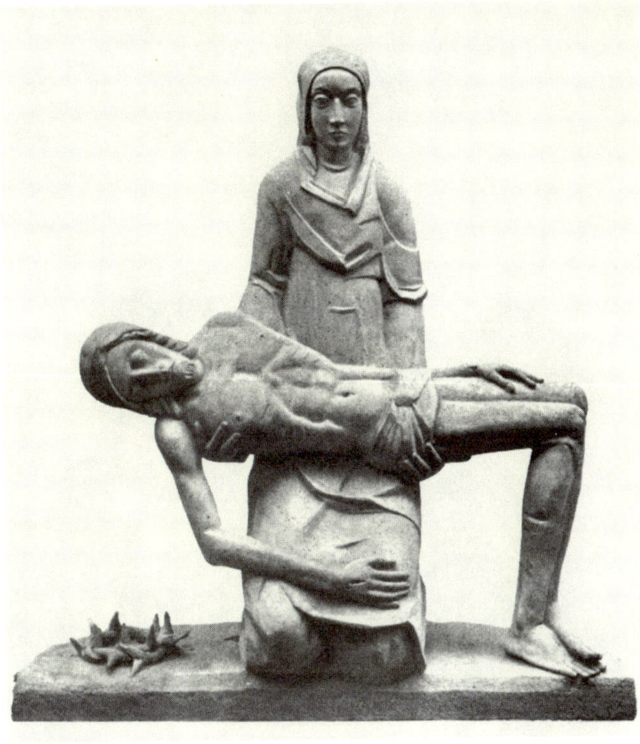

Abb. 15. Pièta.

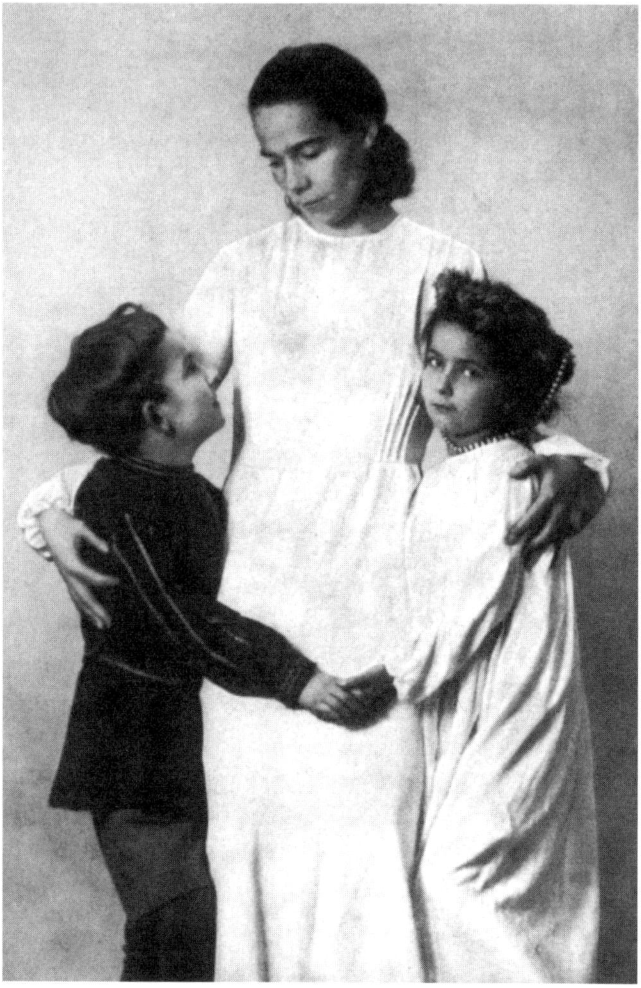

Abb. 16. Ruth Schaumann mit Peter und Esther 1933.

Abb. 17. Ruth Schaumann mit Ursula und Judith 1940.

Abb. 18. »Mitleid«.

Abb. 19. In den 30er Jahren.

Abb. 20. Ruth und Friedrich Fuchs mit Andreas etwa 1942.

Abb. 21. Anfang der 50er Jahre.

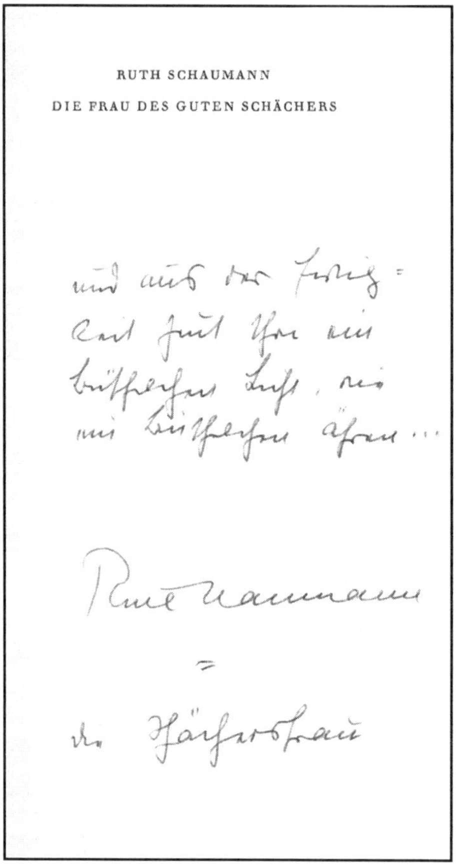
RUTH SCHAUMANN

DIE FRAU DES GUTEN SCHÄCHERS

Abb. 22. Titelblatt »Die Frau des guten Schächers«.
»Und aus der Ewigkeit heut schon ein Büschelchen Licht, wie ein Büschelchen Ähren… Ruth Schaumann = die Schächersfrau«

Abb. 23. »Die Nachtwache«.

Abb. 24. Im Garten der Amei-senburg.

Abb. 25. Ruth Schaumann 1959.

Abb. 26. In der Werkstatt in den 60er Jahren.

Abb. 27.

Abb. 28. In den 60er Jahren.

Abb. 29.

Abb. 30. Einband »Das Arsenal« 1968.

Abb. 31. In den 70er Jahren.

Abb. 32. Reliefplatte des Grabes von Ruth Schaumann und Friedrich Fuchs.

»Wenn ihr euch nicht wandelt und werdet wie die Kinder, werdet ihr nicht ins Himmelreich eingehen. Wer also klein wird wie ein solches Kind, der ist der Größere im Himmelreich. Und wer ein solches Kind in meinem Namen aufnimmt, nimmt mich auf« MT 18,3 ff.

Abb. 33. Grab auf dem Winthirfriedhof in München.

Bildnachweis

Abbildungen 1, 2, 3, 4, 5, 6, 7, 9, 11, 16, 17, 19, 20, 21, 26, 27, 28, 29, 31, 32: Privatbesitz.

Abbildungen 10, 12, 13, 14, 15, 18, 23 aus: Rolf Hetsch (1933): Ruth Schaumann Buch. Berlin.

Abbildungen 24 und 25 aus: Helmut Eberwein (Hg.) (1991): Die acht Seligpreisungen. Bilder von Ruth Schaumann in der Berglekapelle. Gengenbach.

Abbildung 33: Tomas Vollhaber.

Ruth Schaumanns unendliches Schreiben

Essay von Tomas Vollhaber

»Das Leben soll kein uns gegebener,
sondern ein von uns gemachter Roman seyn.«
(Novalis)

I.

Odysseus hat Kirke verlassen und nähert sich der Insel der Sirenen. Auf Geheiß der Zauberin hat er seinen Männern Wachs ins Ohr gestrichen, sich selbst aber fest an den Mast seines Schiffes binden lassen, um unbeschadet an dem Geheimnis teilzuhaben, das zuvor jedem anderen den Tod gebracht hat. Einen Tod jedoch von ganz eigener Art. Zwar ist von Knochen die Rede, von Männern, die verfaulen und deren Häute schrumpfen, doch scheinen die Sirenen, nach Aussage von Kirke, eine Metamorphose an den Menschen vorzunehmen, die sie dort besuchen. »Wer sich in seinem Unverstande ihnen nähert und den Laut der Sirenen hört, zu dem treten nicht Frau und unmündige Kinder, wenn er nach Hause kehrt, und freuen sich seiner, sondern die Sirenen bezaubern ihn mit ihrem hellen Gesang, auf einer Wiese sitzend.« (Homer 1962, 156) Unverständig muss man sein, wenn man den Schritt auf die Insel wagt, und dieser Schritt verändert den Menschen. Er ist nicht mehr der, der er vorher war. Er gehört nicht mehr zu Frau und Kind. Er ist verzaubert. Auf diese Verzauberung, diese Art von »Tod« will Odysseus sich nicht einlassen, er will so bleiben, wie er ist.

Franz Kafka hat den 12. Gesang der Homer'schen Odyssee zum Anlass genommen, den bisher als listig und verwegen gefeierten Helden einer radikalen Neubetrachtung anheim fallen zu lassen. In seiner kurzen Erzählung »Das Schweigen der Sirenen« offenbart er uns einen ganz anderen, kindischen, ja verlogenen Odysseus, der entschlossen der göttlichen Ordnung trotzen will, um sie zu demaskieren und als Sieger und Überwinder dieser Ordnung zu triumphieren. Nach Kafka lässt sich Odysseus nämlich nicht nur an den Mast binden, sondern auch selber Wachs in die Ohren stopfen. So gelangt er zu den Sirenen. »Nun haben aber die Sirenen eine noch schrecklichere Waffe als ihren Gesang, nämlich ihr Schweigen.« (Kafka 1973, 350) Der sich taubstellende Odysseus erblickt sie am Ufer: »die gewaltigen Sängerinnen«, »die Wendungen ihrer Hälse«, »das tiefe Atmen«, »die tränenvollen Augen«, »den halbgeöffneten Mund« (ebd.). Er meint, all das gehört zu ihrem Singen, »zu den Arien, die ungehört um ihn verklangen. Bald aber glitt alles an seinen in die Ferne gerichteten Blicken ab, die Sirenen verschwanden förmlich vor seiner Entschlossenheit, und gerade, als er ihnen am nächsten war, wußte er nichts mehr von ihnen.« (Ebd., 351) Das also ist der Weg zum Triumph: den Blick starr nach vorne gerichtet, nicht um der Gefahr gewahr zu werden, sondern um sie zu durchschauen und sie zu vereinnahmen, sich so unverwundbar zu machen und so ihren Zauber zu brechen: die Auflösung eines mythologischen Vorgangs in ein touristisches Ereignis.

Kafkas Erzählung bleibt offen. Er deutet die Vermutung an, dass Odysseus möglicherweise tatsächlich das Schweigen der Sirenen bemerkt hat, es aber vorzog, darüber zu schweigen, denn was wäre dann aus seiner Heldentat geworden? Es ist die Geburt des modernen Abenteurers, von der uns Kafka erzählt.

Auch der Literaturwissenschaftler Maurice Blanchot rechnet mit Odysseus ab, »der so gemäßigt war, wie es einem Griechen der Verfallszeit zukam, dem in der ›Ilias‹ nie ein Heldenplatz gewinkt hätte. (…) die Haltung des Odysseus, die erstaunliche Taubheit eines Menschen, der taub ist, weil er hört, reicht aus, um die Sirenen mit einer Verzweiflung zu begaben, die bis dahin den Menschen vorbehalten war, und sie auf Grund ihrer Verzweiflung in leibhaftige Mädchen von großer Schönheit zu verwandeln.« (Blanchot 1962, 13) Aus den Göttinnen waren schöne Mädchen, aus der mythischen Begegnung ein Extremsport-Abenteuer, aus der Sage eine Episode geworden.

Was hat sich ereignet, was Kafka und Blanchot mit so drastischen Worten darstellen? Schließlich ist Homers Odyssee Teil des kostbaren Schatzes unseres kulturellen Gedächtnisses. Und genau das ist der Punkt, auf den beide hinweisen. Kafka, der in der Begegnung bzw. Nicht-Begegnung Odysseus' mit den Sirenen die Überwindung der archaischen Ordnung, die Geburt des modernen Mannes sieht, und Blanchot, der die Begegnung von Odysseus und den Sirenen zum Anlass nimmt, den Unterschied von Sage, im Sinne von Mythos, und Roman zu erklären.

Der Gesang der Sirenen, so Blanchot, ist nämlich als ein Gesang des Mangels zu verstehen, der nicht befriedigt, sondern nur die Richtung anzeigt, wo die wahre Quelle und das echte Glück zu finden sind. Ihr Gesang zieht die Seefahrer an, er lockt sie auf die Insel; nicht sein Genuss schafft das ersehnte Glück, sondern sein Versprechen, es auf der Insel zu finden. Odysseus ist ausgezogen, sich dieser Herausforderung zu stellen, nicht jedoch sich ihr auszuliefern. Er will, das ist Blanchots These, von der Gefahr *berichten*, und das setzt voraus, ihr nicht zu erliegen, was mythologisch das Bild des Todes meint, der auf der Insel wartet. Die Geschichte von Odysseus und den Sirenen ist die mythologische Matrix der Geschichte des Romans, dessen Wesenszug sich von dem der Sage bzw. des Mythos völlig unterscheidet.

Der Roman ist ein ganz und gar menschliches Unterfangen: er berichtet von der Fahrt des Odysseus, dem Befinden der Helden, ihren Ängsten und Leidenschaften, den Strategien, der Gefahren zu trotzen; er kündet von einem Kampf, der sich zwischen den Menschen und den Mächten ereignet, in dem die Mächte jenseits der Menschen stehen, ohne Macht über sie zu gewinnen. Ein Kampf, der tödlich für die Menschen sein kann, doch dieser Tod meint dann tatsächlich den physischen Tod, nicht den mythologischen. Der Roman will erzählen, will unterhalten, er ist, nach Blanchot, die ansprechendste aller literarischen Gattungen, weil er das, was andere als unwichtig und etwas zu vernachlässigendes denunzieren, in seinen Mittelpunkt rückt (vgl. Blanchot 1962, 14f.). Er ist frei und der Phantasie verpflichtet.

Anders die Sage. Die Sage ist nicht der Bericht einer Begebenheit, sie ist die Begebenheit selber. In ihr hat sich die Wirklichkeit in Imagination verwandelt. Beispielhaft für eine Sage nennt Blanchot Marcel Prousts »Suche nach der verlorenen Zeit«, die sicherlich gattungskategorisch als Roman zu bezeichnen ist, Blanchot begreift sie jedoch paradigmatisch als »Sage«, weil sie ganz der Imagination verpflichtet ist, die aus der Metamorphose des wirklichen Raums entstanden ist. Die Metamorphose eines wirklichen Raums in einen imaginären Raum setzt jenen mythologischen Tod voraus, der auf der Insel der Sirenen lauert. »Allmählich, obgleich im Nu« (ebd., S. 19) findet diese Metamorphose statt. »Allmählich«, weil sie im Verlauf der Sage ständig präsent ist, »im Nu«, weil sie den Moment des schrecklichsten Augenblicks reflektiert, der die ganze Sage beleuchtet. Der schrecklichste Augenblick ist der Moment, da Odysseus den Sirenen ausgeliefert ist – einen Augenblick, den Odysseues zu verhindern verstand. Die Literatur ist voll dieser Augenblicke. Gegeben hat es den schrecklichsten Augenblick, als der Ich-Erzähler in jene teegetränkte Madeleine in

Marcel Prousts »Suche nach der verlorenen Zeit« biss; der schrecklichste Augenblick ist der Griff des kleinen Detlev in die Vogelscheiße auf dem Balkon des katholischen Kinderheims in Hubert Fichtes »Waisenhaus«; der schrecklichste Augenblick ist der Moment der Ertaubung der kleinen Cornelie Heynitz in Ruth Schaumanns »Arsenal«. Dieser schrecklichste Augenblick löst eine Metamorphose aus und ist »Ouvertüre jener unendlichen Bewegung« (ebd., 20), jenes »unendlichen Sprechens« (Foucault 1993, 90), das uns in den Werken obengenannter Dichter begegnet. Das Erleben des schrecklichsten Augenblicks ist die Voraussetzung der Metamorphose.

Dieses Erleben ist ein geistiges und körperliches, die »Madeleine«, die »Vogelscheiße«, die »Ertaubung« weisen darauf hin. Der ganze Mensch wird der Metamorphose unterzogen und diese Verwandlung schafft den vom Künstler gestalteten imaginären Raum. Der Künstler befindet sich hier tatsächlich an einer Schnittstelle, die er physisch und psychisch schmerzhaft oder auch wunderbar erfährt. Denn es gab den historischen Augenblick, da Marcel in das Madeleine gebissen hat; es gab die Abschiedsstunde 1944 aus dem bayrischen Schrobenhausen, da Hubert auf dem Balkon stand; es gab das Erwachen von Ruth, als ihr Vater sich von ihr abwandte, da er über die Ertaubung seines Lieblings weinte. »Die Sage«, schreibt Blanchot, »ist gebunden an diese Metamorphose« (Blanchot 1962, 19). »Die Sage ist Bewegung in Richtung auf einen Punkt, der nicht nur unbekannt, übersehen und fremdartig ist, sondern von solcher Art, daß er dieser Bewegung voraus und außerhalb ihrer keinerlei Wirklichkeit zu haben scheint, sich aber gleichwohl so gebieterisch geltend macht, daß die Sage von ihm her ihre ganze Zugkraft bezieht, und zwar in solchem Maße, daß sie nicht einmal ›anfangen‹ kann, ehe sie ihn nicht erreicht hat.« (Ebd., 16)

Nun haben aber Proust, Fichte, Schaumann »angefangen«, bevor sie den Punkt erreicht hatten. Diesen Anfang hatten die Dichter ganz unterschiedlich erlebt. Von Proust wissen wir, dass er bis zu dem Moment, da er sein großes Werk konzipierte, zweifelte, sich als Versager sah, sein Frühwerk, den »Jean Santeuil«, unvollendet ließ, als Schriftsteller zu scheitern drohte. Hubert Fichte scheute sich zu publizieren, bevor er sein literarisches Konzept entwickelt hatte. Er las viel, probierte aus, konzipierte Ritterdramen und Elegien, schrieb Gedichte (vgl. Wischenbart 1981, 67) und suchte Dichterkollegen auf, um seinen Plan einer Geschichte der Empfindlichkeit zu entwickeln, die mit dem »Aufbruch nach Turku« beginnt. Und Ruth Schaumann schuf ein Riesenwerk, bevor sie jenen Raum betrat, in dem alles zur Imagination reift und verwandelt wird.

Ruth Schaumanns Leben und Werk zeugen von der Gegenwart dieses schrecklichsten Augenblicks. Lange dümpelte ihr Schiff vor der Sirenen Gestaden, lange meinte sie das Spiel von Odysseus spielen zu können, nur unter umgekehrten Voraussetzungen, denn sie spielte die Hörende und war doch taub. Beinahe wäre es ihr gelungen. Erfolg und Anerkennung schienen ihren Trick zu sichern und der schrecklichste Augenblick verflüchtigte sich in einem Meer von Wörtern, Bildern und Skulpturen. Der Phantasie waren keine Grenzen gesetzt, sie erzählt und malt und hämmert und drechselt und schneidet aus, und doch ist es nicht ihr Anliegen, alles in Poesie zu verwandeln, sondern Abenteuerliteratur zu schreiben. Gewiss, Abenteuer von ganz besonderer Art, denn ihre Abenteuer künden nicht vom Sieg des Mannes und seiner List, sondern bei ihr findet alle Kunst Auflösung in einem Abenteuer katholischer Heilsfindung. Immer wieder beschwört Ruth Schaumann in ihrer Literatur schreckliche Augenblicke: verlassen und missbraucht werden, Vergewaltigung, Abtreibung, Mord, um den schrecklichsten Augenblick zu vermeiden. Sie zerschreibt ihn, um seinem Schlund zu entgehen, der sie zu verschlucken scheint. Es ist die Angst vor dem schrecklichsten Augenblick, der ihr den Mund zu stopfen und die Hand zu lähmen droht, die Angst vor dem »Tod«.

II.

Den »Tod«, der nach Blanchot die Vorausetzung der Metamorphose ist und der den Wesenszug der Sage bestimmt, hat Michel Foucault mit dem Aufkommen der Schrift in Zusammenhang gebracht. »An der Grenzlinie des Todes reflektiert sich das Sprechen: es trifft auf so etwas wie einen Spiegel; und um den Tod aufzuhalten, der es aufhalten wird, hat es nur eine Möglichkeit: in sich, in einem Spiel mit Spiegeln, das selbst keine Grenzen hat, sein eigenes Bild entstehen zu lassen.« (Foucault 1993, 91) In diesem Spiel mit Spiegeln bedient sich das Sprechen eines Mediums der Verdoppelung: die Schrift rettet vor dem Tod und nimmt Gestalt in sichtbaren und unauslöschlichen Zeichen. Es ist jener Vorgang, den Blanchot bereits angedeutet hat: »Den Gesang der Sirenen vernehmen heißt soviel wie aus Odysseus, der man gewesen ist, Homer werden.« (Blanchot 1962, 17) Und es ist vielleicht jener Vorgang, der aus Ruth Schaumann eine so unerbittliche Gegnerin der Gebärdensprache hat werden lassen, die in ihren flüchtigen Zeichen, jenseits der Möglichkeit von Verschriftlichung, das Zerrinnen und den Tod erblickte.

Das Spiel mit Spiegeln, sprechen, schreiben, um nicht dem »Tod« anheim zu fallen, ist selbst Topos der Literatur geworden. Unendliches Sprechen im Verschachteln von Geschichten in Geschichten: die tödlich bedrohte Prinzessin Scheherazade erzählt in einer der tausend Nächte die Geschichte der Prinzessin Scheherazade, die durch ihr Erzählen den Tod immer wieder um eine Nacht hinauszögert.

Eine Verfahrensweise, die auch bei Ruth Schaumann anzutreffen ist. Sie erzählt die Geschichte der vom Hunger gepeinigten Familie Fuchs, der Pittegrilli eine Geschichte erzählt, die ihm seine Mutter erzählt hat, von dem wundersamen Mönch Nicolai, der auf noch viel wundersamere Weise den Dachdecker Jusuf rettet, just in dem Moment, da die Mutter das einzige Ei, das der Familie geblieben ist, verschenkt. Es ist das Jahr 1946, Eier gibt es keine. »Die zehn Kinderaugen (...) flammen, ja lodern, um jählings auszulöschen, als sei es in fünffachem Tod ...?« (Kugelsack 145) Und einen Tag später schickt ein glücklicher Leser der Schriften von Cor Heynitz sieben Eier an die siebenköpfige Familie.

Dieses Spiel mit Spiegeln ist eine literarische Strategie Ruth Schaumanns. Irgendwann einmal wird sie schreiben: »Wie es wohl kommt, daß alle Dinge in Spiegeln viel schöner sind und die Menschen allein nicht?« (Amei 227) Eine Facette dieses Spiels mit Spiegeln beschreibt das teleologische Prinzip ihrer Literatur. In einem der wenigen Texte, in denen sie Schreiben reflektiert, rechtfertigt sie die Notwendigkeit von Funktionalisierung ihrer Literatur. Aber auch diesen Text selber begreift sie als Teil ihres literarischen Kanons und nicht etwa als literaturtheoretischen Exkurs, der neben ihrem belletristischen Werk bestünde. Nachdenken über Kunst kann nur Teil dieser Kunst sein und nicht außerhalb stattfinden. In einem fiktiven Gespräch befragt »der Freund seinen Freund, einen Künstler« (Grundsätzliches 217): »Warum nur machst du nichts als Heilige, Mönche, Madonnen mit dem Kind, Engel und Kinder?« (Ebd.) Der Freund erweist sich als Gegenspieler des Künstlers, als Hedonist, der einer Madonna eine Aphrodite vorzieht, und schließlich seinem Freund, dem Künstler, den Auftrag gibt, zwei Frauen zu modellieren: »Mach eine Jungfrau mit dem Salbenkrüglein zum Bade wandelnd, eine Mutter, den Sohn an den Brüsten.« (Ebd.) Der Künstler willigt ein, doch der Auftraggeber ist von dem Werk enttäuscht, denn in der Jungfrau entdeckt er Maria aus Magdala, in der Mutter die Gestalt Mariens. Erwartet hat er eine sich salbende Frau und ein Abbild weiblicher Hingabe, erhalten hat er das Bild einer Frau, die ihre Zuneigung einem anderen, einem Toten, stiftet, und ein Bild, das von »kühler Majestät« und nicht von mütterlicher Zuneigung kündet. Friedrich Fuchs hat die Kunst seiner Frau Ruth Schaumann einmal als genuin christlich bezeichnet (Fuchs 1923, 192) und meint damit, dass ihre Kunst weder frömmelnd sei, noch dass sie sich christlicher Motive bediene, um weltliche Dinge zum Ausdruck zu bringen. Beides trifft offensichtlich auch auf die Figuren zu, über die ihr Auftraggeber unzufrieden ist. An das Motiv der Agitation hat Fuchs jedoch nicht gedacht, ein für Schaumann durchaus wichtiges Motiv, denn, wie sie den Künstler bemerken lässt, ist es das »bitterste für mein Herz: Du bist kein Christ.« (Grundsätzliches 218) Und das Gespräch endet damit, dass der Freund gläubig wird.

Der Anspruch an den Künstler, sein Werk dem Zweck der Agitation zu unterstellen, ist als eine Form der Spiegelung zu bezeichnen. Foucault hat das unendliche Sprechen als ein Spiel mit Spiegeln bezeichnet, in dem sich der Sprecher spiegelt, um sich vor dem Tod zu retten. Was geschieht in diesem Gespräch: Der Hedonist wirft dem Künstler vor, nicht das Schöne, das Sinnliche zu gestalten. Der Künstler antwortet, das Schöne sei das Christliche. Der Hedonist: das Christliche sei etwas für Einsame, der Künstler verweist auf sein Werk »Ehe«, in dem die Einsamkeit aufgehoben ist. Nun ist die christliche Ehe für Ruth Schaumann tatsächlich der einzige Ort, um der Angst vor der Einsamkeit zu entkommen. Sie rekurriert hier auf eigene Erfahrungen und etliche Abschnitte des vorliegenden Romans deuten darauf hin, was passiert, wenn diese Ehe Anfechtungen ausgeliefert ist. Die archaische christliche Ordnung wird in diesem Ehe-Ideal zum bürgerlichen Stillleben. Es ist ein Prozess, wie ihn Blanchot von Odysseus und den Sirenen beschreibt: aus den Sirenen, den Göttinnen, den Dämonen, werden »Mädchen von großer Schönheit«. Die tödliche Bedrohung wird zu einer gefahrlosen Betrachtung, die existenzielle Herausforderung christlichen Glaubens wird zur Familientafel.

Die Konstruktion Hedonist versus Christ reflektiert einen Gegensatz, von dem die Kirche schon immer gezehrt hat. Dass sich Ruth Schaumann in diese Konstruktion mit hineinbegibt, ja, sich zu einer Protagonistin dieser macht, erklärt Popularität, Ablehnung und Vergessen ihres Werks. Sie selbst hat an diesem Prozess teilgenommen und ist schließlich sein Opfer geworden. Und so wurde sie rezipiert: »Das Leise, Schwebende, Innige, Madonnenhaft-Süße, Gläubige, das Ruth Schaumanns Lieder alle haben« (Joachimi-Dege 1929, 124). »Ruth Schaumanns Werk verkörpert die Marienlinie, das ewig Jungfräuliche stellt sich dar in einer herben Verschlossenheit.« (Nadler 1937/38, 358). Aber auch: »Diese gewollte, mit sich selbst kokettierende Kindlichkeit! Diese zart und geschmackvoll, aber dennoch unverkennbar parfümierte Frömmigkeit! (...) Dieser himmlische Marzipan.« (Vesper 1931, 231) Als 1970 in einer Reprintausgabe von »Der jüngste Tag« die Autoren in kurzen biographischen Skizzen vorgestellt werden, schreibt der Herausgeber zu Ruth Schaumann: »Christliche und mütterliche Empfindungen beherrscht alle ihre literarischen (und bildkünstlerischen) Äußerungen, die der Kritik zunehmend als süßlich und kunstgewerblich gelten.« (Schöffler 1970, 1720) Und zu ihrem 100. Geburtstag konnte man in der Süddeutschen Zeitung lesen: »Heute wirken ihre Innigkeit und dekorative Stilisierung oft süßlich, kunstgewerblich.« (Betz 1999, 18)

Einer schreibt vom anderen ab. »Innigkeit«? »Dekorative Stilisierung«? »Süßlich«, »kunstgewerblich«? Nur noch nein, nein, nein schreien! Es ist ein Missverständnis! »Die gewaltigen Sängerinnen«, »die Wendungen ihrer Hälse«, »das tiefe Atmen«, »die tränenvollen Augen«, »der halbgeöffnete Mund«, all das sagt doch etwas ganz anderes, und nicht das, was Ihr sehen wollt!

Schaumanns Dämon, der am Strand der Sirenen gelungert hat, heißt Taubstummheit. Taubstumm zu sein heißt ausgeschlossen zu sein, nicht teilnehmen zu dürfen an den Ereignissen, die Menschen zusammen führen. Es gilt der alte Spruch: Blindheit trennt von den Dingen, Taubstummheit von den Menschen. Einsamkeit; Verdummen, wegen der Unmöglichkeit, an Bildung und Kultur teilhaftig zu werden; sprachlos zu sein – es gibt kaum ein Schicksal, das mehr Angst evoziert als Gehörlosigkeit. »Diagnoseschock« ist der Terminus, mit dem die Gehörlosenpädagogik jenen Moment bezeichnet, bei dem Eltern von der Gehörlosigkeit ihres Kindes erfahren. Das hatte nicht nur Ruth Schaumann erfahren, das weiß jeder, der sich mit dem Thema befasst, und das gilt bis heute. Anders ist der Widerspruch nicht zu verstehen, der einerseits Gebärdensprache als interessante neue Erfahrung entdeckt, andererseits jede neue Errungeschaft im Bereich der Hörgerätetechnologie überschwenglich feiert.[1] Das eine ist ein interessantes linguistisches oder soziologisches Ereignis, das andere ist die Krankheit, das Gebrechen, der Makel, den es zu beheben gilt.

---

1. So findet man in der Ausgabe des Hamburger Abendblatts vom 10. August 1999 zwei Artikel zum Thema Gehörlosigkeit. Auf der Hochschulseite wird von gehörlosen Studenten an der Universität berichtet wird, die mit Gebärdensprachdolmetschern ihr Studium meistern, und es wird von einer Sprache erzählt, die uns seit Caroline Links Film fasziniert (Heintze 1999, 8), und drei Seiten vorher konnte Prof. Lenarz aus Hannover von seinem und seiner Mitarbeiter Sieg über die Gehörlosigkeit berichten (Redaktion Hamburger Abendblatt 1999, 5).

III.

Neben den Märchen aus tausend und einer Nacht gibt es andere Werke, denen der Topos »Schreiben um nicht zu sterben« als Leitmotiv gilt. Eines dieser Werke, das auch für Ruth Schaumann Quelle eigenen Schreibens wurde, ist Giovanni Boccaccios »Dekameron«. Sieben Frauen und drei Männer sind dem von der schwarzen Pest bedrohten Florenz entflohen und wollen sich, anders als ihre Mitbürger, die die drohende Gefahr durch wollüstige Ausschweifungen zu vergessen hoffen, der Poesie hingeben. Die zehn Personen erzählen sich zehn Tage lang jeweils zehn Geschichten. Ruth Schaumann, die das Spiel mit Zahlen in jedem ihrer Romane aufgreift, muss schon allein dieses metrische Spiel mit der heiligen Zahl zehn, neben den heiligen Zahlen drei und sieben, angesprochen haben. Und noch viel mehr die Themen, die in den hundert Erzählungen mannigfaltig und immer neu variiert werden: Treue, unverbrüchliche Liebe, die über den Tod hinausgeht, das Böse und seine Überwindung, die Aufhebung von Klassengegensätzen durch die Liebe, Adel als Merkmal des Charakters, nicht als Privileg. Themen, die uns im Werk Schaumanns in vielerlei Facetten begegnen. So auch in der Erzählung »Die Herzogin von Urbino«, die sie unter einem Pseudonym veröffentlichte.

Warum ein Pseudonym? Der für die Wahl von Pseudonymem häufigste Grund besteht in der Sorge um Folgen, die aus der Veröffentlichung entstehen können und haben oft einen politischen Hintergrund. Und auch hier hat sich die politische Lage dramatisch verschärft. Als die Ausgabe des Hochlands[2] erscheint, in der der Text publiziert ist, haben die Nationalsozialisten die Regierungsgewalt übernommen, und Schaumann war gewiss keine Dichterin nach deren Geschmack. Sie war allerdings auch keine Dichterin, die Verfolgung fürchten musste. Viele ihrer Bücher sind in den Jahren 33 bis 45 unter ihrem Namen erschienen.

Nein, »Andreas Möller«, so lautet ihr Pseudonym, hat seinen Ursprung nicht in der Furcht vor einer Bedrohung, sondern ist ein weiteres Spiel, das

---

2. Hochland, Monatszeitschrift für alle Gebiete des Wissens, der Literatur und der Kunst, München, gegründet 1903 von Carl Muth, eingestellt 1941. Seit 1923 arbeitete Dr. Friedrich Fuchs bei der Zeitschrift Hochland, von 1933 bis 35 war er ihr Hauptschriftleiter. Nach Differenzen mit Muth und Schöningh wurde er Ende 1935 entlassen (vgl. Fuchs/Fuchs 1999, 214). 1946 wurde die Zeitschrift von F.J. Schöningh neu gegründet und erschien seit 1972 als »neues hochland«. 1974 wurde ihr Erscheinen endgültig eingestellt.

sie mit ihren Lesern treibt. Und es geht weiter, der Untertitel der Geschichte lautet: »Nach dem Italienischen des Ser Giovanni Padovano« (Herzogin 39). Hinter dieser Maske, in einem sprachlichen Duktus, der dem Stil traditioneller Dekameron-Übersetzungen angeglichen ist, erzählt Schaumann die Geschichte des Fürsten von Salerno, Tancredi, und seiner Liebe zu Costanza und seine unglücklichen Hand bei der Auswahl seines engsten Vertrauten, der schließlich die Stadt ins Elend führt. Die Liebe von Tancredi und Costanza, eher geschwisterlich als erotisch geprägt, ist unverbrüchlichen, die jedoch auf eine harte Bewährungsprobe gestellt wird. Liebe, deren Unverbrüchlichkeit auf eine harte Bewährungsprobe gestellt wird, ist ein Thema, das auch Boccaccio häufig aufgreift, u.a. in der ersten Geschichte des vierten Tages, in der vom gleichen Tancredi, jenem Fürsten von Salerno, die Rede ist, von dem auch Schaumann erzählt, und von seiner Tochter Ghismonda, der Witwe des Herzogs von Capua, die der Fürst so liebte wie sein alter ego aus dem Hochland die Witwe des Herzogs von Urbino. Die Dummheit des Fürsten von Salerno, bei Schaumann in der törichten Auswahl seines Vertrauten Cecco, bei Boccaccio in der törichten Eifersucht auf den Geliebten seiner Tochter, bringt die weiblichen Protagonistinnen in eine lebensbedrohende Situation, an deren Ende bei Schaumann der Fürst, bei Boccaccio die Herzogin stirbt. Doch die Moral der Geschichten bleibt die gleiche, die überlebende Herzogin bei Schaumann, bei Boccaccio der überlebende Fürst, erkennen am Ende, dass ihre Liebe für den jeweils anderen unverbrüchlich über den Tod hinausreicht.

Dennoch gibt es zwischen beiden Geschichten einen wesentlichen Unterschied: Boccaccio lässt seinen Helden zerknirscht am Totenbett seiner Tochter zurück, Schaumanns Heldin hingegen ist, als sie den mörderischen Coup des Cecco entdeckt, im achten Monat schwanger, und zwar von Cecco, der in der Maske des Fürsten sie vergewaltigte, nachdem er zuvor seinen Herren ermordet hatte und nicht, wie sie irrtümlich annahm, vom Fürsten, den sie dafür acht Monate lang verfluchte.

Vergewaltigung und ungewollte Schwangerschaft sind Themen, die ich in den Geschichten Boccaccios nicht gefunden habe, es sind jedoch zentrale Motive im Werk Schaumanns. Viel Romane und Erzählungen, die wir von ihr kennen und hohe Auflagen erlebt haben, erzählen die Geschichten von Vergewaltigung und Hass, ein Kind zu tragen, das ungewünscht ist – und das dennoch ausgetragen wird. Beispielhaft sei hier »Die Übermacht« genannt, ein Roman, der wiederum Geschichten in Geschichten erzählt, jedoch im Unterschied zur »Herzogin von Urbino« nicht der Renaissance verpflichtet ist, sondern sich Topoi romantischer Schreibweisen bedient.

Die Rahmenhandlung ist die Vergewaltigung der Josepha Turbuler, die zusammen mit ihrem Mann den Bischof der Stadt aufsucht, um eine Abtreibung zu erwirken, die ihr jedoch verweigert wird. Um seine Entscheidung zu erleutern, erzählt der Bischof nun seinerseits eine Geschichte, die alle Motive enthält, die zu einer romantischen Erzählung gehören, und derer sich Ruth Schaumann auch in anderen Romanen bedient hat (für »Die Taube« vgl. Vollhaber 1999, 236). Es ist die Geschichte der Stephanie von Endlach, die einst vergewaltigt wurde und deren Flehen ihren Mann Johann davon abgehalten hat, den Vergewaltiger zu töten, denn auch die Frucht einer Vergewaltigung ist ein unschuldiges Kind. Das Kind, das damals der Stephanie geboren war, ist der Bischof, der heute zu den Turbulers spricht.

»Im Roman der Romantik gibt es eine Anzahl fester Topoi, die immer wiederkehren, und das nicht nur einzeln, sondern wie in einem Ensemble, wo jeder Topos – wie das Instrument in einem Orchester – seine Klangfarbe zum Ganzen liefert. Diese Topoi sind: der Wald, die Jagd, das Schloß, der Eremit, das als Mann verkleidete junge Mädchen, das Gewitter, die Mondnacht und die Feuerbrunst, wobei es meist die Schlösser sind, die brennen. Dazu wird viel gesungen.« (Kleßmann 1996, 141) Auf alle diese Topoi greift Schaumann zurück: Der Wald in der Mondnacht, in dem das Verbrechen geschieht, die Jagd auf den Verbrecher, das Schloss derer von Endlach und derer von Bergheimb, in dem sich der Vergewaltiger versteckt, der zum Eremiten gewordene Herr von Bergheimb, das Gewitter, durch das Johann nach Bergheimb reitet, um den Vergewaltiger zu fangen, das brennende Schloss, dass auch hier, wie in »Die Taube« das verwilderte und zur Ruine gewordene Schloss meint, schließlich die Musik, die auch im Hause derer von Endlach eine wichtige Rolle spielt und bei der Identifizierung des Verbrechers eine Schlüsselrolle einnimmt, denn sein Spitzname ist gleich jenem Instrument, nach dem der kleine Markus von Endlach greift, und unwissend seinem Vater dadurch den Hinweis gibt: Fagott.

Nur auf ein Motiv scheint die Dichterin auch hier zu verzichten: das als Mann verkleidete Mädchen ist in den Romanen Schaumanns immer sehr schwierig zu finden. Wie schon Camilla (vgl. Vollhaber a.a.O.) ist das als Mann verkleidete Mädchen wohl am ehesten in der an charakterlicher Stärke und Durchsetzungskraft alle Männer übertreffenden Heldin Stephanie von Endlach zu identifizieren. Doch es gibt Erzählungen Schaumanns, in der gerade die Verwandlung eines Mädchens zum Jungen zum Leitmotiv wird, da es sich ideal in das Verkleidungsspiel, wie wir es bereits bei »Andreas Moeller«, in dem die Autorin sich zum Autor verwandelt, erfahren haben, einfügt, und zwar sowohl, ähnlich der Geschichte um die Herzogin von Urbino als Rahmenhandlung (hier Schaumann/Moeller, dort Ruth/Balthasar), als auch als Thema der Erzählung selbst.

Dazu bediente sich Schauman einer weiteren von ihr bevorzugten literarischen Gattung, dem Märchen, also jenem Genre, das am stärksten der Romantik verpflichtet ist. Es gab kaum romantische Dichter, die nicht Märchen geschrieben hätte. In Schaumanns Märchen »Der Petersiliengarten« ist es der »Neger Balthasar«, der als Chronist dieser Geschichte vorgestellt wird. Balthasar selbst wurde als Baby zum Schlüssel, der das verhängnisvolle Schicksal zum Guten wendet. Er soll nämlich die Frucht einer Vergewaltigung sein, die Modestus an einer Kammerfrau begangen hat. Modestus jedoch wird geliebt von Prinz Florus, der zutiefst unglücklich darüber ist, einen Knaben zu lieben. Um die Kammerfrau als Lügnerin zu entlarven und Florus aus seiner Pein zu befreien, lüftet Modestus seine Maske, hinter der die liebliche Jungfrau Anima lächelt.

Fast uferlos scheint es, Schaumanns unendliches Schreiben, ihr Spiel mit Spiegeln, darzustellen. Und gerade die Romantik, die Ruth Schaumann durch ihren Mann Friedrich Fuchs besonders nahe gebracht worden war, hat literarische Formen entwickelt und Traditionen aufgegriffen, die ihrem unendlichen Schreiben entgegenkommen. Das Märchen ist für Ruth Schaumann wohl auch deswegen eine ihr so naheliegende Gattung, weil es spricht, indem es etwas anderes verschweigt. In ihrem Werk zur Romantik schreibt Ricarda Huch über das Märchen: »Das grausam blinde Schicksal, das irgendeinen herausgreift, ihm eine Schuld anklebt, für die er sich nicht verantwortlich fühlt und durch die er doch leidet, gehört nicht in das Märchen. Es schließt niemals mit einem Fragezeichen. Es mögen in einem Märchen die fürchterlichsten Verwicklungen angeknüpft sein, (...) immer löst sich das ärgste Verhängnis spielend und sicher (...).« (Huch 1985, 293f.)

Wie sehr muss sich Ruth Schaumann im Märchen heimisch und verstanden gefühlt haben, schrieb sie nicht selbst in einem Brief 1924 an ihren Verlobten von jener Schuld, die ihr angeklebt wurde, ohne dafür verantwortlich zu sein; einen Brief, den sie 48 Jahre später im »Arsenal« veröffentlichen wird und der tatsächlich jenen »Tod« markiert, den Blanchot meint, wenn er von den Sirenen spricht: »Denn wie ich taub geworden, schämte sich alle Welt meiner. Rissen die Gespielen mir ab: faßt mir die Taubstumme nicht an! Und ich schämte mich selbst fast zu Tode. Die mich umgaben haben mich in den Kerker der Scham geworfen, in Ketten und Banden der unschuldigen Schuld.« (Arsenal 1103)

IV.

Die Bedeutung des Briefes von 1924 liegt nicht im Bekenntnischarakter, einer neugierigen Öffentlichkeit Leben und Einsamkeit einer Taubstummen zu erklären, sondern vielmehr darin, dass Ruth Schaumann im Raum der Gehörlosigkeit eine Sprache entwickelt, ihre Wahrheit zu erzählen. Spuren davon findet man durchaus schon in Texten, die vor dem »Arsenal« veröffentlicht wurden, v.a. in Gedichten. Bereits in der »Kathedrale«, ihrem erstem Lyrikwerk und ihrer ersten Veröffentlichung überhaupt, findet man Gedichte, in denen Erfahrungen von Gehörlosigkeit gelesen werden können. Das letzte Gedicht, das die Idee einer Kathedrale, die dem Band seinen Titel gab, zum Thema hat, heißt »Abend«:

Der Anblick schlafgedämpfter Vogelspiele
Durch knospenschwere Zweige sanfte Sicht
Auf letzte hingetriebne Wolkenkiele
Baut lautlos meinen Tag vollendungsdicht.

Ein Raum steigt er empor und ich empfinde
Ihn größer in mir als den Leib umher,
Und ist lebendig still, wie kühle Winde
In Dünen sind aus nahversenktem Meer.

Und wie ihn nun der Mond, aus fernem Tale
Durch halben Abend gleitend, ruhig schließt,
Steht er als endlich werte Kathedrale
Gewärtig, daß Du rauschend sie beziehst.

Der Tag ist es, von dem die junge Ruth Schaumann spricht, der einem Verwandlungsprozess unterliegt. Die Verwandlung vollzieht sich lautlos, im Zustand der Gehörlosigkeit. Die Metamorphose findet nicht um sie, sondern in ihr, oder besser, durch sie statt. Die Kathedrale ist jener imaginierte Raum, den sie mit Literatur belebt, heute mit 41 Gedichten, denen noch unzählige folgen werden.

Auch in ihren Prosatexten kann der aufmerksame Leser Spuren von Gehörlosigkeit finden, so in der Erzählung »Die Frau des guten Schächers«, in der der junge Philosophieprofessor Ferdinand inmitten einer kriegszerstörten Stadt auf einen Friedhof gerät. »Hört' ich nun das Niedergepolter der mir unsichtbaren Trümmer? – Mitnichten, die grüne Stille ringsum war so unermeßlich, daß sie, ein anderer Mund als jener aus

Maschinenerzen, alle Geräusche draußen, drüben verschluckte, verschlang.« (Schächer 17) In dieser Welt des Todes spricht ein anderer Mund, der Ferdinand sich neu erfahren lässt: Er trifft eine Frau, die er begehrt, und die von sich sagt, sie sei die Frau des guten Schächers, von dem wir wissen, dass er sich in seiner Sterbestunde Jesus zugewandt hat und ihn darum bittet, an ihn zu denken, wenn er in sein Reich eingeht. Natürlich muss die Frau sein Begehren abwehren, da sie ganz der Hingabe zu ihrem verstorbenen Mann verpflichtet ist, dessen Grab sie pflegt. Doch nicht sein Begehren ist das eigentlich Wunderbare jener Begegnung auf dem Friedhof, sondern »ihre Kindlichkeit, ihre Liebe zum Gatten, ihre Ergebung, und aus der Ewigkeit herüber heute schon ein Büschelchen Licht, wie ein Büschelchen Ähren« (ebd., 61).

Die Frau des guten Schächers ist ein weiterer Spiegel, den Ruth Schaumann vor sich stellt, eine neue Maske, die sie sich aufsetzt. Die mir vorliegende Ausgabe trägt eine Widmung von ihr, in der sie genau jenes oben erwähnte Zitat aufgreift und als »Ruth Schaumann = die Schächersfrau« unterschreibt (vgl. Abbildung 24, S. 234).

Wie schon das Abend-Gedicht ist auch diese Erzählung ganz dem christlichen Offenbarungsgedanken verpflichtet und jenem teleologischen Prinzip, dem Schaumann ihr Schreiben unterworfen hat. In diesem Zusammenhang konnten auch Erfahrungen von Gehörlosigkeit angedeutet werden, jedoch immer im Kontext eines Höheren. Am deutlichsten wird dieses Masken-Spiegel-Spiel sicherlich in ihrem Roman »Die Taube«, dessen Gegenstand die Gehörlosigkeit ist, die sich jedoch nur im eschatologischen Verständnis seiner Dichterin deuten lässt (vgl. Vollhaber 1999).

Es gibt jedoch neben dem, was Schaumann an christlicher Erbauungsliteratur geschaffen hat, auch Werke, die einem ganz anderen Prinzip unterworfen sind. Texte, in denen sie sich nicht verkleidet und maskiert auftritt, sondern in dem sie Material aus dem unmittelbaren Erfahrungsschatz ihrer Kindheit in Hagenau im Elsass und in Uelzen bei den Großeltern, mit den Eltern, Geschwistern und Angestellten verarbeitet. Ganz gewiss handelt es sich bei diesen Texten um keine Autobiographien, vielmehr reflektieren sie einen Prozess ähnlich dem der Psychoanalyse, der alte Schichten und Geschichten durchdringt, um sie neu zu gestalten in jenem Raum der Imagination, von dem Blanchot spricht.

Ruth Schaumans erster Roman, der diesem Prinzip verpflichtet ist, war »Amei. Eine Kindheit«, erschienen 1932, der ihr erfolgreichstes Werk wurde. Dieser Roman ist eine Reflexion über die Angst, die Ruth Schaumann am Beispiel der Kunstfigur des Kindes Amei anstellt, eine Reflexion der Angst vor dem Nichts. Das Nichts, das jenen »Tod« bezeichnet, der auf der Insel der Sirenen lauert, und den zu vermeiden Ruth Schaumann in vielerlei Masken auftritt, ist nun als Angst vor dem Nichts selbst Gegenstand ihres Schreibens geworden. Damit passiert etwas gänzlich Neues. Es deutet das Scheitern ihres Bemühens an, in einem Meer endlosen Erzählens die Angst vor dem Nichts, und damit das Nichts selbst, abzuwehren. »Amei« ist keine Variante des Spiels mit Masken, sondern ein Roman, in dem die Dichterin Schichten ihres eigenen Erlebens poetisch entwirft, d.h. sie bedient sich im Unterschied zu anderen Erzählungen und Romanen autobiographischen Materials, was die Sache gefährlich werden lässt, denn hier droht die Konstruktion, die im Märchen so wunderbar glückt, zu zerbrechen.

Blanchot schreibt von Prousts Begegnung mit dem schrecklichsten Augenblick, »nicht etwa daß diese Begegnung ihn der Leere des Abgrunds preisgäbe; vielmehr scheint sie ihm den einzigen Raum zu erschließen, von dem aus die Bewegung des Daseins nicht nur eingesehen, sondern wiederhergestellt, wahrhaft nacherlebt und wahrhaft vollzogen werden kann.« (Blanchot 1962, 21) Ruth Schaumann befindet sich mit »Amei« in der Leere des Abgrunds und die »Bewegung des Daseins« versucht sie dadurch zu fassen, dass sie einen Roman schreibt, in dem der Held ein Mädchen ist und die Sprache der Duktus einer Kinderstimme. So gelingt es ihr, eine Welt der Unverständlichkeit, der Undurchschaubarkeit, der Unfreundlichkeit, der Bedrohlichkeit zu schaffen, ohne sie auflösen zu müssen; sie verwandelt die naturalistischen Gegebenheiten in eine Kunstwelt.

Der Roman beginnt mit einem Besuch im Haus der Großeltern in Uelzen. »Das zittert in sich wie ein Herz Tag und Nacht vom Mahlwerk der Mühle.« (Amei 1) Amei kann nicht schlafen, und die Bedrohung dieses zitternden Ungeheuers denkt sie um, »denkt viele Felder voll reifender Ähren, darin das Brot noch wächst und schläft. Am Rauschen der Ähren und ihrer Bewegung schläft Amei endlich ein (ebd.).« Erwachsene, die doch eigentlich als gütig und liebenswert vorgestellt worden sind, erscheinen bedrohlich: »Es tritt droben in den Türrahmen die Großmutter. Immer hat sie das gleiche graue Kleid an, immer das gelbweiße Häubchen mit der schwarzen Masche über der vorgerundeten Stirn, immer die starke Brosche aus Bernstein am hohen Kragen unter dem kleinen harten Kinn und immer sagt sie in die dunkle Tiefe der hinankeuchenden Treppe hinab zur Begrüßung: ›Gehe doch leise, endlich leise, Amei!‹« (Ebd., 1f.) Wohin sie sich auch wendet, Amei ist den Erwachsenen ein Störenfried. Weder der Schweinehirt Lambert, noch der Mühlenschreiner Ludolf können viel mit ihr anfangen. Schließlich geht sie in den Saal, der ihr zu betreten verboten ist, und betrachtet die Illustrationen zur Geschichte um den verlorenen Sohn. Der Zeichner hat dem Sohn in der Zeit, in der er sein Vermögen verprasste, einen kleinen Spitz zugeordnet, der auf den Bildern, da er sich als Schweinehirt verdingen muss, fehlt. Amei nun phantasiert in die Geschichte jenen Spitz mithinein, der an ihm »zupft und zerrt und winselt« (ebd., 6), er möge doch zum Vater zurückkehren; er will ihn auch begleiten, denn »nichts ist schrecklicher als der Weg durch die Nacht« (ebd., 7).

Ruth Schaumanns Amei ist ein Kind, voller Neugier und Wissensdrang, das die Welt der Erwachsenen und ihre Ordnung nicht begreift. Zum Leidwesen ihrer Großmutter und Mutter ist sie nicht nur ungehorsam – viel schlimmer, sie pflegt freundschaftlichen Kontakt mit dem Personal, schleppt Tiere ins Haus und stellt Fragen, die sich für ein Mädchen nicht gehören. Es ist eine Angst in den Text hineingewoben, die sich nicht nur durch die Konfrontation außergewöhnlich schrecklicher Begebenheiten auszeichnet, vielmehr durch Prozesse und Konventionen, die gänzlich undurchschaubar und unbegreiflich sind, nach welchem Regelwerk sie funktionieren. Amei sieht mehr, als sie sehen soll, und dieses Mehr bleibt tabu. Im Zirkus beobachtet Amei den Sturz eines Seiltänzers. Sie will wissen, was passiert ist. Aber man tröstet sie mit Erklärungen, die keine Antworten auf ihre Fragen sind. Also muss sie sich den Unfall selbst zu erklären versuchen, und sie phantasiert einen Mann, der Gott besuchen will. »Und er fliegt wie ein Vogel, und er schreit wie ein Vogel, aber schon hat sich Oben gewandelt in Unten, Unten in Oben, die Tiefe ist sanft, ist Himmel geworden, der Gaukler aber schwebt wie ein Vogel darin, singend zu Gott auf Besuch.« (Ebd., 40) Es besteht also neben Neugier, Wissensdrang und Freundlichkeit noch ein Charakterzug Ameis, auf den es der Dichterin besonders ankam: auf ihre Unschuld, die die Menschen um sie herum als Bedrohung erleben, sie abwehren, indem sie sie ihr zur Schuld machen. Immer wieder wird Amei Opfer von Bestrafungen, die ihre unschuldige Schuldigkeit besonders unterstreichen sollen. Beispielhaft sei hier die Geschichte um den jungen Ismael zitiert, dem Amei begegnet, tröstet und küsst, weil er gefallen ist, sich verletzt hat und weint. »›Du hast einen Judenjungen geküßt. Geh jetzt, Amei, ich will dich heute nirgends mehr sehn.‹ Amei sitzt unter der Treppe. Dort ist ›Nirgends‹, denkt sie.« (Ebd., 61) Das Nirgends als jener Ort, in dem man verschwindet, wenn man nicht mehr begreift, wenn sich die Ordnung aufzulösen scheint, in der man lebt, wenn ein Gebot, nämlich das der Nächstenliebe, das Abend für Abend gebetet wird, Anlass für eine Bestrafung wird.

»Die Unschuld ist die Unwissenheit«, schreibt Sören Kierkegaard in seinem großen Essay über die Angst, und fährt fort: »In der Unschuld ist der Mensch nicht als Geist bestimmt, sondern seelisch in unmittelbarer Einheit mit seiner Natürlichkeit bestimmt. (…) In diesem Zustand ist Friede und Ruhe; aber es ist da zu gleicher Zeit etwas anderes, was nicht Unfriede und Streit ist; denn es gibt ja da nichts, womit man streiten könnte. Was ist es also? Nichts. Aber welche Wirkung hat das Nichts? Es gebiert die Angst. Dies ist das tiefe Geheimnis der Unschuld, daß sie zur gleichen Zeit Angst ist.« (Kierkegaard 1844/1984, 40) Es ist genau dieser Zusammenhang von Unschuld und Angst, der das Thema von »Amei« ist. Und wenig später führt Kierkegaard als Beispiel seiner Konstruktion Kinder an, die diesen Zusammenhang besonders deutlich demonstrieren: »Wenn man Kinder beobachtet, wird man diese Angst bestimmter angedeutet finden als ein Suchen nach dem Abenteuerlichen, dem Ungeheuren, dem Rätselhaften. (…) Diese Angst gehört dem Kinde so wesentlich zu, daß es sie nicht entbehren will; wenn sie es auch ängstigt, fasziniert sie es doch mit ihrer süßen Beängstigung. (…) Es ist nur eine prosaische Dummheit, die meint, dies sei eine Desorganisation.« (Ebd., 41)

Einen Zauber scheint es jedoch zu geben, der die Angst zumindest zeitweilig zu bannen versteht; das ist der Zauber der Worte: »Worte können dunkle Wälder sein oder ganz tiefe, tiefe See oder auch Berg, hoher Gipfel, der sich in Wolken verliert. Amei nimmt oft den Klang des Wortes für das Wort selbst. Mehr, vielmehr bedeutet der Klang … es ist so herrlich, ihm anzuhangen, so herrlich, wie im Wald von fern Hirsche und Rehe wandeln zu sehn, oder die Fische unter dem durchsichtigen Tuch des Wassers spielend zu schauen.« (Amei 120) Einmal entdeckt sie im Herrenzimmer eine schlanke Säule. Das sei das Horn eines Einhorns, das Wunder wirke, erklären ihr die Herren; und tatsächlich, als sie sich einmal verletzt und daran leckt, schwindet der Schmerz. Nun klärt der Vater sie auf: Nein, es ist nicht das Horn eines Einhorns, sondern eines Narwals. »Amei aber ist von einem Wunder in ein viel größeres geraten, das Wort hat es ihr angetan, das herrliche Wort.« (Ebd., 122) Nun beschwört sie dieses Wort, so oft sie kann, und beim Abendgebet verwechselt sie schon den lieben Gott mit dem Narwal. An einem Sommernachmittag spielt sie im Garten, die Hitze drückt allzusehr: »›Narwal, Narwal,‹ singt Amei … ist es eine Beschwörung, ist's ein Gebet, ist es nur, als fächle eine Hand mit einem Palmwedel Kühlung von irgend woher? Narwal!« (Ebd., 123f.) Ein Wölkchen hängt über ihr. Ist es der Schemel, auf dem Gott seine Füße ruhen lässt? Das Wölkchen bewegt sich, die Füße Gottes drohen herabzustürzen »und sie zermalmen Amei. (…) Amei läuft, rennt, stürzt, glaubt, sie schreie vor Not, aber sie schreit nicht … Und doch ist ein Schrei in der

Luft.« (Ebd, 124f.) Die Erde bebt von Schritten. Wird Gott sie zertreten? Der Vater ist in den Garten gekommen, um ihr zu sagen, dass ein Bruder auf die Welt gekommen ist. »O Gott, o Narwal … darum? Darum! Amei denkt es, aber sie spricht es nicht mehr.« (Ebd., 126) Später wird sie die Zauberworte wieder aufgreifen und sie aufschreiben, und mit ihnen ein Zauberspiel treiben, das atemberaubend ist. Doch Narwal ist nicht Gott, und die Angst bleibt nur für kurze Zeit gebannt.

Kierkegaard, der seine Konstruktion der Angst am Beispiel des Sündenfalls demonstriert, sieht Adam in einem unlösbaren Dilemma. Adam ist unwissend, denn erst nach dem Sündenfall erlangt er die Erkenntnis zwischen Gut und Böse zu unterscheiden. Also ist er unschuldig und diese Unschuld gebiert Angst. Gleichzeitig existiert eine Möglichkeit von Freiheit, weil das Verbot, vom Baum der Erkenntnis zu essen, die Freiheit impliziert, das Verbot zu missachten. Auf das Verbot folgt die Verdammung: Du wirst sterben. Was das heißt, kann Adam nicht wissen, aber er ahnt, dass es etwas Entsetzliches ist.

Begreift man die Verdammung Adams als den Tod des in der göttlichen Ordnung stehenden Menschen, dann entdecken wir einen grundlegenden Unterschied zwischen unserem hellenistisch-antiken und unserem jüdisch-christlichen Erbe. Beide, Odysseus und Adam, missachten das göttliche Gebot, der eine, indem er es zum Gegenstand seiner Erzählung macht und es damit säkularisiert, der andere, indem er sich für den Schritt in das Nichts entscheidet und damit die göttliche Ordnung auflöst. Das Ergebnis dieser Missachtung kann nicht unterschiedlicher sein: Odysseus, der Listenreiche, bleibt der ewige Held; Adam, der Unschuldige und Unwissende, der auf ewig Verlorene. »So ist die Unschuld zu ihrem Äußersten gebracht. Sie ist in der Angst im Verhältnis zum Verbotenen und zur Strafe. Sie ist nicht schuldig, und doch ist da eine Angst, als wäre sie verloren.« (Kierkegaard 1844/1984, 43)

Ruth Schaumann kennt das komplizierte Gefüge von Unwissenheit, Schuld und Angst. Es ist das Thema von »Amei«, und der Erfolg des Romans zeigt, wie gelungen die Darstellung dieses Gefüges am Beispiel eines kleinen Mädchens ist, wie stark die Anziehung »Ameis« auf eine Leserschaft wirkt, in der die Kindheit nicht als beglückender Beginn eines bürgerlichen Lebens im Kreis einer wohlhabenden Familie dargestellt wird, sondern als hermetischer Raum der Angst, aus dem es kein Entkommen gibt. Wenn Blanchot die »Leere des Abgrunds« als Voraussetzung begreift, Dasein wiederherzustellen, wahrhaft nachzuerleben und wahrhaft zu vollziehen, dann ist das Ruth Schaumann in diesem Roman fast in Gänze gelungen, fast, weil sie einen Schritt nicht vollzieht, weil der

Moment des schrecklichsten Augenblicks seinen Bann noch nicht verloren hat und sie so Amei nicht »sterben« lassen kann.

Alles ist vorbereitet: die Blumen für den Friedhof, die seidenen Abschiedsschleifen mit dem letzten Gruß, das Grab ist geschaufelt und der Vater denkt: »›Wie lange noch, kleine Amei, wie lange noch?‹« (Amei 211) Doch Amei stirbt nicht. Sie kehrt aus dem Krankenhaus zurück. »Amei ist wieder zu Hause, man weiß nicht, freut sie sich oder ist sie betrübt, sie ist sehr scheu und wie ein Fremdes unter den Ihren.« (Amei 222) Das ist das Äußerste an Fremdheit, das Ruth Schaumann ihrer Heldin zubilligen kann, und doch ist es altbekannt. Und Amei bleibt das kleine, liebenswerte, eigenwillige Mädchen, das wir vor ihrer Erkrankung kennengelernt haben. Der Blick schweift ab auf den Bruder, dessen Geburt ihr in brütender Hitze im Garten geoffenbart wurde, und dessen Tod sie nun in der Stille des Winternachmittags antizipiert. »Sie hat sich aufgesetzt in ihrem Bettchen. Die Arme erhoben und jetzt verschlungen, ihre Arme sind leer für diese Welt, ihr Mund küßt Luft und empfängt doch Küsse der Liebe … so küssen sich Geschwister zum Abschied.« (Amei 228)

Nocheinmal wird Amei erkranken, ohne gehörlos werden zu müssen. Im »Major« (1935) begegnet dem Leser das erstemal Cor, die Tochter von Jobst und Jenny, die an Typhus erkrankt. »Die Angst ist die Möglichkeit der Freiheit«, schreibt Kierkegaard (Kierkegaard 1844/1984, 141). Noch zögert Schaumann, das Ufer zu betreten, noch greift sie nicht zum Apfel der Erkenntnis, noch gibt es keine Sprache, den schrecklichsten Augenblick zu gestalten, noch fließt sie im Strom der Zeit, der ihr Schreiben bestimmt. Doch es kommt der Moment, da ihr Schreiben die Zeit bestimmt. Es kommt die Zeit, in der die Zeit aufgehoben, neutralisiert, ins Schattenhafte und Unschädliche verwiesen ist.

V.

Es wird die Zeit des »Arsenals« sein, jenem »Aufbewahrungsort für Vorräte an Kriegsmaterial, meist mit Werkstätten« (Arsenal 7), wie es uns das Leitzitat des Romans sagt oder wie Foucault schreibt: »Nicht die Waffe zeigt sich im Wort und geht durch es hindurch, sondern ein harmloses und vollständiges Arsenal.« (Foucault 1993, 100) Ein Waffenarsenal, das sich nun dem Publikum öffnet, das alle Geräte, alle Erinnerung, alle Menschen aufbewahrt. »Es sind 1793 handgeschriebene Seiten«, sagt sie einer Journalistin, »Ich habe sie ›Das Arsenal‹ genannt, weil sie voller Waffen sind. Für meine Verteidigung und für andere, die sie brauchen können – Lehrende, Liebende vielleicht.« (Horn 1964, 14) Und an ihren Verleger schreibt sie: »Es ist mir klar geworden, daß dies Werk ein ungeheures Bekenntnis ist, in dem ich meiner Umwelt mehr übergebe als sichs erklären oder nur sagen läßt. Und ich weiß auch (nicht aus mir selbst), daß es ein einmaliges Prosawerk ist oder im Druck sein wird. Ich sage das nicht, mich herauszustreichen oder mir eine Glorie der Dichtkunst anzueignen, sondern weil da irgendeins ist, das mir gebietet, so zu sehn und zu sagen." (unveröffentlicher Brief an Wilhelm Rühling vom 1.10.63)

Beide Zitate von Ruth Schaumann belegen die Bedeutung, die dieses Buch für sie hat. Solche Töne aus dem Mund und der Feder einer Schriftstellerin, die auf ein kaum zu überschauendes Werk zurückblickt, unterstreichen, dass sich hier tatsächlich etwas ereignet hat, was bisher einmalig und einzigartig in ihrem Leben ist. Den Roman eine Verteidigungsschrift zu nennen und seinen Titel dem Wörterbuch des Militärs zu entlehnen, ist nicht nur eine letzte Referenz an ihren Vater, Major Curt Schaumann, nein, hier ist Ruth Schaumann selbst zum Soldat geworden: Disziplin, Wahrheitsliebe, Hingabe, Rücksichtslosigkeit und Opferbereitschaft – und wenn es denn nicht anders geht, dann ganz allein. Die ungeheure Einsamkeit, die Dichter erfahren, beim Erschaffen eines Kunstwerks, kennen wir aus ihren Biographien. Ruth Schaumann hat diese Einsamkeit in ihrer ganzen Unerbittlichkeit erfahren. Sie war essentiell, um dieses Werk vollenden zu können, und diese Einsamkeit beschreibt eine Dialektik aus Schicksal und Entschluss. Schicksal, weil die Grausamkeit, die eine Taube erfährt, bar jedes Fassungsvermögens ist; Schicksal, weil Friedrich Fuchs, das einzige Ohr, mit dem sie gehört und das sie verstanden hat, so jung stirbt; Entschluss, nicht das Leben zu führen, das einer behinderten Frau aus guten Verhältnissen zusteht; Entschluss, an den Härten des Alltags nicht zu zerbrechen, sondern ihnen mit Mut und Ausdauer zu trotzen; Entschluss, nötigenfalls gegen alle, auch gegen die Allerliebsten, sogar gegen sich selbst, das durchzusetzen, was sie als für sich richtig erkannt hat.

Das klingt so heroisch, ist aber die bittere Wahrheit und, das darf man nicht verhehlen, auch die beglückende Wahrheit, denn woher nimmt eine Frau, die schlimmste Operationen hinter sich gebracht hat, unter ständigen Schmerzen leidet, nur noch schwer von den Lippen ablesen kann, weil ihr Sehvermögen schwindet und die mit zunehmendem Alter immer unverständlicher artikuliert, wodurch der Kommunikationsprozess immer beschwerlicher wird – woher nimmt diese Frau die Energie, einen derart riesigen Roman zu schreiben, und danach nochmal einen, nämlich den, der uns vorliegt? Sie schöpft diese Energie aus dem Glück, das es bedeutet, den Raum der Imagination zu gestalten, alles zu Imagination werden zu lassen.

Der Sprung auf der Sirenen Gestaden bedeutet, alles noch einmal neu schreiben zu müssen, ihr Leben noch einmal neu erzählen zu müssen. Begebenheiten, die wir aus »Amei« und dem »Major« kennen, noch einmal unter einem neuen Licht erscheinen zu lassen, aber auch die Quellen zu benennen, aus denen sie ihr endloses Maskenspiel zog. Die Erfahrungen von Leid und Einsamkeit sind es, die Ruth Schaumann in den Raum zwingen, in dem wahre Literatur entstehen kann. Noch kennen wir nicht den Grund, den Anlass, der sie dazu bewogen hat, von etwas zu schreiben, was bisher nur angedeutet werden durfte. Möglicherweise waren alle Spiele mit Spiegeln ein Ausprobieren, wie lange es geht, wie lange ich dieses Spiel treiben kann. Dass »Amei« sie nie verlassen hat, beweist der Kampf, den sie nach dem Krieg um seine Neuauflage kämpft. Ja, sie bläht den Roman der 32 existierenden Amei-Kapitel um weitere 16 Kapitel auf, noch einmal einen Versuch startend, dem schrecklichsten Augenblick zu entkommen. Auch gibt es etliche Briefe und Karten von ihr, die sie als »Ihre Amei« unterzeichnet, eine außergewöhnlich starke Identifikation also, die sie mit ihrer Heldin verbindet. Es muss tatsächlich ein unglaublicher Moment in ihrem Leben gewesen sein, als sie sich an »Das Arsenal« machte; gewiss ist es einer der beglückendsten Momente ihres Lebens gewesen. Schreiben hat Hubert Fichte einmal als einzige und wahre Glücksmöglichkeit eines Schriftstellers gesehen – die Rede ist hier vom Schreiben aus dem Nichts, der Leere, dem Abgrund – und Blanchot jubelt: »Welch ein Augenblick! Ein Moment, der sich von der Ordnung der Zeit freigemacht hat und in mir einen Menschen wiedererschafft, der aus der Ordnung der Zeit entlassen ist.« (Blanchot 1962, 23) Ruth Schaumann ist wahrhaft gestorben und hat sich in Cor, Nele, Cornelie, Dallala und Krr neu geschaffen.

Martin Heidegger schreibt über diesen Vorgang: »Gerade in der großen Kunst (...) bleibt der Künstler gegenüber dem Werk etwas Gleichgültiges, fast wie ein im Schaffen sich selbst vernichtender Durchgang für den Hervorgang des Werkes.« (Heidegger 1936/1992, 35)

Es muss diese Erfahrung gewesen sein, wie wir sie beispielsweise bei Proust erleben, da er sich und seinen Bedürfnissen gleichgültig wurde, sein Schlafzimmer hermetisch abdichtete, sich gehörlos machte, tagsüber schlief, um nachts an seinem großen Werk zu schreiben, hin und wieder Personen und gesellschaftliche Ereignisse aufsuchte, nicht, um sich dort zu amüsieren, sondern allein um Material zu sammeln und abzusichern. Er selbst war gestorben für seinen Roman, für eine Öffentlichkeit kaum noch zugänglich, und mit ihm die mächtige Zeit, die alles beherrscht und alles zum Vergehen verurteilt. Sie ist nun im Roman aufgehoben in eine andere

Zeit, die Blanchot »reine Zeit« nennt: »Reine Zeit, Zeit ohne Geschehen, bewegte Leere, erregtes In-die-Ferne, werdender Innenraum, in dem die Ekstasen der Zeit in einem faszinierenden Allzugleich ihren Ort finden.« (Blanchot 1962, 24) An diesem Ort ist alles Kunst geworden, alle Ereignisse und alle Menschen. Deutlich sind hier Blanchots Wurzeln im Denken Heideggers zu erkennen, der schreibt: »Also ist die Kunst: die schaffende Bewahrung der Wahrheit im Werk. Dann ist die Kunst ein Werden und Geschehen der Wahrheit. Dann entsteht die Wahrheit aus dem Nichts.« (Heidegger 1936/1992, 73) Blanchots Idee der »Kunst im Reinzustand« (Blanchot 1962, 25) entspricht also dem, was Heidegger als wahre Kunst meint. Für das »Arsenal« bedeutet das, dass uns Ruth Schaumann keine Autobiographie überliefert hat, sondern einen Roman der Poesie, in dem alles, was die Dichterin erlebt hat, sich zum poetischen Material verdichtet, »schaffende Bewahrung der Wahrheit im Werk«. Die Personen sind Kunstfiguren, die Ruth Schaumann geschaffen hat, und der Vorwurf, den viele Dichter erfahren, das sich andere in diesen Personen wiedererkennen und ungerecht behandelt fühlen, führt ins Leere, denn all diese Personen sind einer Metamorphose unterzogen worden. Und selbst das Beibehalten aller Eigennamen kann nur Hinweis darauf sein, dass Ruth Schaumann, die keine Tugend mehr schätzte als die der Diskretion, in diesen Namen nicht mehr Personen der Zeitgeschichte, sondern Figuren ihres Werkes gesehen hat. Und nur in dieser poetischen Durchdringung bestand die Möglichkeit, eine Heldin zu schaffen, die gehörlos ist.

Die Gehörlosigkeit bahnt sich an: »Cor aber lebt nun sechs Jahre, vier Wochen, zunebst achtzehn Tagen auf Erden. Der Bühnenvorhang rauscht auf, die Kindertragödie hebt an. Wird sie zum Beifallklatschen gelingen?« (Arsenal 87) Akribisch auf den Tag genau bestimmt sie das Ereignis, und diese Akribie wird sie während des ganzen Projekts verfolgen, wie auch im »Kugelsack«, in dem es kein Kapitel gibt, das sich nicht genau zeitlich einordnen lässt. Die genaue zeitliche Bestimmung entspricht dem gleichen Verfahren, wie das Benennen von Eigennamen, es soll eindeutig auf eine stattgefundene, historische Begebenheit verweisen und ist gleichzeitig Poesie. Alles hat sich ereignet und alles ist Dichtung, auf diesen beiden Säulen stehend schreibt sie ihr Werk.

Das Datum, das sie oben erwähnt, ist jedoch von besonderer Bedeutung. Die Rede ist, wenn man es nachrechnet, vom 9. Oktober 1905. Cor trifft in der Schule NN. »Es ist wirklich NN.« (Arsenal 88), vielleicht ein Hinweis auf die Schicksalshaftigkeit, die Unentrinnbarkeit, die sich nun anbahnt, denn einer bestimmten Klassenkameradin hätte Cor entgehen können, NN nicht, NN steht für jede. Gemeinsam essen sie einen Apfel. »Es ist nur ein

Apfel ganz wie jener, zwischen Adam und Eva geteilt.« (Arsenal 90) – das Paradies schwindet. »Also wäscht sich die Unschuld in Unschuld und dem Wasser der Moder.« (Arsenal 91) NN hat Scharlach. Die Fachliteratur spricht von einer Inkubationszeit von drei bis sechs Tagen. Fünf Tage später, es ist der Geburtstag des Vaters, bricht Cor zusammen. Es ist der 14. Oktober 1905 – ein Datum, das zu erwähnen, auf das sich zu beziehen die Dichterin nicht müde wird. Immer wieder wird im »Arsenal«, wird im »Kugelsack«, auf dieses Datum verwiesen. Immer wieder ist es eine Anzahl von Jahren, die gemessen werden von diesem Datum an.

Es ist der Tag ihres »Todes«, der sich mit lautem Getöse ankündigt: »Und nun ein furchtbarer Knall: Die Eisenbahnbrücke stürzt ein, die Erde darunter bricht auf, von den zerbrochenen Schienen durchspießt. Und Nele, wie von kühlen Wolken getragen, sie unterscheiden sich gewaltig vom Lokomotivrauch, sieht Menschen, Tiere, Vögel, Schnecken, Häuser, Bäume, Rasenstücke und Rosenstöcke (noch mit allen Wurzeln und an grüngestrichene Stöcke gebunden) in flammende, lodernde Tiefen stürzen, hinabgerissen, hinabgeworfen.« (Arsenal 100) Es ist die Apokalypse der sich im Scharlach-Fieberwahn befindenden Cornelie. In den hundert Seiten, die der Roman alt ist, ist häufig die Rede von den Lokomotiven auf der Eisenbahnbrücke nahe dem Haus der Eltern, von den Menschen, von Flora und Fauna. Es ist nicht lange her, dass Nele zum Schrecken des Personals Schnecken gesammelt hat und Rosen an grüngestrichene Stöcke band. Diese Welt zerbricht und geht unter. »Krr, Nele, Cor, Cornelie, die da gesagt hat, gewünscht hat: ich will Beethoven werden … (…) lächelt (…) ganz zufrieden, als habe sich etwas Wunderbares erfüllt. (…) Cornelie Heynitz, alt sechs Jahre und einige Wochen darüber, ist taub.« (Arsenal 102)

Wunderbares erfüllt? Wunder sind Ereignisse, die nicht unbedingt beglückend sein müssen. Wunderbares hat sich erfüllt, dass die Dichterin ihre Heldin taub werden lassen kann. Wunderbares erfüllt sich nun für Cor selber. Schaumann kreiert dieses Wunderbare als eine Erfahrung völliger Desorientierung, in dem sie bspw. einen Abschnitt des Romans mit der alten apostolischen Formel einleitet: »Alles ist aus Gott, durch Gott und in Gott!« (Arsenal 151) Um im folgenden Satz diese Gewissheit zu konterkarieren: »Es wird niemals mehr oder weniger sein auf der Welt und in allen Himmeln rundum (ebd.).« Das ist nicht nur die völlige Demontage dessen, was wir von Ruth Schaumanns teleologischem Schreibkonzept kennengelernt haben, sondern die Aufgabe jeglicher Gewissheit von Ordnungssystemen außerhalb der Literatur. Wenn nicht einmal mehr die von Gott gegebene Ordnung Bestand hat, dann gibt es keine Ordnung mehr, dann ist tatsächlich jener Zustand des Nichts erreicht, der alle Sicherheit ver-nicht-ed.

Diesen Vernichtungsprozess gestaltet Schaumann auf den unterschiedlichsten Ebenen, z.B. auf der Sprachebene: Wörter, einst eindeutig, werden mehrdeutig, »wenn man sie nicht durch die Ohren, sondern nur die Augen vernimmt: Mutter – Butter; Kirsche – Kirche; Du – Kuh; Herta – Erna; Viel – Vieh; Karten – Garten – Harten.« (Arsenal 152) Und was noch viel schlimmer ist: »Man muß von dem eigenen Gedanken lassen und sich den Gedanken des anderen zu unterstellen versuchen.« (Ebd.) Eine andere Ebene ist die der Begegnung mit Gleichaltrigen: Es ist der siebte Geburtstag. »Sieben Jahre. Und bald ein Jahr davon eine Taube sein!« (Arsenal 162) Alle eingeladenen Kinder lassen sich entschuldigen: ich bin krank; ich habe meinen Aufsatz über den Rhein noch nicht fertig; ich bekomme Angst vor ihr; ich will nicht immer auf ihre Ohren schauen; du brauchst da nicht hingehen, wir sagen einfach, das Einladungsbriefchen sei erst gestern gekommen; du brauchst da nicht hingehen, wir sagen einfach, du musst zum Arzt (vgl. Arsenal 163). Eine dritte Ebene ist die der Familie: Der Klinikarzt fordert Stephanie, Cors Mutter, auf, ihre Tochter zu Weihnachten nach Hause zu nehmen: »›Ihr Töchterchen gehört nun einzig ins Elternhaus, wenn wir die Krippe aufzustellen belieben! Nicht unter uns hat die Kleine in Verlassenheit auszuharren ...‹ ›Aber den anderen Kindern wird das Fest durch diese Taube verdorben.‹« (Arsenal 119f.)

Diese drei Beispiele, die im Romangeschehen binnen weniger Seiten montiert sind – in einem Roman, der fast 1200 Seiten umfasst, und so nichts als Mosaiksteinchen darstellen –, sollen nur einen Eindruck dessen vermitteln, welchen contenu mental, wie es Hubert Fichte einmal genannt hat (vgl. Wischenbart 1981, 69), die Begegnung mit dem schrecklichsten Augenblick auslöst. Wieder erleben wir eine Facette Ruth Schaumanns unendlichen Schreibens, doch diesmal völlig anders. Denn das »Arsenal« ist Erfahrung verdichtet in reiner Kunst und kein Spiel mit Spiegeln. Hier offenbart sich eine völlig andere Dimension unendlichen Schreibens, als wir sie bisher von ihr kennengelernt haben. Hier zeigt sich das, was Hubert Fichte einmal von seinem opus magnum geschrieben hat: »Ich will in meinem Roman Fleuve nicht nur die Chronik einer Entwicklung schreiben, sondern auch darstellen, wie der Schriftsteller seinen Stil und seine Komposition verändert in den 20 Jahren, die er daran schreibt.« (Fichte 1992, 222) Es geht also Ruth Schaumann nicht darum, Furcht und Elend einer Gehörlosen zu zeigen, sondern um die Einsetzung von Furcht und Elend einer Gehörlosen als kompositorisches Prinzip. Sie beschreibt nicht Gehörlosigkeit, sondern »Arsenal« und »Kugelsack« sind die Gehörlosigkeit selber. Sie sind »Sage«, um das Wort Blanchots ein letztesmal aufzugreifen. Sie schafft tatsächlich einen gehörlosen Raum der Imagination. Und das heißt für den Leser, dass er diesen Roman nur zu verstehen vermag, wenn er sich ganz diesem imaginären Raum hingibt.

Ein letztes Beispiel soll dieses verdeutlichen. Cor lebt mit ihrem Kinderfräulein Gretzki in Hamburg, fernab der Familie, und hat dort Privatunterricht bei einem Gehörlosenlehrer. Zusammen sind sie in einer Pension untergekommen und nach einigem Betteln darf Cor die Kofferkammer beziehen, die kein Fenster, sondern ein Glasdach hat. »Heute abend schaut durch die dreizehn Scheiben vom Glasdach der Mond mit dem Großen Bären gemeinsam in die geadelte Kofferkammer hinein. Die zwölfjährige Nele hat was Neues zu singen. Wo hat sie es her? ›Auf steigt der Strahl, und fallend gießt / Er voll der Marmorschale Rund, / Die, sich verschleiernd, überfließt … / … / Und strömt und ruht … ‹ Neles Gesang durchströmt sie, rauscht in ihr, rauscht um sie her. Und auf dem Kinderbänkchen (…) ruht sich Cor unsagbar süß aus. Die Puppe auf ihrem Schoß, der Mond, der Große Bär und andere Sterne hören nichts, sehen nichts, sagen nichts. Und doch ist Cor mit einemmal in der gescheiterten Kofferkammer nicht mehr allein. Sie tat nichts dazu und vermag doch eins, nämlich dies: Sängerin zu werden und zu sein …« (Arsenal 333) Was heißt »Neles Gesang durchströmt sie«? Schließlich ist es nicht ihr Gedicht, sondern das von Conrad Ferdinand Meyer. Nein, es ist etwas ganz anderes, was Ruth Schaumann hier darzustellen versucht: Ihre Heldin erfährt eine Glücksmöglichkeit, die fassbar ist, die einen Namen hat, Sängerin, was bei Ruth Schaumann immer Dichterin meint. Das Glück, von dem Proust und Fichte und andere Schriftsteller sprechen, die für einen Schriftsteller Schreiben bedeutet, erfährt Cor als eine Möglichkeit, in der das aufgehoben ist, was seit ihrer Ertaubung die bitterste Erfahrung bedeutet: Einsamkeit. Puppe, Mond, Großer Bär, Sterne sind Teil ihres poetischen Entwurfs geworden, sie existieren nicht mehr »hören nichts, sehen nichts, sagen nichts«, und sind doch da, wahrhaft da.

Meyers Gedicht ist eines der Beispiele Martin Heideggers, an denen er seine Idee vom Ursprung wahrer Kunst aufzuzeigen versucht. In »Der römischen Brunnen« – das ist das Gedicht, aus dem Ruth Schaumann zitiert – »hat sich die Wahrheit des Seienden ins Werk gesetzt« (Heidegger 1936/1992, 30). Aber was genau heißt das? »Hier ist weder ein wirklich vorhandener Brunnen poetisch abgemalt, noch ist das allgemeine Wesen eines römischen Brunnens wiedergegeben. Aber die Wahrheit ist ins Werk gesetzt. Welche Wahrheit geschieht im Werk? Kann Wahrheit überhaupt geschehen und so geschichtlich sein? Wahrheit, so sagt man, sei doch etwas Zeitloses und Überzeitliches?« (Ebd., 32) Tatsächlich ist das Werk etwas Zeitloses und Überzeitliches, denn im Unterschied zum »Zeug«, wie Heidegger den Gebrauchsgegenstand nennt, der sich verbraucht, ist das Kunstwerk zeitlos. Wenn dieser Brunnen durch Nele strömt, dann ist er ein Teil von ihr geworden, dann ist er wahr geworden. »Die Wahrheit ist die Unverborgenheit des Seienden als des Seienden. Die Wahrheit ist die Wahrheit des Seins.« (Ebd., 85) Heidegger lässt keinen Zweifel – wie übrigens auch Ruth Schaumann, für die das Schreiben immer ihre erste Kunst bedeutete –, dass für ihn die erste Kunst die Dichtung ist, denn das Wesen der Dichtung ist die Stiftung von Wahrheit. Wie Blanchot vertritt Heidegger die Idee, dass »der dichtende Entwurf aus dem Nichts (kommt)« (ebd., 78).

Ruth Schaumann hat alle Spiegel zerschlagen. »Neles Leben ist doch, ja doch ein Mosaik! Aus nichts als Scherben. Aus zerschlagenen, tausend mal tausend lebendigen Steinchen. Die sind weggeworfen worden, zertreten, zerbrochen, dann mit Tränen ›geleimt‹, mit Ernst und Lächeln gekittet. Daraus ward dann ein Bild. Was für ein Bild? Cornelie, Cor, Nele, Krr, Krr, nicht weniger und nicht mehr.« (Arsenal 272) Es ist tatsächlich ein befreiender, ein glücksstiftender Akt, der sich hier vollzieht, denn er bedeutet Trennung von diesen Mosaiksteinchen, nachdem sie in einem Kunstwerk aufgegangen sind. Es ist ein Akt des Loslassens aller Spiele mit Masken und Spiegel, eine Befreiung aus dem »Kerker der Scham« und den »Ketten und Banden der unschuldigen Schuld«.

Heidegger nennt Dichten Stiften von Wahrheit, Stiften als Schenken, als Gründen und Anfangen (vgl. Heidegger 1936/1992, 77). In diesem Sinn muss auch Ruth Schaumann ihr opus magnum verstanden haben, als sie, wie ein Menetekel den Abschnitt einleitet, der den 14. Oktober 1905, den Tag ihres »Todes« beschreibt: »Was man verschenkt, daran denkt man nie mehr.« (Arsenal 92)

Bibliographie

I.

Schaumann, Ruth (1920): *Die Kathedrale.* Gedichte. (Der Jüngste Tag, Band 83.) München.

Schaumann, Ruth (1927): Grundsätzliches über christliche Kunst. *Die christliche Kunst* 7, 217-218.

Schaumann, Ruth (1932): *Amei. Eine Kindheit.* Berlin.
Schaumann, Ruth (1933): Die Herzogin von Urbino. *Hochland* 30, 39-48.
Schaumann, Ruth (1937): *Der Petersiliengarten.* Ein Märchen. (Insel Bd. 510) Leipzig.
Schaumann, Ruth (1955): *Die Taube.* Heidelberg.
Schaumann, Ruth (1956): *Die Frau des guten Schächers.* Freiburg.
Schaumann, Ruth (1968): *Das Arsenal.* Heidelberg.
Schaumann, Ruth (1999): *Der Kugelsack.* Hamburg.

II.
Betz, Thomas (1999): Die Untergeherinnen. *Süddeutsche Zeitung* vom 24.08., 18.
Blanchot, Maurice (1962): *Der Gesang der Sirenen. Essays zur modernen Literatur.* München.
Fichte, Hubert (1992): Oktober 1967. Romtagebuch für Dulu. In: ders.: *Alte Welt.* Glossen. Die Geschichte der Empfindlichkeit, 202-286. Frankfurt.
Foucault, Michel (1993): Das unendliche Sprechen. In: ders.: *Schriften zur Literatur,* 90-103. Frankfurt.
Fuchs, Andreas / Fuchs, Peter (1999): Zum 100. Geburtstag von Ruth Schaumann (1899-1975). Interview mit Tomas Vollhaber. *Das Zeichen* 48, 206-223.
Fuchs, Friedrich (1923): Ruth Schaumann: Plastik und Dichtung. *Hochland* 21, 192-205.
Heidegger, Martin (1936/1992): *Der Ursprung des Kunstwerkes.* Stuttgart.
Heintze, Dorothea (1999): Lautlos, aber ausdrucksstark. *Hamburger Abendblatt* vom 10.08., 8.
Homer (1962): *Die Odyssee.* Übersetzt von Wolfgang Schadewaldt. Hamburg.
Horn, Effi (1964): Ruth Schaumann schrieb ihre Erinnerungen. *Süddeutsche Zeitung* vom 24.8., 14.
Huch, Ricarda (1985): *Die Romantik. Blütezeit, Ausbreitung und Verfall.* Reinbek.
Joachimi-Dege, Marie (1929): Ruth Schaumann, Die Rose. *Die schöne Literatur* 3, 124.
Kafka, Franz (1973): Das Schweigen der Sirenen. In: *Sämtliche Erzählungen,* hrsg. v. Paul Raabe, 350-351. Frankfurt.
Kierkegaard, Sören (1844/1984): *Der Begriff Angst.* Frankfurt.
Kleßmann, Eckart (1996): *Die deutsche Romantik.* Köln.
Nadler, Käte (1937/38): Ruth Schaumanns Frauengestalten. *Die Frau* 45,

357-363.

Novalis (1965): Logische Fragmente II. In: *Gesammelte Werke,* Bd. 2, hgg. v. Paul Kluckhohn u. Richard Samuel, 531-563, Stuttgart, 563.

Redaktion Hamburger Abendblatt (1999): Wie taube Kinder hören lernen. *Hamburger Abendblatt* vom 10.08., 5.

Schöffler, Heinz (1970): *Der Jüngste Tag. Die Bücherei einer Epoche.* Zwei Bände. Frankfurt.

Vesper, Will (1931): Ruth Schaumann, Die geliebten Dinge. *Die neue Literatur* 5, 231.

Vollhaber, Tomas (1999): »Vom tiefen Schlummerruf der Taube« – Gehörlosigkeit im literarischen Werk Ruth Schaumanns. *Das Zeichen* 48, 228-241.

Wischenbart, Rüdiger (1981): »Ich schreibe, was mir die Wahrheit zu sein scheint.« Ein Gespräch mit Hubert Fichte. *Text und Kritik* 72, 67-85.

Editorische Notiz

von Andreas Fuchs

Zwischen dem 6. November 1961 und dem 20. Februar 1963 schrieb meine Mutter, Ruth Schaumann »Das Arsenal«. 1969, also ein Jahr nach dessen Erscheinen im Kerle-Verlag, Heidelberg, schrieb sie an Helmut Wagner in Mittweida (DDR):

»Mehrere hundert Leute baten mich flehentlich um die Fortsetzung. Es müsse noch weitergehen nach Cors Hochzeit … Am 31.1.1969 begann ich unter unsichtbarem Befehl damit unter'm Namen ›Der Kugelsack‹ (von 1924 bis 1948). Und diesmal geht's in Kapiteln (wie in ›Amei‹). Nur alle nicht im Laufe der Jahre hintereinander, wie in ›Amei‹ (von meinem dritten bis neunten Jahr), sondern, wahllos ›für den Laien‹, durcheinandergekugelt«.

Geschrieben hat sie an dem Buch 1969, vielleicht noch bis zum Beginn 1970. Bis dahin entstanden 31 Kapitel. Warum Ruth Schaumann an dem Buch nicht mehr weitergearbeitet hat, sie hat sich nicht darüber geäußert, und keiner wollte sie eigentlich danach fragen. Zu Helmut Wagner sagte sie, dass diese 31 Kapitel das erste Drittel des geplanten Werkes sein sollten, es wären also so an die 100 Kugeln geworden, und dass die letzte dieser Kugeln jenes Geschehen sein sollte, das sie schon in der Novelle »Die Frau des guten Schächers« verhüllt dargestellt hat.

Helmut Wagner, der zusammen mit seinem Mitbruder Adolf Müller die Pfarrei St. Laurentius im Mittweida »betreut«, war im letzten Jahrzehnt des Lebens von Ruth Schaumann wohl der treueste, ernsthafteste und wohl auch geliebteste Freund von Ruth Schaumann. Zweimal (im Dezember 1972 und April 1973) war sie nach Mittweida gereist, hatte die Schwierigkeiten und Unwägbarkeiten einer derartigen Reise auf sich genommen.

Wer sich daran erinnert, wie sehr Ruth Schaumann nach dem Tod von Dr. Friedrich Fuchs mit dem Haus in der Renatastraße verhaftet war, wie schwierig es war, sie aus diesem Haus herauszulocken, wie in den letzten Jahren es fast unmöglich war, sie zu einer kleinen Reise zu bewegen, der möge erkennen, wie groß das Vertrauen und die Freundschaft zwischen Ruth Schaumann und den beiden jungen Priestern in Mittweida war.

Nachdem die Herausgabe vom »Arsenal« bei Kerle aufgrund von Missverständnissen und wohl auch wegen einer gewissen Dickköpfigkeit von Ruth Schaumann (man denke an das Kind »Dallala« im »Arsenal«) mit großen Schwierigkeiten verbunden war, wollte Ruth Schaumann den »Kugelsack« nicht mehr in der BRD herausbringen. Sie bat Helmut Wagner, er möge doch versuchen, das Buch im St. Benno-Verlag in Leipzig herauszubringen und ein Vorwort dazu zu schreiben.

Diese Bitte barg mehrere Probleme: Einmal war das Manuskript ein Torso, unvollendet und auch nicht ausbalanciert. Zum anderen setzte es die Kenntnis des »Arsenals« voraus, das den Lesern in der DDR nicht zugänglich war.

Trotzdem schrieb Helmut Wagner am 6. August 1973 an den Verlag und er erhielt zunächst eine glatte Ablehnung. Es wurden neue Vorstöße unternommen. Für den Verlag wurden verschiedene Gutachten angefertigt und dann erhielt Helmut Wagner den Bescheid, dass das Buch mit einer erklärenden Hinführung in Auswahl und mit Kürzungen doch möglicherweise erscheinen könne.

Helmut Wagner stand nun vor einem neuen Problem: »Auswahl und Kürzungen« Ruth Schaumann beizubringen ...

Zunächst wurden einmal von den 31 Kapiteln zehn ausgesondert, meist deswegen, weil wieder aufs Neue die Entstehung eines Werkes geschildert wurde. Es gab auch Kapitel, die auf spätere Kugeln verwiesen, die aber nicht fertig waren. Bei aller Ehrfurcht vor dem Werk hat dann Helmut Wagner Streichungen vorgenommen. Hier ist vor allem Herrn Jürgen Israel aus Leipzig (Benno-Verlag) zu danken, da Jürgen Israel Helmut Wagner wertvolle Ratschläge geben konnte.

Daraufhin wurde das Manuskript mit dem Untertitel »in einer Auswahl herausgegeben und eingeleitet von Helmut Wagner« Ruth Schaumann zugeschickt, und das schier Unglaubliche trat ein: Sie stimmt nicht nur der Auswahl zu, sondern verzichtete zugunsten von Helmut Wagner am 15. März 1974 auf sämtliche Rechte an diesem Buch, dies einmal Helmut Wagner zuliebe, dies zum anderen, um das Erscheinen des Buches in der DDR zu realisieren. Sie hat die Auswahl sehr gründlich gelesen und hat sie dabei eigentlich »fast neu« geschrieben.

Oft sind zehn, zwanzig, ja dreißig Worte auf einer einzigen Seite eingefügt – nicht etwa als geschlossene Passage, sondern über die ganze Seite hin verteilt. So erhielten Helmut Wagner und Adolf Müller das Manuskript zurück; so aber hätte es kein Setzer abgenommen. Herauszufinden, welches Wort an welche Stelle gehörte, das war nur dem möglich, der das Werk und die stilistischen Eigenheiten von Ruth Schaumann sehr gut kannte. Als das Manuskript eintraf, war Helmut Wagner für mehrere Wochen krank. So lag diese immense Detektivarbeit allein auf Adolf Müller, der den ganzen »Kugelsack« neu tippen musste. Er sandte den neugetippten »Kugelsack« in einzelnen Kugeln dem kranken Helmut Wagner zur Korrektur.[1]

Am 27. März 74 schrieb der Verlag, dass »Der Kugelsack» angenommen und von den Gesellschaftern im Themenplan des Verlages bestätigt worden sei.

Ende Mai 1974 begann dann plötzlich ein anderer Wind aus Leipzig zu wehen. Es kamen größere und kleinere Bedenken, das Vorwort von Helmut Wagner wurde abgelehnt.

Am 13. März 1975 starb Ruth Schaumann.

Im Herbst 1976 war ich in der DDR und hatte ein lange Besprechung mit dem Leiter des St. Benno-Verlages. Man machte mir gewisse Hoffnungen; immerhin stand die definitive Zusage des Verlages vom 27. März 1974 immer noch im Raum. Im Herbst 1976 kam es dann zu einer sehr eingehenden Besprechung im Verlag, bei der dann rundweg die Veröffentlichung des »Kugelsackes« abgelehnt wurde. Überlegungen, Teile des »Kugelsackes» in eine Anthologie aufzunehmen, wurden von Helmut

---

1. Auf dieser Fassung beruht die vorliegende Ausgabe, an der bis auf einige vorsichtige Korrekturen in der Orthographie und Interpunktion nur eine grundlegende Veränderung vorgenommen worden ist: Das Kapitel »Siebenfältig« (S. 142-153) beinhaltete ursprünglich auch das Kapitel »Deodat« (S. 154-171). Wir haben uns für eine Aufteilung in zwei Kapitel entschieden, zum einen, weil der Umfang des ursprünglich einen Kapitels den Umfang aller anderen Kapitel des Romans bei weitem überragte (das umfangreichste Kapitel des Romans ist jetzt »Grossma m a i e n – Grossmam e i e r« (S. 22-39) mit 17 Seiten, »Siebenfältig« hatte ursprünglich einen Umfang von 40 Seiten), zum anderen, aus inhaltlichen Gesichtspunkten. »Siebenfältig« und »Deodat« sind kompositorisch in sich geschlossene Kapitel, die bestimmte Ereignisse reflektieren, die zeitlich weit voneinander entfernt liegen. Das Gedicht »Deodat«, mit dem »Siebenfältig« endet, antizipiert das Geschehen des kommenden Kapitels und gab ihm seinen Namen.

Wagner als dem Rechtsinhaber und von mir nicht befürwortet. Der Verlag stellte in Aussicht, eine Monographie von Ruth Schaumann in das Verlagsprogramm aufzunehmen.

Dies in wenigen Worten die Geschichte des »Kugelsackes«.

Der »Kugelsack« ist ein Torso, ein nicht fertiggestelltes Werk. Es ist nicht ausbalanciert und wohl nicht mit »Amei« und dem »Arsenal« zu vergleichen. Vielleicht ist das Werk im Aufbau und der Straffung eher mit »Amei« zu vergleichen. Anekdotisches und Ernsthaftes fügen sich wie durcheinandergeworfene Kugeln zueinander und der Sack ist eben nicht voll geworden ....

Das Buch ist aber die letzte größere Prosaarbeit von Ruth Schaumann und ich bin der Ansicht, dass man es der Öffentlichkeit zugänglich machen musste.

Es gibt also keine geschlossene Autobiographie von Ruth Schaumann. Mein Vater starb 1948, meine Mutter hat uns fünf Kinder so aufgezogen, dass keines der Kinder zum »schwarzen Schaf« geworden ist. Dreizehn Enkelkinder und viele Urenkel laufen nun auf der Welt herum. Trotz ihrer Taubheit hat Ruth Schaumann ihr persönliches Schicksal und ihre ungewöhnliche Begabung so gemeistert, wie sie es von sich selber verlangen konnte. Vielleicht kann man das Leben von RuthSchaumann in den Zeilen aus ihrem Gedicht »Herberg' des Hauchs« am besten zusammenfassen:

> Geboren, um zu sterben – Braut, dann Fraue,
> Nun Witwe, Mutter von fünf Kindern, greisend –
> So wißt Ihr Jedes, Alles. Ich vertraue:
> Bin Gott beweisend.

Inhalt

Die Deutsche Bibliothek - CIP-Einheitsaufnahme

Schaumann, Ruth:
Der Kugelsack / Ruth Schaumann. Mit einem Nachw. von Tomas Vollhaber. - Seedorf ; Hamburg : Signum, 1999
ISBN 3-927731-70-6

Signum GmbH
Schloßstr. 4 / 23883 Seedorf
Hans-Albers-Platz 2 / 20359 Hamburg
Tel. 040 - 3192140 / Fax 040 - 3196205

Satz: Gerburg Steinhoff / Susanne Dürkop
Einband: Katrin Hinrichs
Druck: Fuldaer Verlagsanstalt, Fulda

ISBN 3-927731-70-6